Heinrich Horn · Willibald Karl
Neuhausen

D1698341

Heinrich Horn
Willibald Karl

Neuhausen

Geschichte und Gegenwart

Herausgegeben von Richard Bauer

Hugendubel

Stadt im Bild
Dokumentationen zur neueren Stadtgeschichte

Bildnachweis:
Bibliothek der Bundesbahndirektion, Richelstraße, München, S. 112
Eberl, Charlotte, München, S. 93
Groethuysen, Herbert, München, S. 72
Kinderklinik an der Lachnerstraße, München, S. 117
Krauss-Maffei AG., Firmenarchiv, München, S. 29, 30
Kiechle-Klemt, Erika, Stadtarchiv München, S. 132, 137, 138, 148, 149, 151, 153, 157, 158, 159, 167, 171, 173
Alle weiteren Vorlagen stammen aus dem Stadtarchiv München

CIP-Titelaufnahme der Deutschen Bibliothek
Neuhausen: Geschichte und Gegenwart /
Heinrich Horn; Willibald Karl. 3., korr. Aufl. – München:
Hugendubel, 1995
ISBN 3-88034-455-8

3., korr. Auflage 1995
© Heinrich Hugendubel Verlag 1989
Alle Rechte vorbehalten

Umschlaggestaltung: Zembsch' Werkstatt, München
Produktion: Tillmann Roeder, München
Satz: Uhl + Massopust, Aalen
Reproduktion: Fotolito Longo, Frangart
Druck und Bindung: Uhl, Radolfzell
Printed in Germany

ISBN 3-88034-455-8

Inhalt

Vorwort

Früh hat das Dorf und der Münchner Stadtteil Neuhausen eine eigene geschichtliche Darstellung und Würdigung erfahren: Nach der Jahrhundertwende beschreibt der Münchner Schulinspektor Joseph Lipp »Die Vorstadt Neuhausen«; 50 Jahre später berichtet Andreas Grad, ebenfalls Schulmann, »Aus Neuhausens Vergangenheit«. Beide Bändchen sind längst vergriffen – ebenso die Festschrift zur 700-Jahr-Feier Neuhausens aus dem Jahr 1970.

Im Neudruck des zum 100. Geburtstag der Eingemeindung Neuhausens nach München (1. 1. 1890) erstmals vorgelegten Bildbandes ist Stadtteilgeschichte aktualisiert und »fortgeschrieben« worden, wobei in besonderer Weise die strukturellen Vorgaben durch Eisenbahn, Industrie, Militär, wie durch proletarische und großbürgerliche Ansiedlung interessierten.

Zu danken ist in erster Linie den beiden Autoren, Willibald Karl und Heinrich Horn (†). Sie haben die Vorarbeiten ihres Seniorenarbeitskreises zur Stadtteilgeschichte Neuhausens aufgegriffen und in publizierbare Bahnen gelenkt. Aus der Zusammenarbeit dieses Arbeitskreises mit dem Münchner Stadtarchiv entstand das vorliegende Buch.

Für Auswahl und Zusammenstellung der Bildquellen danke ich meiner Mitarbeiterin Frau Eva Graf, für Einzelrecherchen und Vorarbeiten Frau Angelika Mair und Herrn Werner Metzig (†). Dankend hervorgehoben werden soll auch die wichtige Hilfe vieler Neuhauser, Gerner und Nymphenburger Mitbürgerinnen und Mitbürger, Firmen und Einrichtungen. Sie alle haben bei der Vorbereitung dieser Publikation Auskünfte erteilt und Schrift- oder Bildquellen zur Verfügung gestellt.

Mit einer – vornehmlich durch seltene Graphik – reich illustrierten historischen Darstellung wird zunächst das Wachstum Neuhausens seit dem Mittelalter nachvollzogen, das ja stets von den Impulsen der nahegelegenen Residenzstadt München bestimmt war. Eine Entwicklung, die im 19. Jahrhundert kulminierte und Neuhausen schon lange vor der Eingemeindung von 1890 zu einem faktischen Stadtteil Münchens machte.

Diese umfassende Würdigung der Neuhauser Entwicklung wird ergänzt durch einen eigenen Fototeil, der die soziale und stilistische Vielfalt und den Wandel der Quartiere, Straßenzüge und Bauten Neuhausens – mit Ausblicken nach Nymphenburg und Gern und in das Marsfeld – veranschaulichen soll, eine Bildreportage, die von der »Prinzregentenzeit« bis in die Gegenwart reicht.

Nach einigen Überblicken aus der Luft führen uns die Fotos vom Stiglmaierplatz die Nymphenburger Straße hinauf zum Rotkreuzplatz und zum alten Ortskern um die Winthirkirche. Über das »vornehme Viertel« schwenkt der Blick zum Schloßkanal, nach Nymphenburg, nach Gern und in die Ebenau. Über die Leonrodstraße und das Viertel um St. Benno wird der eindrucksvolle Rundgang geschlossen.

Eigene Bildfolgen gelten den Kirchen und Schulen, den kontraststarken Quartieren des Kasernenviertels und des Eisenbahnbereichs, aber auch den traditionsreichen Krankenhäusern und Sozialeinrichtungen Neuhausens. Ausflugsziele (wie Volksgarten oder Hirschgarten), Brunnen und Denkmäler bilden den optischen Endpunkt.

Der abschließende Textteil empfiehlt sich als aktueller »Wegweiser« für Erkundungsgänge. Mit seiner Hilfe können die Neuhauserinnen und Neuhauser die Geschichte ihrer Heimat auf Straßen und Plätzen nachvollziehen und dabei ungeahnte Entdeckungen machen. Eine Auswahl aktueller Fotos, die Frau Kiechle-Klemt vom Stadtarchiv anfertigte, dokumentiert zusätzlich das gegenwärtige Erscheinungsbild und wird künftigen Generationen eine wertvolle Erinnerung an das Jubiläum dieses aus Tradition vielseitigen und lebhaften Münchner Stadtteils sein.

2. November 1989
Richard Bauer

Der Heilige Winthir ein Salzsämer zu Neuhausen.

Der selige Winthir predigt in Neuhausen der bäuerlichen Bevölkerung. Kupferstich von Sadeler aus Raders »Bavaria Sancta« um 1620

8

Neuhausen
Lage, Bodengestalt und Grenzen

Zwischen den frühmittelalterlichen Siedlungen Thalkirchen-Sendling, Pasing, Menzing-Pipping, Moosach, Feldmoching und Schwabing und der als Geländeschwelle sichtbaren Niederterrassenkante der letzten Eiszeit liegt auf grobem Terrassenschotter und Sand eine Heidelandschaft mit Wiesen, Buschwerk, Waldungen – ein Kernstück der »Münchner Schotterebene«.

Die genannten Siedlungen sind urkundlich alle aus dem 8. und frühen 9. Jahrhundert bezeugt. Bodenfunde weisen mit Reihengräbern und ganzen Friedhöfen nicht erst auf die frühbajuwarische Zeit des 6./7. Jahrhunderts zurück. In diesem Altsiedelland finden sich auch frühgeschichtliche Funde aus keltisich-römischer Zeit mit Teilen einer Römerstraße, die vom Inn bei Mühldorf und Simbach her verläuft, bei (Ober-)Föhring die Isar quert und durch das Feldmoching-Moosacher Gebiet hindurch bei Dachau über die Amper führt und schließlich bei Erdweg in eine andere Römerstraße mündet, die den Weg in die Provinzhauptstadt Augusta (Augsburg) nimmt. Ja selbst Funde aus der Bronzezeit und früheren menschheits- und erdgeschichtlichen Epochen sind hier gemacht worden.

Auf der Heide selbst sind bei den umfangreichen Bauarbeiten und Erdbewegungen der letzten beiden Jahrhunderte nur kärgliche Funde zutage getreten: eine Pfeilspitze, Teile von Mammutzähnen, die sich aber hier nur als Schwemmgut der letzten Eiszeit abgelagert haben (Sekundärlage).

Dieses Heidegebiet zwischen den frühmittelalterlichen Altsiedlungskernen ist das Gebiet von Neuhausen, Gern, Kemnaten (Nymphenburg), dessen Besiedelung durch Bodenfunde und schriftliche Quellen erst seit dem 11. und 12. Jahrhundert bezeugt ist: »Wen hätte auch die kärgliche Natur der Niederterrassenheide mit ihrem Mangel an natürlichen Oberflächengewässern zu frühzeitiger Besiedlung gereizt? Den nacheinander einwandernden Neolithikern, Bronzezeitmenschen, Kelten und Bajuwaren standen vorerst genügend waldfreie Flächen mit günstigeren Lebensbedingungen, mit nahem Wasser und Lehmböden auf Hochterrassenzungen zur Verfügung.«[1]

Seit etwa 1000 Jahren aber entfaltet sich die Entwicklung der bäuerlichen Siedlungen und Dörfer Gern, Neuhausen, Ober- und Unterkemnaten etwa in folgenden heutigen Grenzen:

– im Süden: Pasinger Weg (heute Landsberger Straße)

– im Osten: vom Galgenberg – Hacker-Pschorr-Brauerei – Hackerbrücke – Neuhauser Berg – Maßmannbergl – entlang der Niederterrassenkante, der Burgfriedensgrenze Münchens, auf der Höhe der heutigen Schleißheimer und Winzererstraße.

– im Norden: südlich des heutigen Mittleren Rings (Georg-Brauchle-Ring) durch das Oberwiesenfeld (Schwabinger Feld) – nördlich der Borstei zur Baldur-, Nederlinger und Menzinger Straße

– im Westen: von Friedenheim über den Nymphenburger Park zum Kapuzinerhölzl.

Entstehung Neuhausens

Die frühe Geschichte des Ortes Neuhausen wurde seit jeher mit der Gestalt des seligen Winthir verbunden. Für die Annahme (seit 18. Jahrhundert: Westenrieder), er sei ein Zeitgenosse der iroschottisch-fränkischen Wanderbischöfe und Reichsmissionare zur Christianisierung Bayerns und der Bajuwaren im 7. und 8. Jahrhundert gewesen, gibt es keine Quellenbelege. Andererseits ist die Dichte der mündlichen Überlieferung, der örtlichen Tradition, nicht zu unterschlagen. Die schriftliche Form der Winthirüberlieferung, die Winthirverehrung, die Winthirlegenden stammen erst aus dem Zeitalter der Gegenreformation in Bayern (Ende 16. und 17. Jahrhundert). Man bemühte sich damals, die reiche mündliche Tradition aufzuzeichnen und in einen geschichtlich-chronologischen Zusammenhang zu stellen. Sowohl diese schriftlichen Aufzeichnungen, wie die bildlichen Darstellungen bis hinauf zur Gegenwart, lassen einen gewissen Spielraum für Überlegungen offen, wer wohl der selige Winthir war, wann er gelebt hat, woher er kam und was er getan hat.

Danach steht fest: er soll aus der Fremde gekommen sein und sich bei dem – offenbar schon bestehenden – Kirchlein Neuhausens niedergelassen haben. Er sei von Adel gewesen, habe aber seiner Herkunft entsagt, sei Sämmer (Maultiertreiber) und schließlich ein Glaubensbote geworden, der das Wort Gottes verkündete und Wunder wirkte. Er starb in Neuhausen und wurde an der Kirche begraben und als »Ortsheiliger« – im wahrsten Sinne des Wortes: als Mann, der dem Ort Heil brachte und bringt gegen Pest, Seuchen, Mißernten, Hunger und Krieg – verehrt. Seiner Fürsprache vertraute die bäuerliche Gemeinschaft über Jahrhunderte und dankte ihm ihr Gedeihen und der Hilfe in der Not.

In der Gestalt des seligen Winthir fließen offenbar lebensgeschichtliche Elemente eines konkreten historischen Menschen und typologisch-legendenhafte Züge eines Ortsheiligen zusammen. Die klare und eindeutige Identifikation mit einem geschichtlich belegten Winthir ist begründet und wieder verworfen worden. Und doch spricht viel dafür, daß – auf einer anderen Ebene – die wirtschaftlich-soziale und herrschaftlich-politische Situation der Entstehung und frühen Geschichte Neuhausens – soweit sie belegt ist – mit der Geschichte und Legende des seligen Winthir in Einklang – wenn nicht zur Deckung – gebracht werden kann.

Die ersten urkundlichen Hinweise auf eine dauerhafte dörfliche Besiedlung dieses Raumes stammen aus dem 11. und 12. Jahrhundert. Früher als Neuhausen ist Gern genannt: Im Jahr 1025 tauscht ein gewisser Mahtuni seine Liegenschaften in Föhring und anderwärts gegen solche in »Gerin«, die sich in Händen des bischöflich-freisingischen Vogtes Adelschalk befinden. Dies ist in den Besitzstandsverzeichnissen der Freisinger Bischöfe, den Freisinger »Traditionen«, bezeugt.[2]

Erst rund 140 Jahre später erscheint der Name Neuhausens mit Bezug auf unseren Ort in einer Urkunde. Im Besitzstandsverzeichnis des Klosters Schäftlarn heißt es, daß zur Zeit seines Abtes Heinrich (1163–1170) ein Mann namens Rudolf von Neuhausen (Roudolfus de Niwenhusen) mit Einverständnis seiner Gattin Kunigunde und seiner Söhne Wernhard und Adelbero dem Altar des hl. Dionys zu Schäftlarn ein Landgut (»villa«) in Sendling geschenkt hat. Der hl. Dionys, Märtyrer des 3. Jahrhunderts als Bischof von Paris (St. Denis) und fränkisch-merowingischer Reichsheiliger, ist als Patron der Klosterkirche Schäftlarn symbolisch Empfänger der Schenkung.

Die »Winthirsäule«, wohl eher Weg- oder Flurstein des 17. Jahrhunderts südlich des Ortskerns, jetzt Winthirplatz um 1860

Nur wenige Jahre später – Ende des 12. Jahrhunderts – taucht auch der Name der ehemals zweiteiligen Ortschaft Ober- und Unter-Kemnaten (später Nymphenburg) in den Urkunden – und zwar ebenfalls in Schäftlarner Klosterurkunden – auf.

Auch zwei wichtige Urkunden aus der ersten Hälfte des 13. Jahrhunderts zeigen, daß das Kloster Schäftlarn und der Bischof von Freising am Beginn der urkundlichen Überlieferung Neuhausens stehen und seine Entstehungsgeschichte wesentlich beeinflußt haben: Unter Probst Werner (1200–1218) schließt das Kloster Schäftlarn einen Vertrag mit Heinrich Malzchasten, einem Dienstmann und Amtsträger des bayerischen Herzogs Ludwig I., des Kelheimers (1183–1231), ein Grundstück in »Niwehausen« betreffend. Und im Jahr 1249 übergibt der Adelige Heinrich von Starcholtzhowen Herrschafts- und Besitzrechte über verschiedene Liegenschaften, insbesondere über den ganzen Landsitz Neuhausen (Newenhusen), einschließlich der Kirchenvogtei und der Gerichtsherrschaft über die Ortschaft, zur Nutzung an den Bischof Konrad I. von Freising (1230–1258).

Daß es sich in den genannten Urkunden jeweils um »unser« Neuhausen, Gern, Kemnaten handelt, ist aus den Zeugen und ihrer Herkunft aus der Nachbarschaft zu ersehen, die dort jeweils genannt wird: Feld-Moching, Lochhausen, Moosach, Schwabing, Ismaning usw.

Die letztgenannte Freisinger Urkunde (Hauptstaatsarchiv, Hochstift Freising, Nr. 79) weist in Ermangelung eines eigenen Siegels des adeligen Schenkers das Siegel der Stadt München in seiner ältesten uns bekannten Form auf.

Diese urkundlichen Befunde zeigen deutlich, daß Neuhausen mit Gern und Kemnaten in der Zeit des sogenannten Landesausbaus vom 11. bis zum 13. Jahrhundert in das Licht der Geschichte tritt. Dies hängt vor allem damit zusammen, daß nach den Ungarnkriegen und dem politischen und kirchlich-klösterlichen Niedergang des 10. Jahrhunderts jetzt im 11. und 12. Jahrhundert, bei ansteigender Bevölkerungs- und Produktionsentwicklung, der Ausbau und die Kultivierung des Landes erneut und verstärkt in Angriff genommen wurden. Die »Hauptakteure« und Träger dieser Entwicklung sind die neuadeligen Schichten herzoglicher Dienstmannen (Ministerialen) einerseits und die reformierten Klöster andererseits. Für den gesamten Münchener Raum ist daher das Kloster Schäftlarn von hervorragender Bedeutung. Es war von einer Adelssippe des Waltrich, die mit dem bajuwarisch-fränkischen Uradelsgeschlecht der Huosi verwandtschaftlich verbunden war, um das Jahr 760 gestiftet und an den Bischof von Freising als Eigenkloster übertragen worden. Nachdem das Kloster Schäftlarn die Zeit des Niedergangs im 10. Jahrhundert nur als lockere Priestergemeinschaft überstanden hatte, wurde es mit der Beru-

fung von Prämonstratensern im Jahr 1140 durch den großen Bischof Otto I. von Freising (1138–1158) zum bischöflichen Reformkloster. Die wirtchaftlich-politischen Aktivitäten dieses Klosters sind offenbar Bestandteil der herrschaftlichen Gewichtsverschiebungen um die Mitte des 12. Jahrhunderts, die aus bischöflich-freisingischen, wittelsbachischen, herzoglich-welfischen und königlich-staufischen Eingriffen im »Münchner Raum« resultieren. Allerdings sind die exakten Zusammenhänge – vor allem im Hinblick auf die Entstehung Münchens und auch Neuhausens – bisher nicht geklärt.[3]

So wird das Abbrennen der bischöflichen Isarbrücke bei Föhring, die Verlegung der Salzstraße über die neue Isarbrücke bei München durch Heinrich den Löwen – die »Gründung Münchens«, beurkundet durch den »Augsburger Schied« Friedrich Barbarossas vom 16. 6. 1158 – und die damit verbundene Verlagerung freisingisch-schäftlarner Interessen zu einem, wenn nicht *dem* Entwicklungsimpuls für Neuhausen. Es kommt nun an die kürzeste »Zubringer«-Straße von der neuen Münchener Isarbrücke hin zum Menzinger »Sommerübergang« über die Würm einerseits und andererseits zum Amperübergang bei Dachau, also an der Straße München–Augsburg zu liegen und gewinnt dadurch an wirtschaftlicher und politischer Bedeutung. Es spricht viel dafür, daß dieser Bedeutungsgewinn von der Autorität des Klosters Schäftlarn in diesem Bereich aufgefangen wird. Wie, darüber mag man spekulieren:

Möglicherweise durch den Sämmer-»Spediteur« Winthir, als konkrete geschichtliche Gestalt – Winthire sind im Kloster Schäftlarn dieser Zeit anzutreffen – *und* als typologischen »Spezialheiligen« für diese Entwicklung? Möglicherweise als eine Weiterentwicklung der Schäftlarner »Präsenz« im Umfeld der »Gründung Münchens«? Von »Alt«-heim zu »Neu«-hausen?

Daß die Wirkung Schäftlarns für Neuhausen, Gern und Kemnaten folgenreich war, zeigt die Entwicklung in den folgenden Jahrhunderten. In den Matrikeln des Freisinger Bischofs Konrad III. (1314–1332) aus dem Münchener Patriziergeschlecht der Sendlinger werden die Kirchen St. Nikolaus in Neuhausen (mit Friedhof) und St. Magdalena in Kemnaten als Tochterkirchen der Mutterpfarrei St. Maria-Thalkirchen, später Sendling, das wie Schäftlarn ein Dionyspatrozinium hatte, genannt. Dieses kirchenrechtliche und seelsorgerische Abhängigkeitsverhältnis blieb bis in die 2. Hälfte des 19. Jahrhunderts bestehen. Zur Groß- oder Urpfarrei Thalkirchen-Sendling gehörten ferner Pullach, Forstenried und Schwabing; sie hatte neben dem Pfarrer einen Kaplan und einen Kooperator für die weit auseinanderliegenden Seelsorgeaufgaben. 1329 wurde die Pfarrei Thalkirchen-Sendling durch Bischof Konrad III. stiftungsrechtlich dem Freisinger Kollegiatsstift St. Johannes zugeschlagen, dessen Probst und Kapitel nunmehr – nicht der Bischof – für die Bestimmung und Einsetzung der Pfarrer, für die Aufsicht über die Pfarrpfründen etc. zuständig war.[4]

Schon in der genannten Freisinger Urkunde über den Gütertausch mit Heinrich von Starcholtzhoven werden dort kirchenherrschaftliche und -gerichtliche Zuständigkeiten genannt. Die Tradition des Herrensitzes in Neuhausen, mit Herrenhaus und Landgut, der spätere »gefreite Edelsitz«, das Jagdschlößl, geht also mindestens auf die erste Hälfte des 13. Jahrhunderts zurück. Aber von einer einheitlichen oder linearen herrschaftlichen und besitzrechtlichen Entwicklung Neuhausens im Spätmittelalter und in der frühen Neuzeit kann nicht die Rede sein.

Nächst Schäftlarn und Freising haben im 14. und 15. Jahrhundert andere Klöster und kirchliche Rechtsträger, sowie Land- und Stadtadelsgeschlechter, vor allem Münchener Patrizierfamilien und das herzogliche Haus Besitzrechte in Neuhausen erworben. So ist etwa belegt, daß 1365 der Münchener Patrizier Hans Püterich die von ihm erworbene Hube zu Neuhausen nebst anderem an das von ihm gestiftete Püterich-Seelhaus, das spätere Püterich-Kloster an der Perusastraße in München, schenkte. Den Herrenhof zu Neuhausen kaufte im Jahr 1405 Jörg Temlinger. Ferner werden als Grundbesitzer in Neuhausen genannt: Heinrich Küchenmeister von Rückenstein (1362), Ulrich der Küchenmeister von Lechhausen (1390), Peter und Konrad von Grauesel u. a. m. Dazu kamen in Gern und Kemnaten seit der frühesten Zeit immer wieder klösterliche Besitzrechte:

1149 – noch vor der urkundlichen Ersterwähnung Neuhausens – erscheint Gern im Leinenpfennigverzeichnis des Klosters Tegernsee: der Maier von Gern schuldet drei Denare. 1283 überträgt Heinrich der Sachsenhauer seinen Hof zu Gern dem Dominikanerinnenkloster zu Altenhohenau, das diesen Hof 1312 gegen zwei andere mit dem Probst von Dießen tauscht. In Kemnaten gehören drei Höfe dem Augustiner-Chorherrenstift zu Beuerberg, das in der Magdalenenkirche zu Kemnaten auch Seelsorgedienste für die Sendlinger Mutterpfarrei übernimmt. Weiterer Besitz an Neuhauser Liegenschaften gehört dem Neuhauser Herrensitz und der Pfarrpfründestiftung von Sendling.

Ein stärkerer besitzmäßiger Zugriff der herzoglichen Familie der Wittelsbacher ist gegen Ende des 15. Jahrhunderts zu verzeichnen: 1484 erwarben hier zwei uneheliche Söhne Herzog Sigmunds (1460–67), Hans und Sigmund Pfantendorfen, sechs Tagwerk Ackerland und 1502 wird der Herrenhof zu Neuhausen nebst den dazugehörigen Liegenschaften dort und in Schleißheim vom Herzog Albrecht IV. (1465–1508) »um ein jährlich Leibgeding von 84 Gulden in Gold aus der fürstlichen Großzoll zu München« – also auf Rentenbasis – erworben.

Seit der Regierungszeit Albrecht IV., stabilisierte sich auch die innere Struktur und Verwaltung des bayerischen Herzogtums durch den Ausbau der unteren und mittleren Behörden, namentlich der Landgerichte und ihrer Unterämter. Der Landrichter bzw. Pfleger – für Neuhausen war der von Dachau (mit den Unterämtern Esting, Puchschlagen, Dachau und Feldmoching) zuständig – »übte mit Gerichts-, Polizei-, Finanz-, Militär- und Kirchenhoheit sämtliche staatlichen Hoheitsrechte innerhalb seines Amtsbezirks. Dieser war jedoch durchbrochen durch die Herrschaften, Hofmarken, Edelsitze, Städte und Märkte...«, die eigenes Recht geltend machen konnten.[5]

Johannes Neuhauser

In dieser Zeitenwende vom späten Mittelalter zur Renaissance wird uns – neben der legendenhaften Gestalt des seligen Winthir – eine konkrete geschichtliche Persönlichkeit, der erste geschichtsmächtige und geschichtstragende gebürtige Neuhauser, greifbar: Johannes Neuhauser.

Albrecht III., der Fromme (Herzog von Oberbayern, 1438–1460), hatte nach der unglücklichen Verbindung mit der Agnes Bernauerin († 1435) und seiner rechtmäßigen Ehe mit Anna von Braunschweig († 1474) noch mehrere Liebesbeziehungen. Aus der außerehelichen Verbindung mit einer Tochter aus dem Münchener Patriziergeschlecht der Ligsalz stammte ein Sohn Johannes, der nach seinem Geburtsort Neuhausen den Namen Johannes Neuhauser trug. Er wurde seiner hohen Abkunft wegen sorgfältig erzogen, war Schüler im Kloster Benediktbeuren unter Abt Narziss Baumann, wurde zum Geistlichen bestimmt und vollendete seine Studien zum Doktor der Theologie wahrscheinlich in Pavia. Als solcher wurde er zunächst Domherr in Regensburg, zu einer Zeit, als sein Halbbruder Albrecht IV. (1465–1508) die Vereinigung Regensburgs mit dem Herzogtum von Oberbayern – freilich vergeblich – anstrebte. Johannes Neuhauser erhielt das Wappen der ausgestorbenen Neuhauser zu Rutting, wurde dann Domdekan zu Regensburg, Domherr zu Freising, Stiftsprobst der neuen Kollegiatsstifte »Zu Unserer Lieben Frau« zu München und zu Altötting, sowie Dechant von St. Peter in München. Und vor allem war er Kanzler seines Halbbruders Albrecht IV., der in seiner Regierungszeit und mit ihm das niederbayerische Übergewicht der »Reichen Herzöge« von Landshut Zug um Zug durch kriegerische Auseinandersetzungen und kluges Verhandeln überwand und schließlich erfolgreich die Einheit des bayerischen Herzogtums anstrebte.

So wurde Johannes Neuhauser eine der mächtigsten und einflußreichsten Persönlichkeiten Bayerns an der Wende vom 15. zum 16. Jahrhundert. Als Träger mehrerer wichtiger kirchlicher Ämter wurde er für das Herzogtum Oberbayern fast zu einer Art »Gegenbischof« zum Bischof von Freising.

Bereits unter dem tatkräftigen Bischof Sixtus von Tannberg (1474–1495), einem Neffen des Salzburger Erzbischofs Bernhard (1446–1482), hatte sich Konfliktstoff angesammelt. Es ging um neue staatskirchenrechtliche Befugnisse, die sich Albrecht IV. direkt vom Papst geben ließ. Konkret ging es um die Auflösung der Kollegiatsstifte Schliersee und Ilmmünster zugunsten des neuen Münchener Kollegiatsstifts »Zu Unserer lieben Frau«, dessen erster Propst Johannes Neuhauser dann werden sollte. Über diesen Streit ist Sixtus von Tannberg gestorben. Nun aber wurde der Bischofsstuhl von Freising vollends zum Faustpfand zwischen den beiden bayerischen Herzogtümern: »Das Bistum konnte sich vor dem Zugriff auf den Bischofsstuhl durch die drei Wittelsbacher Familien in Landshut, München und Heidelberg

nicht mehr erwehren. Offensichtlich hatte sich das Domkapitel mit dieser Tatsache abgefunden.«[6] Jedenfalls postulierte es den erst vierzehnjährigen Prinz Ruprecht, Pfalzgraf bei Rhein und Herzog von Bayern, 1495 zum Bischof. Bereits als Zehnjähriger hatte er eine Domkapitelstelle in Freising innegehabt; die Bestätigung des Papstes erfolgte nun ein halbes Jahr später. Aber da sich durch das Testament Georg des Reichen aus dem Jahr 1496 für ihn die Aussicht auf die Erbschaft des Herzogtums Niederbayern bot, entsagte er – er hatte erst die niederen Weihen – 1498 dem bischöflichen Amt und allen seinen kirchlichen Stellungen mit päpstlicher Zustimmung und heiratete im Jahr darauf die niederbayerische Erb-Prinzessin Elisabeth. Nachfolger auf dem Bischofsstuhl in Freising wurde sein nur ein Jahr älterer Bruder Philipp.

Vor diesem Hintergrund ist die kirchliche und politische Machtstellung Johannes Neuhausers in München zu sehen. So hat er nicht nur an allen wesentlichen politischen Entscheidungen des Herzogtums von Oberbayern in dieser bewegten Zeit teilgenommen, sondern ist auch durch das Primogeniturgesetz von 1506 nach Ableben seines Stiefbruders Albrecht IV. vor eine noch wichtigere Aufgabe gestellt worden: in Abwesenheit des desinteressierten Herzog Wolfgang hatte er für seine beiden Stiefneffen Wilhelm und Ludwig den Regentschaftsrat zu leiten, der sich aus sechs gewählten Vertretern der Landstände zusammensetzte. So wurde Johannes Neuhauser faktisch zum Regenten der vereinigten Herzogtümer von Ober- und Niederbayern in den Jahren der vormundschaftlichen Regierung von 1508–1511 und zum Garanten der eben erst erkämpften Einheit. Noch in seinem Todesjahr krönte er sein Lebenswerk mit der Landesordnung von 1516, die eine Vereinheitlichung der Rechtsverhältnisse und der Gesetzgebung für Ober- und Niederbayern darstellte.

Neuhausen
vom ausgehenden Mittelalter bis zum Beginn des 19. Jahrhunderts
Bäuerliche Gemeinde und Edelsitz

Nach den Aufzeichnungen des Landgerichts Dachau hatte im Jahr 1468 Gern vier, Neuhausen 25 Anwesen mit etwa 150 Seelen, Ober- und Unterkemnaten um 1500 sechs Anwesen. Diese Größe – etwa vergleichbar mit Giesing oder Schwabing, kleiner als Feldmoching und Pasing, größer als Ramersdorf und Laim – hat Neuhausen in den folgenden 350 Jahren kaum überschritten.

Vom 15. Jahrhundert an sorgte der Dachauer Kasten, die Finanz- und Steuerbehörde des Landgerichts, eifrigst, daß auch alle Grundholden, d. h. Steuer-, Abgabe- und Schwarwerkspflichtigen, stets vollständig registriert waren. Daher ist uns bekannt, daß 1468 in Neuhausen die fünf »Pawrn: Kopp, Jung, Hans Markl, Jörg Mayr und Pauli Swarzmann«, die sieben »Hueber: Sedlmayr, Kuntz Gaulrapp, Plettl, Kälbl, Ölhuber, Sigmayrin und Haussner«, sowie die elf Söldner »Smid, Hanns Scharfzand, Mesner, Clasen, Mertz, Bühlmayr, aber Me(r)tz, Schingütl, Woffl, Hunelreuth, Sneider und Vordermayr« hausten, in Gern die Bauern Hans Gell und Erl Gell und die Huber Michael Erl und Hartl.[7] Die größeren Anwesen – Höfe und Huben – mit mehr als 40 Tagwerk Grund nahmen im Lauf der Jahrhunderte ab – 1583: 13, 1720: 10, 1725: 7. Die kleinbäuerlichen Betriebe – Sölden und Lehen – bei deren Inhabern früh eine gewerbliche Tätigkeit und Differenzierung zu erkennen ist: Smid, Mesner, Sneider, wurden aus steuerlichen Gründen später als Viertel-, Sechstel-, Achtel oder Sechzehntelhöfe geführt. Das »Verzeichnis der landgerichtlichen Güeter« des Landgerichts Dachau vom Jahre 1590 berichtet, daß die Obmannschaft Neuhausen 259 »Undterthanen« und folgenden Umfang hat: »Das Dorf, dazue gehöret Undter- und Oberkhemnaten, Nenderling, Geren und Laimb«. Diese Obmannschaft gehörte damals zum Unteramt Feldmoching, auch »Krautwadlampt« – nach dem Amtmann Krautwadl – genannt. Zu diesem gehörten ferner die Obmannschaften (Gemeinwesen) Allach, Großschleißheim, Schwabing, Moosach, Untersendling und Feldmoching selbst.

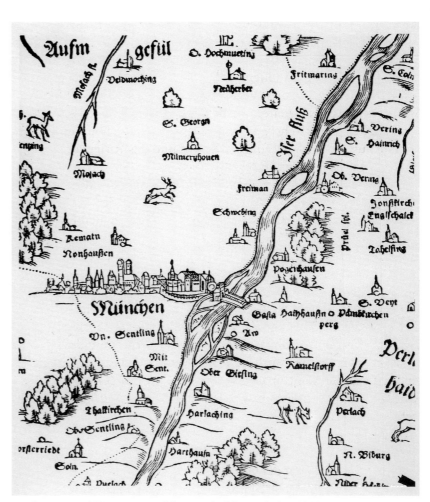

Neuhausen und Kemnaten auf der Landtafel von Apian 1566

Neben den landwirtschaftlichen Betrieben sind Gewerbe und Handel in dieser Zeit – mit Ausnahme der gewerblichen Differenzierung im kleinbäuerlichen Bereich (siehe oben) – nur spärlich urkundlich nachgewiesen.

Allerdings ist die Tafernwirtschaft (später: »Zum Großen Wirt«, jetzt »Großwirt«) neben der Nikolauskirche bereits 1583 bezeugt, eine der ältesten Gaststätten im Münchener Raum außerhalb des Burgfriedens. Ferner werden 1594 zwei Zimmerleute erwähnt.

Anders verläuft die Entwicklung in Kemnaten, das im 16. Jahrhundert zur landesherrlichen Hofmark – mit eigener Niedergerichtsbarkeit und Polizeigewalt – wird. Als solche wurde es von den bayerischen Herzögen und Kurfürsten an höhere Beamte vergeben: Es begegnen die Namen Weißenfelder, Gailkircher, Weiler und Gasser.

So erscheint dann auch der »Edelmannsitz zue Neuhausen sambt etlich dazuegehörigen Guetern« im »Verzeichnis der Hofmarchischen Gueter des Amts Veldtmoching« von 1590 als Teil des Hofmarksgutes Kemnaten im Besitz des herzoglichen Rates und Hofkanzlers Gailkircher. Hier wird die alte Rechtstradition des 13. Jahrhunderts wiederaufgenommen und das Rittergut zu Neuhausen zum »gefreyten Edelsitz« erhoben.

Und wiederum steht in Neuhausen eine große – diesmal vom Niederrhein zugewanderte – Persönlichkeit an der Wende eines Jahrhunderts. Johann Gailkircher läßt sich einen neuen Herrensitz in Neuhausen erbauen, den Vorläufer des späteren Jagdschlößls. Auf ihn ist sicher auch die Vergrößerung der kleinen Nikolauskirche zurückzuführen, die noch bei der Visitation von 1560 in gutem Zustand befunden worden war.

Johann Gailkircher ist das – nunmehr auch literarische – Aufblühen der Winthir-Verehrung zu verdanken. Es selbst hat dem seligen Winthir ein langes lateinisches Gedicht gewidmet. Und wenig später hat Maximilians I. Hofkupferstecher Raphael Sadeler, den seligen Winthir und »seine« Kirche für Raders »Bavaria Sancta« – mit topographischen Illustrationen – bildlich dargestellt.

Gailkircher selbst gehörte zum engsten Kreis bayerischer Hofbeamter, die durch Gesetzgebungs- und Verwaltungsakte den absoluten Fürstenstaat der Gegenreformation in Bayern begründeten. Genau 100 Jahre nach Johann Neuhausers »Landesordnung« wird diese ersetzt durch den »Codex Maximilianeus« mit dem bayerischen Landrecht von 1616, das für 150 Jahre zum Hauptgesetzeswerk des nunmehrigen Kurfürstentums Bayern wird. Johann Gailkircher war Mitschöpfer dieses Gesetzeswerks.

Schloß und Jagd

Der Edelsitz Neuhausen geht jedoch bald aus Gailkirchers Erbe durch Verkauf an das Münchener Bruderhaus über, das, nach der Brandkatastrophe und Schwedennot des 30jährigen Krieges, das Herrenhaus wieder aufbauen läßt. Vom Bruderhaus gelangt der Edelsitz jeweils durch Verkauf an die Freiherrn von Königsacker und von diesen 1705 an das Münchener Augustinerkloster, dessen Prior Aquinas Schöttl ihn bereits 1715 um 15 000 Gulden an Kurfürst Max Emmanuel veräußert.

Diese Entwicklung Neuhausens verläuft Hand in Hand mit der Kemnatens: Den Vormündern des Erben des letzten, 1661 geistig umnachtet gestorbenen, Hofmarksherrn Johann Gasser nötigt Kurfürst Ferdinand Maria die Hofmark 1663 durch Kauf ab. Er brauchte sie als Bauplatz für ein neues Schloß, ein »Wochenbettgeschenk« für seine Gemahlin Henriette Adelaide von Savoyen anläßlich der Geburt des Erbprinzen Max Emmanuel (1662). Schon ab 1664 entstand unter Leitung des Architekten Agostino Barelli direkt neben der kleinen Magdalenenkirche das neue Schloß: »Borgo delle Ninfe« – Nymphenburg sollte es heißen.

Für das nächste Jahrhundert waren die Weichen für die Entwicklung Neuhausens, Kemnaten-Nymphenburgs und Gerns neu gestellt.

Der Edelsitz Neuhausen – später Jagdschlößl – mit Dorf und Kirche. Stich von Wening 1702

Mit dem Erwerb der Hofmark Kemnaten (1663) und – 50 Jahre später – des Edelsitzes Neuhausen (1715) durch die bayerischen Kurfürsten Ferdinand Maria und Max Emmanuel wird das gesamte Neuhauser Gebiet im ausgehenden 17. und im 18. Jahrhundert gänzlich dem hoheitlichen Planungswillen des Hochabsolutismus unterworfen. Das Schloß Nymphenburg und die Jagd im »Parque zu Neuhausen« werden zum neuen Koordinatensystem für Neuhausen, Kemnaten-Nymphenburg und Gern. Das alte Dorf Kemnaten verschwindet zu Beginn des 18. Jahrhunderts – auch die Magdalenenkirche, ja selbst der Ortsname – von der Landkarte. Durch den Schloßkanal von 1728 mit den 1730 mit Linden bepflanzten Auffahrtsalleen wurden die Fluren der alten Orte und ihre Verbindungswege zerschnitten, ja sogar die Fernstraße München–Augsburg, die über Neuhausen nach Gern führte. Der überörtliche Verkehr Richtung Augsburg konzentrierte sich nun auf die Dachauer Straße. Von überragender Bedeutung für Neuhausen wurde der al-

Neuhausen, Gern und Nymphenburg mit dem Kanal- und Straßennetz des 18. Jahrhunderts auf einer Landkarte um 1815

leengesäumte »Fürstenweg«, die Verbindung von der Münchener Residenz nach Schloß Nymphenburg, die jetzige Nymphenburger Straße. Er machte am Jagdschlößl einen Knick – eine »Umgehungsstraße« des Neuhauser Dorfkerns – und stellte über die Prinzenstraße die Verbindung zur Südlichen Auffahrtsallee her. Wie alte Ansichten zeigen, führten keine Brücken über den Schloßkanal; diese sind erst ein Werk der Prinzregentenzeit Ende des 19. Jahrhunderts (Ludwig-Ferdinand-Brücke 1892), Gerner Brücke, Nymphenburger-Kanal-Brücke (1911).

Neben die alten Kemnater Anwesen traten die »Kavaliershäuser« am Schloßrondell – darunter das später berühmte Café-Restaurant »Zum Controlor« – und die ursprünglich kleinhäusige Handwerkersiedlung von Hoflieferanten zu beiden Seiten des Schloßkanals. Dieser selbst aber war als Hauptachse einer neuen

Reißbrettstadt des barocken Hochabsolutismus – vergleichbar etwa Karlsruhe oder Mannheim – gedacht: der »Carlstadt«, genannt nach Kurfürst Karl Albrecht, dem glücklosen Kaiser Karl VII. (1742–45). Nach mannigfachem Für und Wider unterblieb die Ausführung des Plans nach dem Tod Karl Albrechts unter der von Sparsamkeit gekennzeichneten Herrschaft Max III. Josef.

Unverkennbar war aber, daß die Hofgesellschaft ihr Leben – mit Ausnahme der Wintermonate – immer mehr nach Nymphenburg verlegte. Am deutlichsten wurde dies durch die kurfürstliche Jagd, die im 18. Jahrhundert auf den Neuhauser-Nymphenburger Fluren und in seinen Waldungen, bis hin zur Würm und über die Fasanerien bis nach Schleißheim, ihre Blütezeit erlebte.

Schon Michael Wening schreibt 1701 über den damals noch königsackerschen Edelsitz Neuhausen: »Sonst ligt dieser Sitz gantz ebenen Landts, nechst einer kleinen Waldung von Bürkholtz, in welcher Gegend auf dem churfürstlichen Wildplan sich Hirschen und Wildstücke in Mänge sehen lassen.«[7a]

Hier – auf dem »Rendezvous« – riefen die Jagdhörner schon damals zur Hirschfaiste, zur Sauhatz, zur Beize, zur Parforcejagd; letztere, die »französische Jagd«, wurde nach Erwerb des Edelsitzes Neuhausen durch Max Emmanuel zur eigentlichen Domäne in Neuhausen. Der Edelsitz wurde zum Jagdschlößl, wie es das Fresko an der Außenwand desselben darstellte. Jagdpersonal, Jäger und Hunde wurden nunmehr zum »Dauerinventar« Neuhausens. Die Parforcejagd oder »Französische Jagd«, eine Treib- und Hetzjagd, war in Mode, und so bestand das Jagdpersonal noch 1752, als der Höhepunkt dieser Jagdmode schon überschritten war, aus »einem Kommandanten, einem Vizekommandanten, drei berittenen Piqueuren, einem berittenen und zwei unberittenen Besuchsknechten, zehn Jäger- und Hundejungen, neun Pferdeknechten, einem Schmied«, also 28 Mannspersonen. Dazu kamen 29 Pferde, 100 Hirschhunde, 40 Wildbrethunde und 20 Leithunde – eine stattliche Meute![8] Den Rückgang der Jagd in der zweiten Hälfte des 18. Jahrhunderts sahen die Neuhauser Bauern mit einem lachenden und einem weinenden Auge. Der Jagdbetrieb hatte sicher manchem einen nicht unerheblichen Zuverdienst – gerade dem Wirt und dem kleinbäuerlichen Handwerk – gebracht, ja die Herausbildung und Differenzierung der letzteren gefördert. Andererseits mußte man auf Feldgrund und Weiderechte verzichten: 9 Tagwerk für einen Hasengarten (1750), 131 Tagwerk für den Hirschgarten (1780), das Weiderecht im Birket, dem Gemeindewald im Süden und im Kapuzinerhölzl im äußersten

Nordwesten. Dazu kam noch der Verdruß mit den wiederkehrenden Wildschäden und die Jagdfron: Treiberdienste, Hundefüttern, Sausengen und dergleichen, was dem Scharwerk, den Hand- und Spanndiensten für Schloß- und Kanalbauten noch weitere Belastungen hinzugesetzt hatte.

Aber nicht nur von der Jagd- und Hofgesellschaft Neuhausen-Nymphenburgs her hatte das bäuerliche Wirtschaften Einbußen zu gewärtigen, auch auf der anderen Seite, am Neuhauser Berg an der Burgfriedensgrenze Münchens, wo ausgedehnte »Blumbesuchsgründe«, d. h. Weideflächen, Neuhausens lagen. Gegen die Inanspruchnahme dieses Weidegeländes als Exerzierplatz richtete sich über ein Jahrhundert lang das Begehren und Aufbegehren der Neuhauser Bauern. »Seit unvordenklichen Zeiten« hatte man das Vieh nach der Tränkung an der »Schwabenlacken«, dem Dorfteich gegenüber dem Herrensitz, zum »Blumbesuch« auf die Weide der Burgfriedensgrenze zu getrieben. Dieser Grund war nicht Eigentum einzelner Bauern oder des Dorfes, das Weiderecht dort aber Gemeinbesitz seit alters her. Was die Neuhauser Bauern nun anfochten, war die Wegnahme alter Gewohnheitsrechte; was sie geltend machten, waren auch Ersatzansprüche für an die kurfürstliche Jagd verlorene Ackerböden und Weiderechte. Und schließlich, da der Getreideanbau zur Versorgung der wachsenden Bevölkerung Münchens zunehmend lohnender wurde, war ein Umsteigen von extensiver Weidewirtschaft auf Ackerbau wirtschaftlich angezeigt. Dies war durch »Einfangen« von Brachland und »Rodigmachen« von Weideflächen seit alters her rechtens. Bereits 1720 gelang es, aus dem Grund der ehemaligen »Schwaige« zu Kemnaten-Nymphenburg 13 Äcker als Entschädigung für Gehegeabtragungen zu erhalten. Der 1764 vom Kurfürsten Max III. Josef versprochene Neubruch auf der Heide, dem Galgenberg und Pasinger Weg zu, wurde erst 1785 von Kurfürst Karl Theodor genehmigt: Jedes der 29 Gemeindemitglieder erhielt dort nun doppelt soviel wie einst zugesagt, nämlich je zwei Tagwerk, zur Rodigmachung. Gleichzeitig aber wurde der Exerzierplatz, Marsfeld – nach dem römischen Kriegsgott – genannt, ausgenommen und exklusiv für militärische Zwecke bestimmt. Gegen diese Beschränkung ihrer Bauernrechte protestierten und beschwerten sich die Neuhauser bis weit in das 19. Jahrhundert hinein. Sie betrachteten »das Exerzieren auf diesem Grund und Boden immer nur als Servität auf ihrem Eigentume.«[9] Beweiden, Wasenstechen, Sandfahren und Rodigmachen schienen ihnen älteres, bäuerliches Recht. Inmitten der für Neuhausen harten Drangsale der Napoleo-

Pferderennen im Kessel des Nymphenburger Schloßkanals auf dem Areal des jetzigen Waisenhauses im Jahr 1779. Gemälde von Joseph Stephan 1779 (Marstallmuseum)

nischen Kriege und wenige Jahre nach dem großen Dorfbrand von 1794 klagen die Neuhauser in einer Eingabe an Kurfürst Max IV. Josef im Jahr 1801: »Wenn das Ding immer so fort geht, wenn immer ein Stück um das andere aus unseren Gemeindebesitzungen, aus unseren Mitteln, und wenn wir uns so ausdrücken dürfen, ein Teil nach dem anderen von unseren Gesamtkräften entzogen wird, so werden wir zuletzt die elendeste Bauernschaft, die miserabelsten Fretter, die es im Lande gegeben.«[10]

Wenigstens wurde ihnen, die sich ihrer gemeinsamen Rechte beraubt sahen, 1803 erlaubt, den Gemeindewald von 122 Tagwerk unter 29 Gemeindemitglieder und 1812 weiteren Gemeindegrund von 38 Tagwerk unter 36 Gemeindemitglieder aufzuteilen und auszulosen. Weitere Aufteilungsabsichten wurden vom Landgericht München dahingehend beschieden, daß aus dem Erlös 600 Gulden für Schulzwecke auszugeben seien und aus dem Rest Kredite von je 30 Gulden zu 4% Zins an Gemeindemitglieder vergeben werden konnten.

Nur mühsam konnten die Neuhauser im 18. Jahrhundert mit den neuesten Errungenschaften der aufklärerischen »Landeskultur« Schritt halten, die sich mit Förderung der Bayerischen Akademie der Wissenschaften und zum Teil nach Vorbildern der modernsten englischen Agrar-Ökonomie unmittelbar vor ihren Augen vollzog. Schon 1756 hatte Graf Laurentius von Monspach dem Kurfürsten Max III. Josef vorgeschlagen, die ganze Neuhauser Heide zu kultivieren und mit neuartigen Feldfrüchten wie »türkischem Weizen, sechszeiliger Gerste, Hopfen, Klee, weißen und gelben Rüben, Erdäpfeln, Dorschen, Feldbohnen, Pastinaken und Brustkohl« zu bestellen: Ein Paradies sollte daraus werden.[11] Etliche Jahre später – 1783 – schon lobt Lorenz Westenrieder den Münchener Ratsherrn und Weinwirt Albert wegen Anlage eines gepflegten Ackers auf der Nordostecke der Neuhauser Heide. 1796 wird sogar von Obstgärten, Spargel- und Melonenbeeten am Neuhauser Berg an der Dachauer Straße berichtet. Der kurfürstliche Kammerrat Dominikus von Schwaiger hatte sich für diesen Garten allerdings Hunderte von Fuhren Humus anfahren lassen.

Auch die »Schauseite« der Hofhaltung bayerischer Renaissance- und Barockfürsten war in Neuhausen am Verblassen. Viel hatte das Dorf erlebt, nicht nur Brandschatzung und Kriegsgemetzel durch Landsknechte, Schweden, Österreicher, Franzosen. Glanzvolle Aufzüge wie den Brautzug der Renata von Lothringen, als 1568 Wilhelm IV. sie in Neuhausen in Empfang nahm. Jagdgesellschaften und Hoffeste des Barock in schier ununterbrochener Folge bis hin zu Schiffahrten auf dem Kanal, Illuminationen und zum großen Pferderennen Karl Theodors am Kessel, am Ostende des Schloßkanals, von 1779, zum Papstbesuch Pius VI. von 1782, zum Aufenthalt Napoleons im Schloß Nymphenburg (1805/06).

Ein nüchternes Zeitalter kam nun herauf. Die soziale und wirtschaftliche Situation Neuhausens war mehr als angespannt, als die alten grundherrschaftlichen Strukturen und Abhängigkeiten – seien sie klösterlich-kirchlich, adelig, bürgerlich oder herzoglich-kurfürstlich gewesen –, die die Geschicke des Dorfes bestimmt hatten, ihr Ende fanden.

Dadurch – und durch die weiteren Rechts- und Verwaltungsreformen unter dem Ministerium Montegelas – wurden die einst abhängigen Bauern und Handwerker zu selbständigen Wirtschaftsbürgern und Gewerbetreibenden. Und der vielschichtige Wirtschafts- und Sozialverband der Dorfgemeinde wurde nach dem Gemeindeedikt von 1818 zur politischen »Ruralgemeinde« – ebenso Nymphenburg mit Gern – im neugebildeten Landgericht München. Von nun an wird sich die Entwicklung Münchens, die Entwicklung von Industrie, Verkehr und Bevölkerung immer enger mit der Entwicklung Neuhausens verknüpfen.

Von der Ruralgemeinde zum Stadtviertel
Bevölkerungsentwicklung

Der große Dorfbrand von 1794 – angeblich verursacht durch zündelnde Kinder, während die Erwachsenen auf einem Kirchgang waren – zerstörte den alten bäuerlichen Ortskern Neuhausens zwischen Jagdschlößl und Winthirkirche fast vollständig. Für den Wiederaufbau wurde, wie bei Katastrophen dieser Art üblich, eine Landeskollekte kurfürstlich genehmigt. Der Plan dafür – von Baudirektor Adrian von Riedl – sieht eine Begradigung und Verbeiterung der Dorfstraße (Winthirstraße) und eine Art »Dorfbereinigung« vor. Die bäuerlichen Anwesen sollen in der Regel auf eigenem Grund und Boden, aber stärker an der Straßentrasse ausgerichtet, wiederaufgebaut werden. Die Handwerkeranwesen und die Häuschen der Bediensteten des Jagdschlößls, auch das Wirtshaus, – alle vorher in Streulage – werden in den Dorfkern an die Straße gesetzt. Dort war zwischen Kirche und Wirtshaus bereits ein »neues Schulhaus« vorgesehen, das allerdings erst 70 Jahre später in dem bäuerlichen Anwesen an der Volkartstraße 4 verwirklicht wurde.

Zu Beginn des 19. Jahrhunderts sind Neuhausen und Gern noch fast rein bäuerliche und kleinbäuerlich-handwerkliche Siedlungen. 1803 zählt Neuhausen 29 Gemeindemitglieder: 1812 werden 36 genannt. Gern besteht nach wie vor aus vier Höfen. Insgesamt war dies eine Wohnbevölkerung von kaum über 250 Personen; noch 1839 sind es nicht einmal 400 gewesen.

Eine gewisse soziale Sonderrolle im bäuerlichen Neuhausen spielt lediglich das – zahlenmäßig schon wieder geschrumpfte – Jagdpersonal im Jagdschlößl.

Die Bevölkerungsentwicklung des Ortes Nymphenburg stellt dagegen, ausgehend von der 2. Hälfte des 17. Jahrhunderts, eine Ausnahme dar. Das Dorf Ober- und Unterkemnaten war durch die Schloß- und Kanalbauten, die Kavaliershäuser am Schloßrondell und die Bebauung im Bereich der Auffahrtsalleen zu einem Gemeinwesen neuer Art – Nymphenburg – geworden. Hier dominierten längst auf das Schloß und die Hofgesellschaft hin orientierte Gewerbe- und Dienstleistungsbetriebe neben den

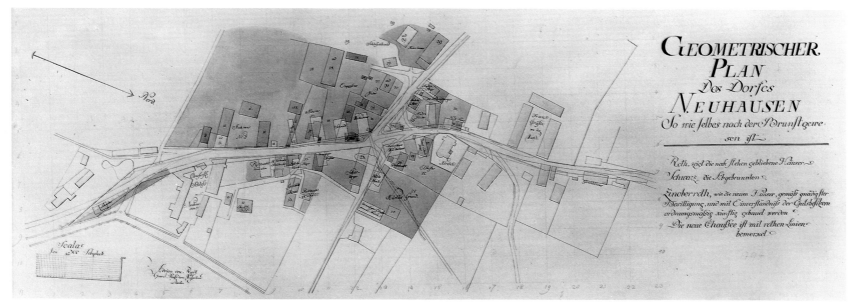

Plan für den Wiederaufbau Neuhausens nach dem Dorfbrand von 1794 von Adrian von Riedl. Nach einer Kopie (Stadtarchiv)

eigentlichen Beamten und Bediensteten des Hofes und anderen Personengruppen, die sich gern im Umkreis des Hofes niedergelassen hatten.

Der folgende Vergleich der Einwohnerzahlen Neuhausens und Nymphenburgs (mit Gern) im Verlauf der 2. Hälfte des 19. Jahrhunderts macht schon die quantitativen Unterschiede deutlich: die qualitativen wird der weitere Verlauf der Darstellung immer wieder ansprechen müssen:

Jahr	Neuhausen	Nymphenburg (mit Gern)
1839	ca. 400	–
1855	683	1 453
1861	784	1 544
1872	3 892	–
1875	6 867	–
1880	8 467	1 822
1885	9 648	1 954
1888	11 450	–
1895	–	3 694

Durch die großdimensionierte Stadterweiterung des »neuen München« war – außerhalb der Altstadt aber innerhalb des Burgfriedens – die Planung der Maxvorstadt entstanden. Sie reichte mit ihren weiträumigen rechteckig angelegten Straßenzügen direkt bis an die Neuhauser Fluren heran. Dadurch entstand ein wirtschaftlicher und planerischer Druck auf diese Gebiete, wo Grund und Boden – namentlich in der »Sandgrubenlandschaft« der Niederterrassenkante und den anschließenden Weideflächen, den alten »Blumbesuchsgründen« – noch sehr billig waren. Während dort das Tagwerk Grund vor der Jahrhundertwende noch um 15 Gulden zu haben war, erlöste ein Tagwerk gutes Neuhausener Bauernland eine Generation später (1826) bereits das 20fache: 3 000 Gulden (= 6 Kreuzer pro qm).

Das Gebiet um die Terrassenkante war noch weitgehend unkultiviert und öde – besonders zwischen Galgenberg im Süden und Neuhauser Berg – Maßmannbergl im Norden – beziehungsweise zerklüftet durch zahlreiche Sand- und Kiesgruben. In diesen Gruben hatte sich in den ersten Jahrzehnten des 19. Jahrhunderts eine »Schwarzbau«-Siedlung von etwa 60 Häuschen und Hütten gebildet. Die Bewohner mögen Tagelöhner in den Bierkellern, den Sand- und Kiesgruben oder später auch beim Eisenbahnstrek-

Bereits in den ersten drei Jahrzehnten des 19. Jahrhunderts zeichnen sich für Neuhausen neue Entwicklungen ab, die sich im 18. Jahrhundert bestenfalls angedeutet hatten. Als Lokalpatriot hat Andreas Grad dies mit dem Titel »Gefahr am Galgenberg« überschrieben: »Für Neuhausen, als bäuerliche Siedlungsgemeinschaft betrachtet, erwies sich München als gefährlicher, letzten Endes tödlicher Feind. Das Dörflein verlor (– längst vor der Eingemeindung – Anm. d. Verfassers) durch das Vordringen der Großstadt allmählich sein eigenständiges Dasein.«[12]

»Sandhäusl« mit Sandgrube auf dem Marsfeld nach einem Aquarell von A. Seidel von 1839 (Stadtmuseum)

kenbau gewesen sein. Aber auch allerhand lichtscheues Gesindel war darunter: »Der Vorsteher von Neuhausen weigerte sich geradezu, mit dem Armenpfleger das Viertel zu besuchen. ›Aus dieser Grube‹, sagte er, ›kommen wir beide nicht mehr lebendig herauf.‹«[13]

Es handelt sich hier offensichtlich um die Entwicklung neuer frühproletarischer Unterschichten, wie sie auch in der Kreppe in Haidhausen, in der Au oder in der Lohe unterhalb Giesing in Erscheinung getreten ist. Die Neuhauser waren froh, als dieser Bereich mit insgesamt mittlerweile 223 »Gebäuden« zusammen mit dem Marsfeld bis zur heutigen Maillinger- und Lothstraße im Jahr 1846 nach München eingemeindet wurde.

Hier war also billiges Entwicklungsterrain für die Bierlagerkeller, später auch für die Braustätten selbst, denen es in der Altstadt zu eng wurde. Hier war Land für Kasernen und weitläufige Militäranlagen. Hier waren unverbaute Arreale für den Eisenbahnbau zur Verfügung.

In 50 Jahren – nicht einmal zwei Generationen – stieg die Bevölkerung von Neuhausen von rund 400 (1839) auf über 11 500 (1890), hat sich also in diesem Zeitraum verdreißigfacht. Im gleichen Zeitraum hat sich die Gesamtbevölkerung Münchens durch Zuzug, Eingemeindungen und natürliches Wachstum »nur« vervierfacht – von ca. 90 000 auf 350 000 Einwohner.

Entwicklung der Brauereien

Die größere nichtbäuerliche Gewerbeansiedlung auf Neuhauser Grund beginnt gegen Ende des 18. Jahrhunderts mit dem Entstehen der ersten Bierlagerkeller Münchener Brauereien an der Hangkante des Galgenberges und des Neuhauser Bergs: Schon 1784 war hier ein Keller der Oberkandlerbräu (Neuhauser Gasse 6–7); 1794 erwarb der Löwenbräu Anton Hueber, ein gebürtiger Neuhauser aus dem Strohmaieranwesen, fünf Tagwerk Grund am Neuhauser Berg zwischen Nymphenburger und Dachauer Straße zum Zweck der Errichtung eines Braustadels. An der Salzstraße (jetzt Arnulfstraße), so genannt nach den an ihr entlang stehenden Salzstädeln gegenüber der Schießstätte, befand sich um 1800 der Knorr-Keller als Vorläufer des Augustinerkellers. Und wenig später liegt etwas weiter westlich dem Marsfeld zu ein Sommerkeller des Pächters und späteren Inhabers der Paulaner-Salvator-Brauerei, Franz Xaver Zacherl.

Am aufgelassenen Richtplatz am Galgenberg wird 1808 der Hirschbräukeller angelegt; in seiner Nachbarschaft haben sich auch die Keller des (Ober-)Pollinger-Bräu (später Hacker-Keller), des Filserbräu (später Spatenkeller) und des Kreuzbräus niedergelassen. Weitere Bierkeller folgten, alte Keller wurden von anderen Brauereien übernommen. So entstehen 1813–24 hier die Sommerkeller des Hackerbräus und des Pschorrbräus (ehemals Lunglmayrsches Bräuhaus, dann Bauernhanslbräu) und – 1828 – der Butlerkeller (später Augustinerbrauerei). Wurde am Galgenberg Joseph Pschorr und sein Sohn Matthias Pschorr tonangebend, so am Neuhauser Berg bis zum Marsfeld und Neuhauser Neubruch hin der Spatenbräu Gabriel Sedlmayr, einer der größten Münchener Grundbesitzer seiner Zeit.

Die »Keller-Städte« vor der Stadt – im Westen an der Hangkante zwischen Schwanthaler Höhe und Maßmannbergl, im Osten zwischen Giesinger- und Nockherberg bis zum Gasteig und nach Haidhausen – wurden zu einem neuen Terrain wirtschaftlicher und auch sozialer Entwicklung. Bereits 1812 erhielten diese Sommerkeller, oft zwecks Kühlung mit schattenspendenden Kastanien bepflanzt, die offizielle Erlaubnis des Bierausschanks von Juni bis September. Die in den Bräu- und Tafernwirtschaften erlaubte Speisenausgabe blieb dort untersagt. Deshalb hat sich bis heute der Brauch erhalten, in einen Bierkeller die Brotzeit selbst mitzubringen.

Das Gewerbe des Bierbrauens unterlag im 19. Jahrhundert in München einem sehr harten Wettbewerb. Zu Beginn des Jahrhunderts sind 52 Braustätten bekannt, in seinem Verlauf – die Vorstädte und Vororte eingerechnet – über 120, von denen aber im Jahr 1867 nur noch ca. 20 das Braurecht ausüben, »während die anderen wie Tafernen oder einfache Bierwirtschaften betrieben wurden.«[14] Viele Brauereien hatten bereits in der ersten Hälfte des Jahrhunderts das Biersieden eingestellt, weil sie mit der neuen Massenproduktion und Lagerbierhaltung und dem Vertriebssystem der »Großen« nicht mehr Schritt halten konnten. Diese hatten zunächst ihre Kapazität aufgestockt und ihre Lagerkeller – etwa in Neuhausen – ausgeweitet. Seit Mitte des Jahrhunderts beginnen sie nun, ihre Braustätten aus der Stadt hinaus auf das Gebiet der Sommerkeller zu verlagern. So entstanden zwischen Ende der 50er und Mitte der 70er Jahre des 19. Jahrhunderts die »Bier-Städte« der Löwen- und Spatenbrauerei rechts und links der Nymphenburger Straße am Neuhauser Berg einerseits, der Pschorr-, Hacker- und Augustiner-Brauerei am Galgenberg andererseits, wie sie in ihrer

Ausdehnung im wesentlichen noch heute bestehen und erst durch allerjüngste Entwicklungen überholt werden. Die nunmehrigen Großbrauereien waren also Großbetriebe mit einer erheblichen Zahl von recht unterschiedlichen Arbeitsplätzen – Mälzerei, Brauerei, Küferei, Kellerei, Stallungen, Fuhrpark usw. – geworden. Sie wurden jetzt zugleich Kristallisationspunkte eines neuen, auf größere Menschenmassen ausgelegten sozialen und volkskulturellen Lebens. Zu den Sommerbierkellern traten Musikpavillons (z. B. im Arzbergerkeller der Spatenbrauerei an der Nymphenburger Straße) und neue große Saalbauten für den Winter- und Schlechtwetterbetrieb, für Tanzvergnügen, Fasching und Bierfeste. Auch diese Zweckbauten wurden zum Teil von namhaften Baumeistern und Architekten ihrer Zeit entworfen: Für die Neubauten der Spatenbrauerei waren der »Brauerei-Baumeister« Deiglmeyr und Gabriel von Seidl – Arzberger Keller 1881/82 – tätig; für Pschorr baute Heilmann und Littmann das Alte Bräuhaus an der Bayerstraße; die Saalerweiterung und den Turm am Stiglmaierplatz besorgte für die Löwenbrauerei Friedrich von Thiersch 1893/94.

Im Zug der rapiden Bevölkerungsentwicklung nahm auch die Zahl der Wirtshäuser – namentlich in den neuen Wohngebieten – zu. In Neuhausen spielten dabei zusätzlich die großen Garnisonen des Kasernenviertels zwischen Marsfeld und Oberwiesenfeld eine bedeutende Rolle. Dabei handelte es sich zunächst nur selten um die »Vollbetriebe« der alten Tafern- und Brauereigaststätten mit Bier-, auch Branntwein- und Kaffeeausschank, Beköstigungs- und Übernachtungsgewerbe. Vielmehr traten die reinen Schankwirtschaften, die Nachfolger der früheren »Bierzäpfler«, jetzt Bierschänken oder Bierwirte genannt, in immer größerer Zahl in den Vordergrund, so daß ihre Zahl vorübergehend amtlich beschränkt wurde. Nach dem neuen Gewerbegesetz von 1868 wurden auch die meisten dieser Gaststätten zur Speisenausgabe berechtigt. Viele der Bierkeller, aber auch andere neuerrichtete Gaststätten vor der Stadt nahmen den Charakter von Ausflugslokalen an, wie z. B. die Gerner Brauerei, die zunächst im Umbau eines Bauernhofs in eine Bierhalle – 1876 – ihre Wurzeln hatte. Erst kurz vor der Jahrhundertwende – 1898 – kamen eine eigene Braustätte und ein Biergarten mit Musikpavillon hinzu, die in der Prinzregentenzeit die Gerner Brauerei zu einem der beliebtesten Ausflugsziele im Münchner Westen machten.

Weit über diesen herkömmlichen Biergarten- und Gaststättenbetrieb hinaus ging die Anlage des Volksgartens in Nymphenburg – Ecke Roman-Notburgastraße – im Jahr 1883. Dieser war als neuzeitlicher Vergnügungspark mit den unterschiedlichsten Attraktionen – eine Art Münchner »Prater« – am Endhaltepunkt der neuen Dampftrambahn geplant. Dort gab es nicht nur einen kleinen Tiergarten – mit Bärenfütterung –, volkstümliche Unterhaltung mit Schuhplattlern und ungarischen Csardas-Tänzern, Varieté und Zirkusvorführungen, eine elektrische Drahtseilbahn, sondern auch Ballonaufstiege und Feuerwerke, ja sogar einen Märchengarten mit einem eigens bestellten Märchenerzähler für die Kinder.

Für alle diese Vergnügungsstätten der belle epoque, der Prinzregentenzeit, bedeutete der Erste Weltkrieg das wirtschaftliche Ende. Die Gerner Brauerei wurde 1920 von der Löwenbrauerei erworben; der Brauereibetrieb wurde stillgelegt.

Johann Baptist Stiglmaier (1791–1844), der erste Leiter der Königlichen Erzgießerei. Bronzetafel an der Mauer der Winthirkirche

Die königliche Erzgießerei

Früh fand auch die Kunst in Neuhausen eine Heimstätte. 1826 wurde von Ludwig I. die königliche Erzgießerei westlich des Arreals der Löwenbrauerei begründet und der Leitung Johann B. Stiglmairs, dem Sohn eines Hufschmieds aus Fürstenfeldbruck, anvertraut. Durch die Entwürfe und Arbeiten Ludwig von Schwanthalers, Leo von Klenzes, Thorwaldsens und vor allem Ferdinand von Millers, Stiglmaiers Neffen, sowie Ferdinand von Millers des Jüngeren errang die Königlich Bayerische Erzgießerei Weltgeltung. Hier wurden nicht nur die großen Münchner Erzdenkmäler des 19. Jahrhunderts, wie der Obelisk am Karolinenplatz, das Max-Josephs-Denkmal, die Bavaria und zahlreiche andere modelliert und gegossen. Hier entstanden auch Denkmäler, die oft mit größten Transportschwierigkeiten in alle Welt verfrachtet wurden, wie das Simon-Bolivar-Denkmal in Caracas, die Torbauten des Kapitols in Washington oder das riesige George-Washington-Denkmal in Richmond (Virginia). Gleich in der Nachbarschaft baute Ferdinand von Miller sein Haus, begründete die Familiendynastie derer von Miller, die auf dem alten Winthirfriedhof in würdigen Grabmälern verewigt ist und stiftete in Einlösung eines Verlöbnisses, die glückliche Aufstellung der Bavaria betreffend, den großen Bauplatz für eine neue Pfarrkirche, St. Benno (Grundsteinlegung 1888).

Die Königliche Erzgießerei zwischen Nymphenburger und Dachauer Straße nach einer Zeichnung von Lebschée (Stich J. Riegel) um 1835

Eisenbahn

Der Aufbruch in das Industriezeitalter, die Ablösung der Postkutsche durch die Eisenbahn, hat sich direkt auf Neuhauser Grund und Boden vollzogen. Schon 1825 hatte der in der bayerischen Bergwerksverwaltung tätige Oberbergrat Joseph von Baader, ein Bruder des Philosophen Franz von Baader, eine Abhandlung »über die neuesten Verbesserungen und die allgemeinere Einführung der Eisenbahnen« verfaßt. Sie basierte auf dem seit der frühen Aufklärung in Bayern regen Interesse an englischen Entwicklungen und auf eigenen Experimenten Baaders im Hof der königlichen Maschinenwerkstätte in München: »Dem Interesse, welches Kronprinz Ludwig ihm zuwandte, verdankte er 1825 die Bewilligung einer Summe von 8000 Gulden zu Eisenbahnversuchen, die er 1826 nach einem von ihm ersonnenen und nach englischem Systeme im Schloßgarten von Nymphenburg mit zwei 780 Fuß langen, in sich zurückkehrenden Schienensträngen ausführte; dieselben trugen ihm zwar die Genugtuung ein, daß seinem Systeme der Vorzug zuerkannt wurde, allein mit dem Beisatze, zur Zeit

scheine die Anwendung von Eisenbahnen nur bei günstigen Bodenverhältnissen und zu besonderen Zwecken geeignet.«[15]

So blieb, da Ludwig I. den Kanalbau favorisierte, die Entwicklung des Eisenbahnbaus privatwirtschaftlichen Interessen vorbehalten. Nach Bau und Eröffnung der ersten Eisenbahnverbindung Nürnberg–Fürth (1835) wurden 1837 die gesetzlichen Grundlagen für den Eisenbahnbau verbessert; zugleich waren durch die Bildung von Aktiengesellschaften und Bauinstituten die Finanzierungsmöglichkeiten geschaffen, die einen nicht für möglich gehaltenen Kapitalfluß in die neuen Unternehmungen Nürnberg–Bamberg–Hof und München–Augsburg erbrachten. Die Initiative zu letzterer war von einem »Augsburger Eisenbahncomité aus Bankiers, Kaufleuten und Fabrikanten« ausgegangen, die 1835 ein entsprechendes Gesuch an Ludwig I. gerichtet hatten. Dies traf sich mit wirtschaftlichen Bestrebungen in München, wo gerade erst die Bayerische Hypotheken- und Wechsel-Bank unter dem Direktorat des Barons von Eichthal-Seligmann gegründet worden war (1834/35). Direktor der zur Ausführung des Unternehmens 1836 gegründeten Aktiengesellschaft der München-Augsburger

Eisenbahngesellschaft wurde der Münchener Industriepionier Josef Anton von Maffei (1790–1870), der zwei Jahre später mit Gründung seines »Eisenwerks« in der Hirschau mit dem einheimischen Lokomotivenbau begann. Bei Auflage des Prospekts der neuen Aktiengesellschaft am 3. März 1836 wurde das Projekt noch am gleichen Tag mit dem Doppelten der vorgesehenen Summe von zwei Millionen Gulden überzeichnet; die Genehmigung des Projektes erfolgte im Juni 1836.

Als Ausgangspunkt wurde der Galgenberg auf der Neuhauser Flur unweit des Pschorrkellers gewählt, wo auch der erste Bahnhof, eine recht unansehnliche Holzremise, entstand. Das erste Baulos reichte von dort bis Pasing, so daß der gesamte Streckenverlauf bis zur Laimer und Pasinger Flur auf Neuhauser Grund lag, eingeschlossen die Maschinenhalle, das Kohlendepot und alle anderen zusätzlichen Gleissträge und Bauten der folgenden Jahre und Jahrzehnte. Baubeginn war am 9. 2. 1838 in Lochhausen. Das erste Teilstück der neuen Linie von München bis Lochhausen wurde am 25. August 1839 mit einer Jungfernfahrt eröffnet; die Verbindung bis Augsburg am 7. Oktober 1840.

Nach Verstärkung der Zugkraft der Lokomotiven und Begradigung der Hangkante des

Der Marsfeldbahnhof und seine Zerstörung durch den Brand vom 4. 4. 1847. Zeichnung von Roller

Die Hackerbrücke um 1870

ihrer Bedeutung entwertet. Aber auch die Verbindung zum alten Pfarrsitz nach Sendling war durch den Gleiskörper durchschnitten. Während man bei beschränkter Verkehrsfrequenz noch einige Zeit auf gleicher Ebene die Geleise hatte überqueren können, war jetzt (1869/70) die erste Straßenbrücke, die neun Meter breite Hackerbrücke, über das Bahngelände notwendig geworden. In Fortsetzung der Donnersbergerstraße führte ab 1875 ein eiserner Steg als Fußgängerüberweg über das Bahngelände Richtung Sendling.

Galgenberges entstand erst 1848 der neue Bahnhof an der Stelle der Schießstätte näher zur Stadt hin, wo er sich noch heute befindet. Noch vor Fertigstellung dieses neuen Bahnhofsgebäudes (Entwurf: Friedrich von Bürklein) war der erste – hölzerne – Bahnhofsbau am Ostersonntag (4. April) 1847 wohl infolge von Funkenflug abgebrannt.

Noch näher rückte die Eisenbahn den Neuhausern auf den Leib, als – nach Verstaatlichung des bestehenden Bahnwesens 1844 – die private Ostbahngesellschaft von 1856 bis 1858 die Bahnstrecke München–Landshut mit der Streckenführung quer durch die Neuhauser Flur bis dicht an das Dorf heran – die heutige Landshuter Allee – baute (Eröffnung: 3. November 1858). Es folgten weitere Gleis- und Betriebsbauten, so die Anschlüsse für die neugegründete Lokomotivenfabrik Krauss & Co. auf dem Marsfeld (ab 1866), für das Militärtransportwesen und insbesondere die Errichtung der Zentralwerkstätte (Donnersberger Straße – jetzt Gelände der Bundesbahndirektion München) von 1872–75. Zwischen dieser und dem alten Ort Neuhausen entstand gleichzeitig das »Arbeiterheim«, später auch »Rote Häuser« genannt, die erste Arbeiter-Mustersiedlung im Münchener Bereich.

Längst hatte die neue Bahnverbindung den Personen- und vor allem den Güterverkehr an sich gezogen, war die alte Straßenverbindung von München Richtung Augsburg durch Neuhausen in

Das »Kasernenviertel« zwischen Marsfeld und Oberwiesenfeld

Wie der Exerzierplatz, das Marsfeld, so entstanden auch auf dem Wiesenfeld nördlich der Dachauer Straße bereits im 18. Jahrhundert große Artillerieremisen sowie eine »Ouvrierwerkstätte« und ein Kugelfang für Artillerieübungen. 1805 wurden an der Burgfriedensgrenze – Winzererstraße – ein Militär-Laboratorium mit Pulvermagazin und Wachhaus errichtet. Dieses wurde im Jahr 1835 durch den zur Wache abkommandierten Bombardier Stanislaus Schmitt wegen versagter Beförderung in die Luft gesprengt.

Für das Geviert Dachauer-, Leonrod-, Albrecht- und Lothstraße begann 1854 die Planung, 1860 der Bau der größten Münchener Kaserne, der Maximilian-II.-Kaserne mit 600 Metern Frontlänge; er war 1877 fertiggestellt. Weitere Militärbauten folgten im gleichen Zeitraum: das Zeughaus an der Lothstraße (1863–65), die Artilleriewerkstätten an der Dachauer Straße (1866), das Militärlazarett an der Lazarettstraße (1868–74), das alte Heeresverpflegsamt an der Dachauer Straße (1873–75) mit Hafer- und Strohremisen, die Neue Kadettenanstalt (1888–90) am Marsplatz und die Eisenbahnkaserne an der Dachauer Straße 18 (1890).

Bis zum Ersten Weltkrieg folgten weitere Kasernen- und Militärbauten, so auch die Barackenkasernen an der Infanteriestraße

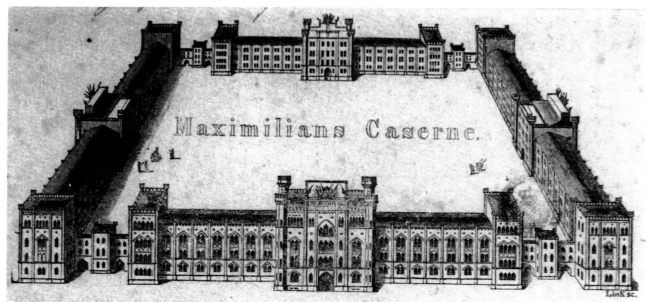

Schon seit längerer Zeit hatte sich in München das Bedürfniß nach größern Casernen gezeigt. Bei größern Einberufungen war man immer genöthiget, 2 oder mehr Bataillone von der Hauptstadt zu detachiren, was mit großen Kosten und man-chen andern Unzulänglichkei-ten verbunden war. Das kgl. Kriegsministerium beschloß daher eine neue große Caserne zu bauen, und die Kammern bewilligten hiezu eine Sum-me von 600,000 fl. Längere Zeit war man über den Platz, auf welchem das neue Ge-bäude erbaut werden sollte, zweifelhaft, entschied sich aber am Ende für einen zwischen der Dachauer und Nymphen-burger Landstraße gelegenen Platz. Derselbe ist zwar et-was weit von dem Mittel-punkte der Stadt entfernt, vereinigt aber alle andern Bedingungen, die man an die Lage einer Caserne stel-len kann, indem die freie, äußerst luftige Lage sehr vortheilhaft für die Gesund-heit der Mannschaft ist und außerdem alle Militär-Ue-bungsplätze; das Marsfeld, der Infanterie-Schießplatz, das Laboratorium und die Schwimmschule sehr nahe bei der Caserne liegen.

Das Gebäude besteht aus vier Flügeln, welche durch dazwischen liegende Abtritt-gebäude getrennt, ein unzu-sammenhängendes Rechteck bilden. Die Höhe des Ge-bäudes beträgt zwei Stock-werke und befindet sich in Mitte, sowie am Ende eines jeden Flügels ein pavillon-artiger Vorbau. Die Länge eines jeden Flügels beträgt 690 bayerische Fuß.

Drei dieser Flügel, im Situationsplan mit a, b u. c bezeichnet, heißen Bataillons-Casernen, jede derselben ist zur Aufnahme von 1200 Mann, der vierte Flügel d zu Kanzleien und Wohnungen für Offiziere und Militär-

Beamte bestimmt, deren eine größere Zahl, als wie bisher, bei uns üblich war, diese Caserne bewohnen sollen. Der Flügel c soll auch eine Hauskapelle enthalten. Das Erdgeschoß wird die Küchen enthalten,

im ersten und zweiten Stock befinden sich die Wohn-räume für die Mannschaft und im Dachraume werden Vorrathskammern, Verschlä-ge rc. angebracht werden. Eine große Anzahl von Brunnen, die reichlich Was-ser liefern, werden dieses für ein derartiges Gebäude so nothwendige Bedürfniß be-friedigen, auch soll der Plan bestehen, vom Nymphenbur-ger Kessel aus einen Canal durch die Caserne zu leiten.

Der ganze Platz, auf welchem die Caserne erbaut wird, und der einen Flächen-raum von 130 Tagwerken hat, also bedeutend größer als unser Marsfeld ist, wird mit einer breiten Straße um-geben, die sowohl nach der Dachauer, als auch nach der Nymphenburger Straße zu Abgrenzungen erhält. Alle diese Straßen werden auf bei-den Seiten mit Bäumen be-pflanzt. Gegenwärtig ist der gegen die Dachauer Straße zu gelegene Flügel in Angriff genommen und hat Herr Ar-chitekt Berger, der Er-bauer der Haidhauser Kir-che, die Arbeiten in Akkord übernommen. Bis zum Jahr 1862 soll dieser Flügel vollendet werden und wird sodann successive die Aus-führung der andern Theile des Gebäudes folgen.

Schon jetzt hat in den der Caserne zunächst liegen-den Stadttheilen eine erhöhte Privatbauthätigkeit begonnen, da man mit Recht annimmt,

daß, wenn einmal die Caserne bezogen seyn wird, sich in diesen bis jetzt etwas abgelegenen Straßen ein reges Leben und bedeutender Verkehr entfalten wird.

Lageplan und Ansicht der Max II.-Kaserne nach einem Zeitungsartikel um 1860

(1893/94), die Leopoldkaserne an der Schwere-Reiter-Straße (1900–1902) mit »Offiziersspeiseanstalt« (Casino, Ecke Winzererstraße), die »Barbarasiedlung« als »sozialer Wohnungsbau« für Unteroffiziersfamilien (1913), aber auch großartige Generals-Etagen-Suiten mit 60 qm großen Salons in hochherrschaftlichen Häusern an der Nymphenburger Straße. Und sowohl zwischen Erstem und Zweitem Weltkrieg, wie auch nach der Wiederbewaffnung seit 1953 ist dieses Arreal zwischen Marsfeld und Oberwiesenfeld – in gewandelter Form – seinem Ruf als »Kasernenviertel« treu geblieben.

Max II.-Kaserne und Kasernenviertel von der Dachauer Straße gegen Westen. Postkarte um 1910

Industrialisierung und Arbeiterbewegung

Nach dem Streckenbau und mit den Betriebsbauten der Eisenbahn und ihren Arbeiterhäusern bekommt Neuhausen 1866 mit der »Lokomotivfabrik Krauss & Comp.« einen industriellen Großbetrieb auf seine alte Gemarkung am Marsfeld gesetzt. Georg Krauß (1826–1906), Sohn eines Augsburger Webermeisters, hatte nach Besuch der polytechnischen Schule in Augsburg bei Maffei in der Hirschau das Schlosserhandwerk erlernt und dann »von der Pieke auf« bei der Kgl. Bayerischen Staatseisenbahn (bis 1857) und der Schweizerischen Nord-Ost-Bahn (bis 1865) gedient und es vom Maschinisten bis zum Lokomotivkonstrukteur gebracht: »Das ›System Kraus‹ bestand vornehmlich darin, daß der Lokomotivrahmen als Wasserkasten zur Aufnahme des Speisewassers ausgebildet war. Neben der Erhöhung des mitgeführten Wasservorrats führte dies zu einer tiefen Schwerpunktlage und zur Einsparung von Konstruktionsgewicht, das damit zur Ausbildung eines leistungsfähigen Kessels zur Verfügung stand.«[16] Für Krauß

überwog der Standortvorteil in München das Risiko der Konkurrenz mit Maffei. An dessen Einfluß und an den ungünstigen Kreditbedingungen während des Bundeskrieges Österreich gegen Preußen (1866) scheiterte die Gründung einer Aktiengesellschaft. So wurde die Firma am 17. Juli 1866 als Kommanditgesellschaft mit – im wesentlichen – Augsburger Kapitalgebern gegründet. Das Fabrikgelände – 16,5 Hektar an der Arnulfstraße am Marsfeld – hatte Krauß vom Spatenbräu Gabriel Sedlmayr bereits gekauft, der seinerseits die gewünschte Baugenehmigung beim Münchener Magistrat erwirkte. In fieberhafter Eile entstanden die Produktionsstätten und – Aufträge waren bereits vorhanden – die erste Lokomotive: »Die Landwührden« für die Oldenburgische Staatsbahn verließ bereits im März 1867 die noch unfertigen Fabrikanlagen und erhielt im gleichen Jahr auf der Pariser Weltausstellung eine Goldmedaille. Dies war der geglückte Start einer phänomenalen Lokomotivenfabrikation, die innerhalb 40 Jahren die Zahl 6000 übersteigen sollte. Vor allem mit der Produktion von Lokomotiven kleineren Typs für »Sekundärbahnen«, Nebenstrecken,

Die Lokomotiv-Fabrik Krauss auf dem Marsfeld. Im Hintergrund der Gleiskörper, der eiserne Fußsteig (jetzt Donnersbergerbrücke), das Bahn-Kraftwerk und die Zentralwerkstätte. Col. Lithographie, Fenner und Ankelen, Kunstanstalt München um 1890

Werksstrecken (Schmalspurloks), Nahverkehr, Trambahn u. a. m. hatte Krauß durchschlagenden Erfolg. So entstand bereits 1872 das Werk Sendling an der Lindwurmstraße und 1880 – aus Export-Zoll-Gründen – das Werk Linz. Die Werksanlagen auf dem Marsfeld waren von dem jungen Ingenieur Carl von Linde entworfen worden, 1868 bereits Professor an der neugegründeten Technischen Hochschule, später weltberühmter Kältetechniker und Aufsichtsratsvorsitzender der Krauss AG (1906–1920).

Das Werk selbst wurde mit seiner Schmiede, Kupfer- und Kesselschmiede, seiner Eisendreherei, Metall- und Schraubendre-

herei, Hoblerei, Schlosserei und Schlichterei, mit dem Rahmenbau und der Montierung und der Lackiererei eine Entwicklungsstätte und eine Pflanzstätte der Münchener Arbeiterbewegung. Die Zahl der Arbeiter nahm von 198 im Jahr 1867 auf 703 im Jahr 1874 sprunghaft zu, ebenso der Durchschnittslohn von 2,22 Mark auf 3,58 Mark pro Tag im selben Zeitraum, der frühen Gründerzeit. Zum Vergleich: 1876 kostete 1 Maß Bier 0,30 Mark, 1 Pfund Schwarzbrot 0,14 Mark, 1 Pfund Schweinefleisch 0,74 Mark. Dann gingen die Löhne bis 1887 kontinuierlich bis auf 3,09 Mark/ Tag zurück und stiegen bis 1893 wieder auf ca. 3,60 Mark/Tag an.

Die Zahl der Arbeiter war nur bis 1880 auf 385 zurückgegangen, dann aber – mit der Gründung des Zweigwerkes Linz – bis 1884 auf 808 angestiegen und, nach erneutem Rückgang 1886–88, bis 1893 auf 1071 geklettert.

Die Firma Krauss wurde früh der Kritik aus der Arbeiterbewegung unterzogen, vor allem wegen der Führung und Weiterverbreitung von Listen kritisch-kämpferischer Arbeiter und wegen der rigorosen Entlassungspraxis in Krisenzeiten. Andererseits gab es schon frühzeitig eine Betriebskrankenkasse und ab 1872 eine Betriebskantine. Mit der Umwandlung der Firma in eine Aktiengesellschaft 1887 wurde ein Arbeiterfürsorgefonds für Zusatzleistungen zur gesetzlichen Krankenversicherung bei längerer Krankheit und für außerordentliche Notlagen geschaffen. Auch Treueprämien, Betriebspensionen und Wochenbettzulagen wurden daraus finanziert. Zum Silberjubiläum des Betriebs im Jahr 1891 wurde eine »Arbeiterwitwen- und Waisenstiftung« und eine »Pensionskasse für Beamte« (Firmenbeamte, Anm. des Verfassers) gegründet. Da man seitens der Firmenleitung sparsam mit diesen Mitteln umging, sammelten die Fonds in wenigen Jahren beträchtliche Vermögen an. Seit 1869 kam es in München immer wieder zur Gründung von Arbeiterorganisationen, bei denen die Metallarbeiter eine hervorragende Rolle spielten. Während der Zeit des Sozialistengesetzes (1878–90) entstanden 1885 mit dem »Fachverein der Metallarbeiter Münchens« – verboten 1887 – und dem »Münchner Metallarbeiter-Verband« (Februar 1889 – verboten: April 1889) erste frühgewerkschaftliche Arbeiterorganisationen, bei denen auch Krauss-Arbeiter, wie der Maschinenarbeiter Max Skell führend in Erscheinung traten.

Noch vor dem Sozialistengesetz datieren die ersten Zeugnisse sozialdemokratischer Aktivitäten in Neuhausen. Die erste, dem Neuhauser Bürgermeisteramt zugehende Benachrichtigung vom 27. 3. 1876 eine Arbeiterversammlung betreffend, bei der die Landtags- und Reichstagswahlen und das Programm, die Presse und die Aufnahme in die sozialistische Partei auf der Tagesordnung standen, konnte ad acta gelegt werden: Der Gastwirt der Deutschen Eiche, Joseph Baumüller, hatte die Zusage, sein Lokal zur Verfügung zu stellen, zurückgezogen. Einladender war der Buchdrucker Max Ernst aus der Türkenstraße gewesen. In einem zweiten Anlauf konnte er am 28. August 1876 in der Wirtschaft zum Lengesser, Sendlinger Straße Nr. 18, die Versammlung abhalten, allerdings ungenehmigt und unter polizeilicher Aufsicht und Überwachung durch einen Gemeinderat (Beigeordneten),

Widmungsblatt der Belegschaft zur Fertigstellung der 3000. Krauss-Lokomotive vom 7. 7. 1894

Franz Böck, der auch die Meldung an das Königliche Bezirksamt vom 31. 8. 1876 unterschrieb.

Schließlich ist ein unvollständiges Polizeiprotokoll über die »Beerdigung des Sozialdemokraten Johann Roy«, eines Krauss'schen Eisendrehers, am 15. 10. 1885 auf dem Winthirfriedhof erhalten: »Bei dieser Gelegenheit fanden sich ca. 25 Sozialdemokraten – größtenteils in der Krauß'schen Lokomotivfabrik beschäftigt – darunter der Hauptagitator Franz Rohleder ein...« Nachdem der Ortspolizist Reden am Grabe unterbunden hatte, setzten sich die anwesenden Sozialdemokraten im Wirtshaus zur

Alpenrose, Nymphenburger Straße Nr. 48, des Wirts und Krauß-Drehers August Schwarzenbach zusammen.[16a]

Diese frühen partei- und arbeitspolitischen Aktivitäten der Sozialdemokratie in Neuhausen finden ausgehend von der Zeit der Sozialistengesetze mit ihrem Verbot politischer Betätigung eine andere Ausprägung in gesellschaftlich-kulturellen Vereinen wie z. B. dem Eisenbahner-Gesangsverein »Eintracht« (1882) ausgehend von der Zentralwerkstätte, dem Arbeitergesangsverein – später Volkschor – Neuhausen (1894) oder dem Gesangsverein der Krauss-Arbeiter (Marsfeld und Sendling).

Nach der Jahrhundertwende setzen mit dem Erstarken der Gewerkschaftsbewegung – speziell bei Krauss – harte Tarif- und Arbeitskämpfe mit Streiks und Aussperrungen ein.

Schule und Kirche

Die schulische und seelsorgerische Situation entwickelte sich vom 18. Jahrundert an in Neuhausen und Nymphenburg recht unterschiedlich. Für Nymphenburg war dabei das Interesse und die Fürsorge des Hofes von entscheidender Bedeutung. Seit dem Ausbau des Schlosses und der immer längeren und regelmäßigeren Anwesenheit des Hofes in Nymphenburg reichte das Gassner'sche Benefiziat bei der Magdalenenkirche, später die fallweise Betreuung durch das Münchener Kapuzinerkloster nicht mehr aus. Kurfürst Max Emmanuel hatte deshalb 1718 ein eigenes kleines Kapuzinerhospiz am Schloß errichten lassen, das mit vier Patres und einem Laienbruder besetzt war. »Am Ende des Jahrhunderts waren sieben Kapuziner tätig: der Superior, ein Prediger, ein Nonnenbeichtvater, zwei Krankenseelsorger, ein Pater für die Christenlehre und ein Bruder für Küche und Garten.«[17]

Diese erledigten fast alle Seelsorgsaufgaben nicht nur im Schloß, sondern auch für die Wohnbevölkerung des Ortes – ab 1725 auch den Katechismusunterricht für die Kinder umliegender Dörfer –, obwohl Nymphenburg nach wie vor kirchenrechtlich eine Filialkirche von Sendling war. Gegen das Sträuben der Kapuziner war auch ein Haus für Chorfrauen von Notre Dame (Luxemburgische Provinz) errichtet worden, das sich der Erziehung und Unterrichtung von Mädchen widmen sollte. Im Klostergebäude im Nordteil des Schlosses war also das erste Mädchenschulhaus (ca. 1730–1819), während der Unterricht für Knaben im Poststallneubau, in den Ökonomiegebäuden südlich des Schlosses, stattfand

(ca. 1732–1805). Mit der Säkularisation entstand auch die allgemeine Schulpflicht (1802) und damit auch die staatliche Gewährleistungspflicht für den schulischen Unterricht zunächst bis zum 12. Lebensjahr. Die nunmehr weltlichen Schulen befanden sich ab 1805/06 am südlichen Schloßrondell (für Knaben) und an der südlichen Auffahrtsallee (für Mädchen). Auf diesem Gelände sind auch die Erweiterungs- und Neubauten (1819 bzw. 1898) entstanden. Diese Schulen mußten bis zur Errichtung einer eigenen Schule in Neuhausen auch von den Neuhauser Kindern besucht werden.

Die seelsorgerische Betreuung Nymphenburgs nahm nach Abzug der Kapuziner in der Säkularisation über ein Jahrhundert lang – bei weiterer pfarrlicher Zugehörigkeit zu Sendling – die neuerrichtete Hofkuratie wahr. Seit der Errichtung des Mädchen-Bildungs-Instituts der Englischen Fräulein im Jahr 1835 beteiligten sich auch dessen geistliche Inspektoren und Kapläne an seelsorgerischen Aufgaben, besonders im Religions-, im Beicht- und Kommunionunterricht. So hatte es das Dorf vor dem Schloß in geistlichen Dingen besser als manche selbständige Pfarrei. Für den Unterhalt der Kirche kam der Hof auf. Jeden Sonntag war Predigt, Amt und Messe, nachmittags Christenlehre für die Sonntagsschüler, abends Rosenkranz oder Vesper. Auch an den Werktagen wurden zwei Messen gefeiert, im Advent Engelämter. Besonders feierliche Gottesdienste fanden an den Namenstagen und Geburtstagen der königlichen Hoheiten statt. An den drei Tagen vor Christi Himmelfahrt hielt der Hofkurat Bittgänge (Flurprozessionen – Anm. d. Verf.) nach Moosach, Laim und Neuhausen. Die Fronleichnamsprozession in Nymphenburg besaß schon immer besonderen Glanz. »Nicht leicht gibt es irgendwo einen schöneren Prozessionsweg als dahier«, schrieb der Hofkurat Meyringer (1832–49) in sein Verrichtungsbuch.[18] Lediglich die Beerdigungen fanden bis zur Anlegung eines eigenen Friedhofs (1869–72) auf dem Neuhauser Friedhof statt. Da in der Schloßkirche auch die Taufen und Hochzeiten gefeiert wurden, hat sich Nymphenburg seit ca. 1874 praktisch von der Mutterpfarrei Sendling losgelöst.

In Neuhausen und Nymphenburg fand 1828 auch letztmals das »Wasservogelfest« statt. Dies war ein alter, vorchristlicher Volksbrauch zur Besänftigung des Wassers der Schneeschmelze einerseits, zur Beschwörung von ausreichendem Regen und Fruchtbarkeit der Felder andererseits. Da er im christlichen Kalender auf den Pfingstmontag gelegt wurde, hieß der Wasservogel auch Pfingstling (Pfingstlümmel, Sandriegl). Die Neuhauser Bauernburschen bestimmten aus ihrer Mitte den Wasservogel, der mit frischen Birkenzweigen und Schilf und Binsen verkleidet wurde. Auf einem geschmückten Pferd wurde er von den übrigen auch kostümierten Burschen durch das Dorf geführt, wobei alte Lieder und Volksreime, aber auch aktuelle G'stanzln und Spottverse abgesungen und in den Häusern Eier, Schmalz, Butter und Mehl eingesammelt wurden. Danach zog man triumphierend zum Schloßkanal oder Kessel, wobei schon unterwegs der Wasservogel mit Wasser begossen und schließlich ins Wasser geworfen wurde. Das Ende des Festes spielte sich dann meistens als Gelage im Dorfwirtshaus ab, wo mittlerweile aus den gesammelten Lebensmitteln Kücheln gebacken worden waren.

Als die Neuhauser Burschen 1828 König Ludwig I. zu Ehren besonders reich geschmückt und mit Fahnen vor das Nymphenburger Schloß zogen, waren ihnen die Moosacher zuvorgekommen. Die fällige blutige Rauferei zog das Verbot des Wasservogelfestes nach sich.

Das Wachstum der Gemeinde Neuhausen, der weite Schulweg und wohl auch nachbarschaftliches Konkurrenzdenken veranlaßten die Gemeindeverwaltung Neuhausens, im Jahr 1838 einen Antrag an das Landgericht München auf Errichtung einer eigenen Schule zu stellen. Da diesem Antrag nicht entsprochen wurde, wurde das Gesuch im Jahr 1850 vom damaligen Gemeindevorsteher Bodmer und dem Gemeindepfleger Joseph Hart wiederholt und als besonders dringlich dargestellt. Dies führte zu einem jahrelangen Streit mit der bisher schulisch zuständigen Gemeinde Nymphenburg. Sie widersprach nicht nur der Notwendigkeit einer selbständigen Neuhauser Schule, sondern unterstellte selbst Falschberechnungen bei den Schülerzahlen und egoistische Motive Beteiligter das in Aussicht genommene Schulhaus – der Bau gehörte Bodmer – betreffend. Die Nymphenburger fühlten sich in ihrer Ehre gekränkt: »Die Nymphenburger Schule ist so ausgezeichnet, wie wenige im Königreiche. Auch ist bekannt, mit welcher Vorliebe die Allerhöchsten Herrschaften die Nymphenburger Schule begnadigen, so daß sich's jede Gemeinde zur Ehre anrechnen darf, zu dieser Schule zu gehören.«[19] Die von der Bezirksschulinspektion München II ins Auge gefaßte endgültige Ablehnung des Antrags blieb nicht unwidersprochen. Die Neuhauser erneuerten ihren Antrag beharrlich 1852 und – nach abermaliger Ablehnung – 1859. Die Zeit arbeitete für die selbständige Neuhauser Schule, da gerade in den 60iger Jahren der explosionsartige Bevölkerungszuwachs in Neuhausen eine eigene Schule unabweisbar machte. Im Jahr 1866 erteilte endlich die Kgl. Regierung von Oberbayern die Genehmigung. Der Unterricht konnte am 19. November 1866 mit 88 Kindern (Knaben und Mädchen) aus sieben Jahrgängen mit einem Lehrer in einem ehemaligen Bauernhaus an der Volkartstraße (Nr. 4) begonnen werden.

Gleich zu Beginn gab es Streit um das Schuldgeld der im Schulsprengel Neuhausen im Bereich der Max II.-Kaserne wohnenden Kinder, die aber – ohne ausdrückliche Erlaubnis – die St. Bonifaz-Schule in München besuchten. Der Lehrer sah seine Einkünfte geschmälert; die Gemeinde Neuhausen mußte sie ihm schließlich ersetzen. Seit 1874 fiel das Schulgeld von 2 Gulden für Werktags- und 48 Kreuzer für Feiertagsschüler – und damit endgültig auch dieser Streitpunkt – weg.

Die weitere Bevölkerungsentwicklung Neuhausens hatte damals die Schule schon überrollt. Für das Schuljahr 1872/73 waren bereits 150 Kinder eingeschrieben worden, was die Anstellung einer zweiten Lehrkraft, einer Lehrerin, nötig machte. Auch das Schulhaus erwies sich schon als zu klein, so daß an der Winthirstraße (Nr. 4) ein neues erbaut werden mußte. Bereits drei Jahre später hatte sich die Schülerzahl abermals verdoppelt: Für 316 Schülerinnen und Schüler waren 1875 drei Lehrkräfte tätig, für das Folgejahr mußte eine weitere Stelle errichtet werden. Aber das Schulhaus war bereits wieder zu klein, so daß diesmal ein größerer Neubau ins Auge gefaßt werden mußte.

Dieser Schulbau unterschied sich in allem von einer Dorfschule. Zu seiner Finanzierung – Kostenvoranschlag: DM 160 000,– mußte man auf den früheren Plan einer Annuität von DM 220 000,– auf die Erträgnisse des Lokalbieraufschlags (Laufzeit bis 1931) zurückgreifen. Baumeister war Prof. Otto Karl Adolf Lasne, der sich selbst in der Nymphenburger Straße eine Villa baute (später Umbau zum Kino »Schloßtheater«).

Der Bau mit 12 größeren und 2 kleineren Unterrichtsräumen und einer Hausmeisterwohnung wurde zügig in den Jahren 1879/80 an der Schulstraße erstellt und rechtzeitig zum Schuljahrsbeginn 1880/81 fertig. Allerdings waren die Klassenschülerzahlen damals wesentlich höher als heute. Im Schuljahr 81/82 hatte der 2. Schuljahrgang 106 und der vereinigte 3. und 4. Schuljahrgang 180 Schüler, weshalb eine Teilung beantragt wurde. Doch bereits zwei Jahre später hatte die 1. Knabenklasse 126, die 1. Mädchenklasse 131 Kinder. Allerdings gelang es dann im Jahr 1888, eine vollständige Trennung der Geschlechter und Jahrgangsstufen herbeizuführen, so daß die Schule je sieben Mädchen- und Knabenklassen mit insgesamt 14 Lehrkräften hatte. Das bedeutete für das Jahr der Eingemeindung (1890) bei 1070 Schulkindern eine Senkung der Klassenstärke auf durchschnittlich »nur« 76,4 Kinder. Mit dem Schulhaus-Neubau an der Schulstraße war der Anfang gemacht für die zahlreichen Neuhauser Schulbauten der Prinzregentenzeit, die in vielerlei Hinsicht beispielhaft und mustergültig waren.

Ein weniger rühmliches Kapitel in der Neuhauser Schulgeschichte ist die erste gewerbliche Fortbildungsschule (Berufsschule), die auf Anregung der Kgl. Regierung von Oberbayern durch Beschluß des Ge-

Winthirkirche mit bäuerlichem Ortskern Neuhausens gegen Südwesten. Zeichnung um 1860

meindeausschusses vom 9. August 1876 errichtet wurde. Gemäß der neuen Reichsgewerbeordnung waren die im Gemeindegebiet ansässigen Gewerbetreibenden und Fabrikherren gehört worden, denn der Schulbesuch wurde für alle unter 16jährigen Lehrlinge, Gesellen, Gehilfen und Jungarbeiter Pflicht. Der Schulbetrieb der Berufsschule wurde am 1. 10. 76 mit 63 Schülern in zwei Abteilungen aufgenommen. Der Schulbesuch und Lerneifer ließen von Anfang an sehr zu wünschen übrig. Oft war weniger als die Hälfte der Pflichtschüler anwesend. Dazu kam mangelnde Disziplin, Lärm, Rauchen in der Öffentlichkeit usw., so daß ein eigener Arrestraum eingerichtet wurde und ein Ortspolizist bei der Aufrechterhaltung von Ruhe und Ordnung helfen mußte.

Aber alle Schulstrafen und Disziplinarmaßnahmen fruchteten wenig. Eine Gemeindeversammlung beschloß daher am 16. 9. 1877 eigenmächtig, die Fortbildungsschule wieder zu schließen. Der Staatszuschuß wurde zurückgefordert, der Gemeinde Interesselosigkeit an der Jugendbildung bescheinigt. Zehn Jahre dauerte es, bis ein neuer Anlauf für eine Fortbildungsschule unternommen wurde. Dieser Plan – 1887 beschlossen – wurde zunächst wegen der Eingemeindungsverhandlungen nicht ausgeführt und dann der

Initiative der nunmehr zuständigen Münchener Schulverwaltung überantwortet.

Auch die kirchliche Entwicklung Neuhausens strebte im 19. Jahrhundert neuen Bahnen zu. Hatte es schon in den vorausgegangenen Generationen immer wieder Beschwerden wegen der mangelhaften seelsorgerischen Betreuung von der Mutterpfarrei Sendling aus – namentlich im Winter – gegeben, so bedeutete das Wachstum Neuhausens zugleich eine pfarrliche Umorientierung. Bei der Begründung des Benediktinerklosters St. Bonifaz (1835/1850) hatte König Ludwig I. diesem Kloster unter Abt Haneberg u. a. auch die seelsorgerische und geistliche Verantwortung für die neuen Siedlungsgebiete westlich der Altstadt und der Burgfriedensgrenze übertragen. Bereits in den 60er Jahren war die alte St. Nikolauskirche (»Winthirkirche«) zu klein. In den Jahren 1867–71 erhielt die Kirche unter Einbeziehung des spätgotischen Chores und Turmes ein neues Langhaus. 1872 wurde die erneuerte und erweiterte Kirche auf das Patrozinium »Mariä Himmelfahrt« geweiht und als Kuratie, betreut von einem Benediktiner aus St. Bonifaz, von der Pfarrei Sendling losgelöst. 1882 wurde diese Kuratie »Mariä Himmelfahrt« in Neuhausen zur selbständigen

Die erste Herz-Jesu-Kirche an der Lachnerstraße, die ehemalige Festhalle des V. Deutschen Turnfests von 1888. Zeichnung um 1890 (Stadtmuseum)

schen Nymphenburger, Leonrod-, Schwere-Reiter- und Schleißheimer Straße im Rahmen des Kirchenbauprogramms des Erzbischofs Antonius von Steichele: St. Benno. Den Bauplatz stiftete Ferdinand von Miller d. Ä. in Einlösung seines Gelübdes die glückliche Aufstellung der Bavaria betreffend. Den Zuschlag erhielt der Entwurf des erst 34jährigen Leonhard Romeis, kgl. Professor an der Kunstgewerbeschule. Die umfassende Tätigkeit des Kirchenbauvereins St. Benno ermöglichte nach Vereinnahmung von Schenkungen, Stiftungen, Zuschüssen und Lotterieerträgen die Grundsteinlegung am 16. 6. 1888 (Bennofest). Am 13. 10 1895 wurde die Kirche von Erzbischof Antonius von Thoma eingeweiht. Die Zahl der Pfarrzugehörigen betrug bald über 26 000 (einschließlich 5 300 Militärpersonen/1905).

Doch auch im alten Ortskern Neuhausens blieb die kirchliche Entwicklung nicht stehen. Neben der kleinen »Winthirkirche« – sie faßte nicht einmal mehr die Schulkinder – war ein weiterer großer Gottesdienstraum nötig geworden. Auf einem von der Ökonomenwitwe Kreszenz Drexler gestifteten Baugrund von 1¼ Tagwerk an der Lachnerstraße errichtete der am 7. 4. 1889 gegründete Kirchenbauverein eine Behelfskirche. Am 11. 8. 89 wurde die Festhalle des VII. Deutschen Turnfests auf der Theresienwiese gekauft und nach entsprechenden baulichen Veränderungen und Umgestaltungen – Architekt Marggraff – am 27. 11. 89 in Neuhausen als Kirche errichtet. Die Einweihung fand nach entsprechend würdiger Ausstattung im Jahr der Eingemeindung am 12. Oktober 1890 auf das Kirchenpatrozinium »Herz Jesu« statt. Die Pfarrei selbst hieß weiterhin »Mariä Himmelfahrt«; sie wurde erst 1936 in »Herz Jesu« umbenannt.

Pfarrei erhoben. Erster Stadtpfarrer wurde der damalige Pfarrkurat J. B. Lainer. Doch wie bei der schulischen Entwicklung war die »Gründerzeit« mit Wirtschaftsboom und Bevölkerungsexplosion auch im kirchlichen Bereich über alle kleinräumigen und kurzfristigen Planungen hinweggeschritten. Bereits aus dem Folgejahr (1883) stammt der Plan für eine neue Kirche und Pfarrei in Neuhausen für die Wachstumsgebiete des Kasernenviertels zwi-

Neuhausen –
im Zug der Eingemeindung

Mit der auf den letzten Seiten skizzierten Entwicklung der Bevölkerung, des Verkehrs und der Industrie war Neuhausen bereits längst in den Sog der Eingemeindung nach München geraten. Während die erste Welle der Eingemeindung der östlichen Vorstädte und Ruralgemeinden Au, Haidhausen, Giesing (1854), wenig später Ramersdorfs (1864), noch dem ungeteilten Interesse der Stadt München nach baulicher und industrieller Expansion folgte, war mittlerweile die Frage der Nachfolgelasten für die Stadt schon wesentlich gewichtiger. Doch gerade im Fall von Neuhausen drängte sich die Notwendigkeit der Eingemeindung für beide Seiten mehr und mehr auf. Durch die Eisenbahn-, Industrie- und Militäranlagen und den entsprechenden Wohnungsbau war Neuhausen seines bäuerlichen Charakters bereits weitgehend entkleidet. Dazu kam, daß die Verbindung zwischen der Residenz in der Kgl. Haupt- und Residenzstadt München und der Sommerresidenz in Schloß Nymphenburg notgedrungen durch Neuhausen führte und somit als Verkehrsweg erste Priorität erhielt. Das hatte sich bereits im Ausbau der Nymphenburger Straße (»Fürstenweg«) und ihrer Ortsumgehung des Dorfkerns zum Kessel des Schloßkanals und den Auffahrtsalleen hin geäußert. Mit den modernen Massenverkehrsmitteln wurde diese Verbindung eine bevorzugte »Stammstrecke«. Bereits im Jahr 1876 entstand hier die erste Pferde-Trambahn-Linie des belgischen Privatunternehmers Otlet. Sieben Jahre später wurde sie 1883 durch die Dampftrambahn München-Nymphen-

burg/Volksgarten, die Krauß entwickelt und gebaut hatte, abgelöst und bereits die Mitte des nächsten Jahrzehnts erlebte hier die erste »Elektrische«. Eine Straßenbeleuchtung hatte Neuhausen bereits 1877 durch einen Vertrag mit der Münchner Gas-Beleuchtungsgesellschaft erhalten. So steuerte alles auf eine engere Verbindung Neuhausens mit München zu. Von den Grundstücks- und Immobilieneigentümern wurde eine Wertsteigerung ihres Besitzes durch engeren Anschluß an München und sein Versorgungssystem erwartet. Auch die Vermögensverwaltung der Kgl. Bayerischen Staatseisenbahn hatte eine Eingemeindung des außerhalb des Burgfriedens liegenden Eisenbahnareals als dringend notwendig bezeichnet. Eingaben einzelner Bürger und bürgerschaftlicher Vereinigungen, z. B. des Marsfeldvereins, plädierten für die Eingemeindung, und nicht zuletzt hatte auch die Polizeidirektion

Volksgarten in Nymphenburg an der Notburgastraße mit Endhaltestelle der Dampftrambahn, der Vergnügungspark der Prinzregentenzeit. Postkarte um 1900

München aus verkehrs-, sicherheits- und gesundheitspolizeilichen Gründen die Eingemeindung Neuhausens nach München ausdrücklich befürwortet. Dennoch zog sich die Angelegenheit noch mehrere Jahre hin, teils aus bürokratischen Gründen, teils aus politischen, teils aus wirtschaftlichen. Denn die Spekulation mit Teileingemeindungen, dem Eingemeindungstermin oder Gerüchten über eine Ablehnung des Eingemeindungsgesuchs brachte die Immobilienbranche erst recht in Bewegung. Erst durch eine Neuhauser Gemeindedeputation, die vom damaligen 2. Bürgermeister Münchens, v. Widenmayer, am 21. 7. 1887 empfangen wurde, gelang es, die Angelegenheit »ins Rollen zu bringen«. Ausschlaggebend dafür war eine umfassende Darstellung der Gemeindeverhältnisse Neuhausens, also insbesondere seiner Vermögens- und Sozialverhältnisse, die unter dem 13. April 1888 vorgelegt wurde. Ihre Zusammenfassung wird hier ausführlich nach Joseph Lipp zitiert.[20]

»Gemeindeverhältnisse

Aus den unterm 13. April 1888 vorgelegten Übersichten und Verzeichnissen geht in Bezug auf die hier in Betracht kommenden Verhältnisse folgendes hervor:

1. Die Flächengröße des Gemeindebezirks betrug 494,722 ha = 1 451,96 Tagwerk.

2. Die Anzahl der Häuser bezifferte sich auf 717, der Bewohner auf 11 450 (worunter 3 200 Militärpersonen) und der Familien auf 2 021. Heimatberechtigt waren hievon nur 1 976 Personen in 543 Familien; das Bürgerrecht besaßen 239 Personen.

3. Der Grundbesitz der Gemeinde war nicht erheblich und bestand:
   a) aus dem Bürgermeisteramtsgebäude mit Standesamt (Winthirstraße 4, nun niedergelegt und zum Rotkreuzplatz gezogen).
   b) einer Kleinkinderbewahranstalt (jetzt Jagdstraße 2);
   c) einem Schulhaus mit Garten (Schulstraße 3);
   d) dem Leichenacker;
   e) 2 Äckern zu 0,13 u. 0,41 ha, endlich
   f) aus Ödungen und Plätzen mit zusammen 0,121 ha und den öffentlichen Straßen, von denen jedoch die Nymphenburgerstraße der Kgl. Zivilliste gehört.

4. Das rentierliche Gemeindevermögen betrug 43 116 M, 71 Pf., welchem jedoch ein Passivum von 210 179 M. 52 Pf. gegenüber stand.
   Diese Schuld wurde 1879 zum Zwecke eines Schulhausneubaues aufgenommen und die Verzinsung aus den Einnahmen des Lokal-Malz- und Bieraufschlages bestritten.

5. Das Steuersoll betrug 33 905 M. 93 Pf.

6. Die Gemeindeumlage 75 Prozent der Staatssteuer.

7. Die Gemeindeeinnahmen aus indirekten Abgaben 13 720 M. 10 Pf. (Der Bieraufschlag mit 22 200 M. nicht mit inbegriffen.)

8. Die Einnahmen der Armenpflege betrugen   9 160 M. 66 Pf.
   Die Ausgaben der Armenpflege   8 473 M. 90 Pf.
               Aktiv   686 M. 76 Pf.

9. Die Schulverhältnisse ergaben:
   a) Werktagsschulpflichtige   Kinder 1 029
   b) Feiertagschulpflichtige   Kinder   292
                          Sa. 1 321

10. Schulstellen waren vorhanden:
    4 definitive Lehrerstellen,
    4 definitive Lehrerinnenstellen,
    2 Hilfslehrerstellen,
    3 Hilfslehrerinnenstellen.
    An Beamten und Bediensteten:
    1 Offiziant,
    3 Gemeindeschreiber,
    2 Gemeindediener,
    1 Schulhausmeister,
    1 Nachtwächter,
    1 Flurwächter,
    1 Leichenwächter,
    1 Leichenfrau.

11. Die Straßenbeleuchtung besorgte die Münchener Gasbeleuchtungsgesellschaft auf Grund eines Vertrages vom Jahre 1877, der im Jahre 1899 – gleichzeitig mit dem Münchener Vertrag – ablief. Für die Straßenbeleuchtung waren 110 Laternen in Verwendung.

    Der Vermögensausweis vom 4. März 1885 war folgendermaßen:
    a) Vermögen 31 473 M.
    b) Schulden 220 000 M. Annuitätenkapital.

Dieses Anlehen wurde 1879 bei der Bayer. Hypotheken- und Wechselbank zu 5 Prozent aufgenommen. Die Zinsen- und Schuldentilgung wurde mit Allerhöchster Genehmigung aus den Erträgnissen des Lokal-Malz- und Bierausschlages bestritten. Dieser betrug pro Jahr ca. 22 200 M. Für die Schulfondskasse durften pro Jahr 1000 M. entnommen werden. An die Kgl. Hofjagdintendanz hatte die Gemeinde für Benützung eines Lokals im Jagdschlößchen als Feuerhaus pro anno 1 M. zu entrichten.«

Die Prüfung dieser Darstellungen und Unterlagen schuf die Grundlage für das Eingemeindungsverfahren, das im Jahr 1889 durchgeführt wurde. Neben den »fortschrittlichen« Befürwortern gab es unter den alteingesessenen Neuhausern bis zuletzt erbitterte Gegner der Eingemeindung, die schließlich zum 1. 1. 1890 vorgenommen und durch nachstehende Bekanntmachung des Münchner Magistrats veröffentlicht wurde:[21]

»Bekanntmachung.

Vereinigung der Gemeinde Neuhausen mit der Kgl. Haupt- und Residenzstadt München betr.

Wir geben im Nachstehenden eine höchste Entschließung der K. B. Staatsministerien der Justiz, des Innern und der Finanzen vom 20. Dezember 1889 obigen Betreffs zur allgemeinen Kenntnis und Darnachachtung bekannt:

Im Namen Seiner Majestät des Königs.

Seine Königliche Hoheit Prinz Luitpold, des Königreichs Bayern Verweser, haben allergnädigst zu genehmigen geruht, daß die Gemeinde Neuhausen mit dem 1. Januar 1890 von dem Bezirksamt München I, dem Amtsgerichte München II und dem Landrentamte München abgetrennt und dem Distriktsverwaltungsbezirke der Stadt München, dem Amtsgerichte München I und den Stadtrentämtern München I, II und III zugewiesen werde.

Im Anschlusse hieran wird gemäß Art 4 Abs. 1 der Gemeindeverordnung für die Landesteile dieseits des Rheins vom 29. April 1869 die Vereinigung der Gemeinde Neuhausen mit der k. Haupt- und Residenzstadt von dem bezeichneten Zeitpunkte an genehmigt.

Hienach treten am 1. Januar 1890 alle für die Stadt München geltenden Gesetze, Verordnungen und sonstigen Vorschriften für den bisherigen Gemeindebezirk Neuhausen, den künftigen 20. Stadtbezirk der k. Haupt- und Residenzstadt München in Kraft, und alle damit in Widerspruch stehenden Vorschriften für die Gemeinde Neuhausen außer Wirksamkeit.

Am 27. Dezember 1889.
Magistrat der k. Haupt- und Residenzstadt München.

Bürgermeister: Dr. von Widenmayer.
Sekretär: v. n. Ott.«

Das nun folgende Vierteljahrhundert bis zum Ersten Weltkrieg wird für Neuhausen, Nymphenburg und Gern – letztere eingemeindet am 1. 1. 1899 – zu einem Zeitabschnitt ausgeprägter Bautätigkeit und Urbanisierung. Jetzt entstehen aus den vorhandenen Ansätzen in rascher Folge die in vieler Hinsicht beispielhaften Schulbauten und sozialen Einrichtungen: Krankenanstalten, Alten- und Kinderheime. Jetzt füllt sich der Baugrund zwischen Neuhausen und Nymphenburg mit großbürgerlichen Villen, entsteht die Villenkolonie Gern, entwickeln sich entlang der großen Straßenachsen die ansehnlichen Mietshäuser der Prinzregentenzeit mit ihren geräumigen Wohnungszuschnitten. Im gleichen Zeitraum weiten sich das Kasernenviertel und die Brauereien, Bahn- und Industrieanlagen aus, entstehen die kleinbürgerlichen und proletarischen Wohnquartiere in deren Umfeld. Auch die Zusammensetzung der Bevölkerung ändert sich entsprechend. Die alten bäuerlichen Familien verschwinden fast ganz. Als typisches Beispiel dafür mag man den Strohmaier-Hof und seinen damaligen Inhaber, Lorenz Hauser, um den sich viele Anekdoten ranken, nehmen. Der »Hauser-Lenz« wird durch Grundstücks- und Kapitalspekulationen zum »Millionenbauern«, baut sich ein Schloß an der Würm bei Karlsfeld (1900 – jetzt MAN-Gästehaus und -Archiv), verlegt seinen Wohnsitz in die Maxvorstadt und stirbt noch nicht ganz fünfzigjährig 1918. Für das neue Großbürgertum stehen Familien wie die Millers, Heilmanns, die Künstlerfamilie der Adams oder das Haus Harrach-Buchner und viele andere. Für das proletarische Milieu schließlich sind neben den »Roten Häusern« des Arbeiterheims die Nebenstraßen südlich des alten Ortskerns und der Blutenburgstraße zu nennen, bevor in der Ebenau und an anderen Stellen neue Arbeiterquartiere entstehen.

Das Neuhausen der Prinzregentenzeit ist ein vielgestaltiges, aufstrebendes und prosperierendes Stadtviertel zwischen Schloß, Bahn und Kasernen geworden.

Anmerkungen

1 Andreas, Grad, aus Neuhausens Vergangenheit. Neue Schriftenreihe des Stadtarchivs München, Bd. 8, München o. J., S. 9

2 Vgl. Grad a. a. O. S. 11 und Anmerkung 4), S. 45

3 Lorenz Maier, Stadt und Herrschaft. Ein Beitrag zur Gündungs- und frühen Entwicklungsgeschichte Münchens. Miscellanea Bavarica Monacensia, Bd. 147, München 1989

4 Vgl. Josef Maß, 1930–1980. 50 Jahre Christkönig München-Nymphenburg. Von der Drofkirche St. Magdalena zur Pfarrei Christkönig. München o. J. (1980). Ohne Seitenzahlen (Textseite 1)

5 Max Spindler, Handbuch der bayerischen Geschichte. Bd. 2, München 1969, S. 581

6 Josef Maß, Das Bistum Freising im Mittelalter. München 1986, S. 351

7 Zit. nach Grad a. a. O. S. 36f.

7a Zit nach Joseph Lipp, Die Vorstadt Neuhausen. Ein Beitrag zur Heimatkunde. München o. J. (1908), S. 16

8 Zit. nach Grad a. a. O., S. 34

9 Lipp a. a. O., S. 22

10 Zit. nach Lipp a. a. O., S. 23

11 Zit. nach Grad a. a. O., S. 21

12 Grad a. a. O., S. 14

13 Zit. nach Ludwig Schrott, Neuhausen. Dorf – Edelsitz – Stadtteil. In: 1170–1970. Neuhausen 800 Jahre (Offizielles Festprogramm) München 1970, S. 19

14 Richard Bauer u. a., Zu Gast im alten München. München 1982, S. 13

15 Ludwig der Erste, König von Bayern. Erinnerungsbüchlein ... von H. C. Bode, München 1886 – zit. nach: Aufbruch ins Industriezeitalter. Bd. 3, München 1985, S. 178

16 Krauss-Maffei. 150 Jahre Fortschritt durch Technik. 1838–1988, München 1988, S. 16

16a Zit. nach: Krauss-Maffei. Lebenslauf einer Münchner Fabrik und ihrer Belegschaft. Hrsg. v. Alois Auer, Bericht und Dokumentation von Gerald Engasser. Schriftenreihe des Archivs der Münchner Arbeiterbewegung, Bd. 1, S. 86

17 Maß. 50 Jahre Christkönig a. a. O., Textseite 5

18 Maß. 50 Jahre Christkönig a. a. O., Textseite 6

19 Zit. nach Lipp a. a. O., S. 29

20 Zit. nach Lipp a. a. O., S. 34ff.

21 Zit. nach Lipp a. a. O., S. 36ff.

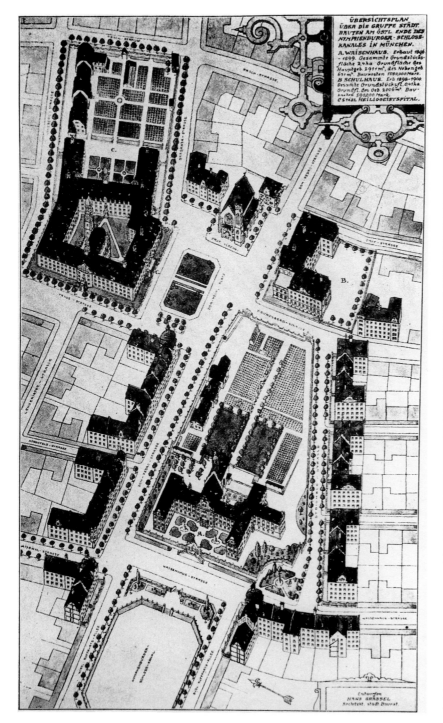

Immobilien-Prospekt der Firma Heilmann & Littmann um 1893

Dom-Pedro-Platz mit Heilig-Geist-Spital, Christuskirche, Dom-Pedro-Schule und Städtischem Waisenhaus. Isometrie von Hans Grässel um 1905

Krankenanstalt des Dritten Ordens
in Nymphenburg. Postkarte um 1919

St. Marien-Ludwig-Ferdinand-
Kinderanstalt. Postkarte um 1919

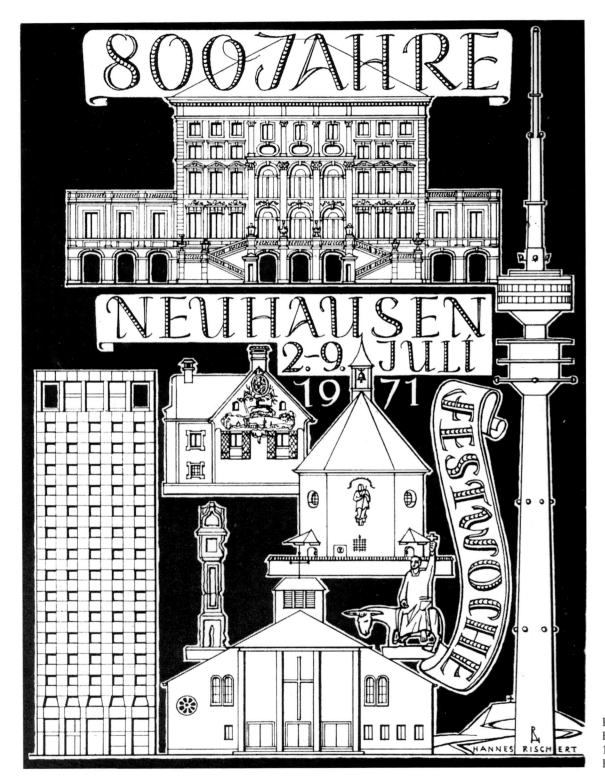

Postkarte zur 800-Jahr-Feier Neuhausens 1971. Zeichnung von Hannes Rischert

Neuhausen
in historischen Aufnahmen

Luftbilder
Neuhausen im Überblick

Stiglmaierplatz von Südosten, 1921.
Am Beginn der Nymphenburger Straße nimmt der Löwenbräukeller eine beherrschende Eckposition ein. 1883 von Albert Schmidt, 1893/94 Erweiterungsbau von Friedrich Thiersch. Am linken oberen Bildrand der Arzbergerkeller 1882 von Gabriel von Seidl, heute Gebäude der Justizbehörden. Dazwischen und längs der Dachauer Straße die Brauereinanlagen. Nach rechts hin der Beginn der Schleißheimer Straße.

Stiglmaierplatz von Süden, um 1905.
Besonders markant die mit Bäumen bepflanzte Nymphenburger Straße vom
Platz nach links ziehend, mit Löwenbräukeller und -brauerei und Arzberger-
keller. Links oben die Max II.-Kaserne, rechts Lazarett, davor St. Benno.

Zwischen Dachauer- und Schleißheimer Straße im rechten mittleren Bildteil
das z. T. bis heute erhaltene Grüngelände der ehemaligen kgl. Turnanstalt,
zwischen Maßmann- und Heßstraße. Weiter nach Norden, zum oberen
Bildrand hin, weitere Militärbauten.

43

Löwenbrauerei und Umgebung, Blickrichtung von Westen nach Osten, 1921.
Links in der Mitte der Stiglmaierplatz, von da nach links oben verlaufend die Brienner Straße mit Propyläen und Königsplatz. Zum unteren Bildrand hin verläuft die Nymphenburger Straße, zu beiden Seiten die Löwenbrauerei. In der Mitte unten der Arzbergerkeller. In der Bildmitte, bis zum rechten Rand die Spatenbrauerei, oben rechts der Hauptbahnhof.

Rotkreuzplatz gegen Südosten, um 1935.
Links der Turm der Winthirapotheke mit Winthirbrunnen, im Vordergrund
das Jagdschlößl. Mit Ausnahme der wiederaufgebauten Schule, des Eckhau-
ses Nymphenburger-, Blutenburgstraße und des Löhehauses links oben
wurden die meisten Gebäude im Krieg zerstört und durch Neubauten ersetzt.
Dampftrambahn seit 1883

45

Blick auf Neuhausen und das Rondell Neuwittelsbach, Blickrichtung Westen, um 1895.
Links von der Mitte die erste Herz-Jesu-Kirche, 1890 als Mariä-Himmel-fahrt-Kirche eingeweiht, in der Mitte das Maria-Ludwig-Ferdinand-Heim, links das Winthirkirchlein mit neugotischem Turm inmitten von Bauernhö-fen. Rechts oben von der Mitte das Rondell Neuwittelsbach, durchquert von der Romanstraße, links davon der markante Bogen der Lachnerstraße. Zwischen Waisenhausstraße unten und Nymphenburger Straße der Grün-waldpark mit der um 1885 errichteten Gastwirtschaft. In der oberen Bild-mitte der Hirschgarten, links davon die 1892 über die Bahntrasse geführte Friedenheimer Brücke.

46

Blick auf Neuhausen zwischen Kasernen und Schloß Nymphenburg, von Osten nach Westen, um 1915.

Rechts unten der Knick der Leonrodstraße unweit der Infanteriestraße, senkrecht dazu der Verlauf der Dachauer Straße, im Bild schräg von links unten nach rechts zum mittleren Bildrand, mit Alleebäumen. Im Vordergrund rechts von der Mitte die Luftschifferkaserne, dahinter Militärdepots.

In der Bildmitte Dom-Pedro-Schule, Waisenhaus, Christuskirche, Heilig-Geist-Spital, Schloßkanal, links der neugotische Turm der der Winthirkirche. In der Mitte des rechten Bildrandes die Wohnsiedlung Ebenau, darüber ein Wäldchen als Rest der ehemaligen Fasanerie Ebenau, heute Taxisgarten. Die aufgelassene ehemalige Bahnlinie, heute Landshuter Allee, zieht sich als unscheinbarer Weg horizontal durch die Bildmitte.

47

Blick auf Volksgarten und Schloß Nymphenburg nach Westen, um 1905.
Vom unteren Bildrand nach Westen verlaufen die Nibelungen-, die Romanstraße mit –platz, die Prinzenstraße, der Schloßkanal und der Nymphenburger-Biedersteiner-Kanal. Zwischen Schloßkanal und Romanplatz
liegt der Volksgarten mit Radrennbahn. Weil der Botanische Garten und die
Menzinger Straße noch nicht bestehen, erkennt man rechts den einst direkten
Zusammenhang zwischen Schloßpark und Kapuzinerhölzl.

Blick auf die Christkönigkirche nach Osten, um 1935.
Die Christkönigkirche wurde 1928/29 auf dem ehemaligen Gelände des
Volksparks an der Notburgastraße erbaut, die vorne von links nach rechts
verläuft. Links der Schloßkanal, parallel dazu die Prinzenstraße.

Blick vom Bürgerheim an der Dall'Armistraße auf das Nymphenburger Schloß, in Richtung Südwest. 1934.
Im Vordergrund das 1910/12 von Grässel erbaute Bürgerheim, das den Krieg einschließlich seinem Kapellenanbau rechts nahezu unbeschädigt überstanden hat. Quer durch die Bildmitte verläuft die Menzinger Straße, links zum Bildrand hin der Schloßkanal mit seinen Alleen, dazwischen zum Heim hin, der Nymphenburger-Biedersteiner-Kanal, an dem sich die Gebäude der Porzellanmanufaktur vom Schloßrondell ausgehend aufreihen. An dessen südlichem Bogen das Krankenhaus der Barmherzigen Brüder, im ehemaligen Restaurant »Controlor«. Im linken oberen Eck der Bogen der Wotanstraße.

Westfriedhof, Blickrichtung Norden, um 1920.
Unter Grässels markanten Münchner Friedhofsbauten waren Ost- und
Westfriedhof (1897–1902) als monumentale Abschlußbauten von Straßenzügen, hier der Dantestraße geplant. Sie üben bis heute ihre beabsichtigte
städtebauliche Wirkung aus. Quer mitten im Bild die Baldurstraße, die im

Osten in die Dachauer Straße mündet, die man im oberen Teil der Aufnahme
schräg verlaufen sieht. Bis dorthin erstreckt sich heute der Friedhof. Jenseits
davon erkennt man das dörfliche Moosach, 1913 mit etwa zweieinhalbtau-
send Einwohnern eingemeindet.

Siedlung Neuhausen und Arbeitersiedlung, Blick von Westen nach Osten, um 1935.
Zwischen 1928 und 1940 errichtete die Gemeinnützige Wohnungsfürsorge A. G. eine Großsiedlung. Zur deutlich erkennbaren Arnulfstraße hin, die damals noch hier endete, der »Künstlerhof«. Zwischen Hirschbergschule und Großsiedlung die sog. Arbeiterhäuser, die nach knapp hundert Jahren Existenz 1971/73 einer neuen Wohnanlage weichen mußten. Rechts das Postsportstadion, heute Paketposthalle, in der rechten unteren Ecke der Hirschgarten. In der Mitte links die Winthirschule, darüber das Rotkreuzkrankenhaus und der Turm der Winthirapotheke, auf den im oberen Bildteil die Nymphenburger Straße zuläuft, links davon am oberen Bildrand, die Doppeltürme von St. Benno.

Zwischen Dom-Pedro-Platz und Westfriedhof, Blick nach Westen, um 1912. Die städtischen Bauten Waisenhaus, Dom-Pedro-Schule, Heilig-Geist-Spital und Westfriedhof schuf Hans Grässel zwischen 1896 und 1907, es sind Höhepunkte der Münchner Stadtbaukunst. In die Mitte der Baugruppe am Dom-Pedro-Platz gliederten Heilmann und Littmann die Christuskirche gut ein. Nach zum Teil schweren Bombenschäden ist das gediegene Ensemble in alter Form nahezu wiederhergestellt, beim Waisenhaus leider nur der Nordflügel. Die Waisenhaus-, Dantestraße verläuft schräg mitten durch das Bild, sie wird von der Klugstraße, dann vom Würmkanal gekreuzt, neben dem gerade die Aushubarbeiten für das 1913 eröffnete Dantebad begonnen haben.

Oberpostdirektion und Arnulfstraße, Blick nach Nordosten 1926.
Vorne ein Teil des Güterbahnhofs, in der Mitte rechts die Rampe zur
Hackerbrücke. Herausragend das Gebäude der Oberpostdirektion, 1922/24
von Vorhoelzer errichtet, von ihm auch das Rund des Paketzustellamtes im
Bau, dahinter der Zirkus Krone und die Spatenbrauerei, rechts davon der
Biergarten des Augustinerkellers.

Blick auf Bennokirche und Marsplatz, Richtung Süden 1898.
In der Mitte die 1895 vollendete Bennokirche, vorne quert die Dachauer
Straße, links unten die Heeresbäckerei nahe der Lothstraße, die rechts der
Kirche ins Bild hineinführt, am unteren Rand rechts an der Lothstraße ein
Teil des Zeughauses, darüber, etwas rechts der langgestreckte Lazarettbau,
links von St. Benno die kgl. Erzgießerei. Im oberen Teil zieht die Nymphen-
burger Straße quer durch das ganze Bild. Darüber nach Süden der Marsplatz
mit seinen vielen Militärbauten, von denen nur noch die ehemalige Kriegsakademie an der Pappenheimstraße steht. Weiter nach links, zum oberen
Bildrand hin, die Spatenbrauerei.

Blick auf Max II.-Kaserne, Staatsbahnarbeitersiedlung und Centralwerkstätten, Blick nach Nordwesten, um 1895.
Auf dem Gelände der von 1860 an erbauten Kaserne steht seit 1960 u. a. eine Wohnanlage. Mitten durch das Bild zieht von links nach rechts die Albrechtstraße, rechts, ins Bild hineinführend, die Leonardstraße, die am Rotkreuzplatz auf das Krankenhaus stößt. Am rechten Bildrand das Dorf Neuhausen, auf das die Volkartstraße zuläuft. Links vom Rotkreuzplatz das Schulhaus an der Schulstraße. Die Nymphenburger Straße mit ihren Allee-bäumen verläuft quer durch das Bild, sie überschreitet die als Bahnkörper aufgelassene Landshuter Allee, eine feldwegähnliche Trasse, besonders deutlich am Knick der Leonrodstraße. Jenseits der Nymphenburger Straße etwa in der Bildmitte die regelmäßig gebaute Siedlung der Arbeiterhäuser für die Eisenbahner, die in den Zentralwerkstätten links davon, längs der oben erkennbaren Bahntrasse, beschäftigt waren. Darüber der Abzweigungsbogen der Strecke zum Ostbahnhof und nach Holzkirchen. Rechts oben der Hirschgarten.

56

Kaserne des Schwere-Reiter-Regiments, Blick nach Nordwesten, um 1905. Die 1900 bis 1902 erbaute Prinz-Leopold-Kaserne, in welche die Schweren Reiter nach ihrem Auszug aus der Kaserne an der Zweibrückenstraße untergekommen sind. Die Gebäude an der Schwere-Reiter-Straße, vorne links, und an der Winzererstraße, rechts, werden heute noch staatlich genutzt. Der auffällige Eckbau das ehemalige Kasino, wird nach seiner Renovierung u. a. als Kantine für das Straßenbauamt München dienen. Das ehemalige Kasernenhofgelände steht z. T. der Bundespost zur Verfügung. Zum oberen Bildrand hin das »Pumperhölzl« und der Beginn des Oberwiesenfeldes, heute bis zur Ackermannstraße hin als Bundeswehrkasernengelände genutzt.

Nymphenburger Straße
vom Stiglmaierplatz zum Rotkreuzpaltz

Nymphenburger Straße am Stiglmaierplatz, 7. 6. 1935.
Die Straße vor der Verbreiterung, rechts das Portal zum Löwenbräukeller,
weiter stadtauswärts rechts zwischen Bäumen der Arzbergerkeller

Nymphenburger Straße 1, April 1951.
Ruine des Gloriapalastes, dahinter die großenteils
noch bestehenden Löwenbrauereigebäude, Ecke
Nymphenburger/Sandstraße

Arzberger Keller, um 1910.
Er gehört der Spatenbrauerei-Gabriel Sedlmayr, Nymphenburger Straße 10,
Ecke Sandstraße, nach Kriegszerstörung heute ein großes Justizgebäude.

Nymphenburger Straße 22, 1905.
Besonders gediegenes Beispiel der Wohnhausbebauung in der Nymphenburger Straße, hier Ecke Erzgießereistraße. Das Haus besteht nicht mehr.

Nymphenburger Straße bei der Einmündung der
Lazarettstraße, 7. 6. 1935.
Links Beginn der Arbeiten zur Verbreitung der
Straße.

Nymphenburger Straße, 20. 7. 1952.
Zebrastreifen an der Elvirastraße. Das Haus mit
dem Erkertürmchen Nr. 106, u. a. stehen noch.
Stadtauswärts rechts Einmündung der Alfonsstraße.

Wiederaufbau Nymphenburger Straße Nr. 57,
20. 11. 1955.
Nach links hin Doppelhaus Nr. 55 und 53, danach
Einmündung der Adamstraße.

Nymphenburger Straße Nr. 80, Juni 1936.
Die Gaststätte Burgfrieden lag zwischen Loth-
und Lazarettstraße, unweit der alten Burgfriedensgrenze von 1724 etwa zwischen Sand- und
Erzgießereistraße.

Nymphenburger Straße 122, 1911.
Die Baugruppe zwischen Alfons- und Hedwigstraße wurde in barockisierendem Jugendstil 1911 von Richard Berndl errichtet. Der Verbindungsbau ist
heute durch einen Neubau ersetzt.

Nymphenburger Straße 136, um 1950.
Wiederaufbau des Atriumkinos, ursprünglich Fern-Andra-Lichtspiele,
erbaut 1916 von Heilmann und Littmann, erweitert 1938, zwischen Hore-
mansstraße und Landshuter Allee, 1989 abgebrochen.

Nymphenburger Straße 148, um 1905.
Heute steht hier das ehemalige Mutterhaus des Bayerischen Roten Kreuzes,
Ecke Landshuter Allee. Am linken Bildrand der Turmbau der Winthirapo-
theke am Rotkreuzplatz.

Nymphenburger Straße 148, Aufnahme 1939.
Ehemaliges Mutterhaus und Schwesternschule des Bayerischen Roten Kreuzes, Ecke Landshuter Allee, heute als Praxis- und Büroräume vermietet.

Nymphenburger Straße 151, Ecke Blutenburgstraße. Aufnahmen um 1905.
Das 1896/99 von Martin Dülfer erbaute Haus ist
im wesentlichen unverändert erhalten.

Nymphenburger Straße 154, Aufnahme
24. 3. 1949.
Zur Winthirapotheke gehörende Häuser, Anfang
der achtziger Jahre bei Errichtung des Karl-Al-
brecht-Hofes abgebrochen.

Rotkreuzplatz
und alter Ortskern

Rotkreuzplatz, 7. 6. 1935.
Von der Nymphenburger Straße in Richtung
Norden gesehen. Rechts angeschnitten der Turm
der Winthirapotheke und der Beginn der Leonrodstraße, links von Bäumen verdeckt, das Jagdschlößl, anschließend das Rotkreuzkrankenhaus.

Rotkreuzplatz, 1928.
Blick von der Einmündung der Leonrodstraße in
Richtung Wendl-Dietrich-Straße. Rechts in den
Anlagen das Kriegerdenkmal, im Krieg zerstört.
Im Hintergrund ein ehemaliges Bauernhaus. Die
Trambahngleise von links nach rechts zeigen den
Verlauf der Nymphenburger Straße.

Rotkreuzplatz von der Donnersbergerstraße aus
gesehen, 25. 10. 1928.
Im Hintergrund das Jagdschlößl, am rechten Rand
der Anlagen in der Platzmitte das Kriegerdenkmal.

Rotkreuzplatz mit Blick in die Leonrodstraße
25. 10. 1928.
Beherrschend das Turmgebäude der Winthirapotheke, rechts auf der Anlageninsel das Prinzregen-
tendenkmal, heute am Schäringerplatz. Es mußte
1929 einem neuen Stationshaus weichen, das den
Betrieb des auf der Station Neuhausen aufgelassen
übernahm. Heute stehen nach den Kriegszerstörungen nur noch das Mietshaus in der Leonrodstraße, nach den Bäumen, und das in der Nymphenburger Straße ganz rechts.

Rotkreuzplatz, 6. 5. 1950.
Blick von der Schule an der Schulstraße auf den Platz und die Nymphenburger Straße. Vor den Ruinen jenseits des Platzes links die Anlagen und die Reste des Jagdschlößls. Dahinter das Rotkreuzkrankenhaus mit dem rauchenden Schornstein des Maschinenhauses. Rechts am Beginn der Leonrodstraße der Barackenbau des Restaurants Jagdschlößl, dahinter die Ruine des Schloßtheaterkinos im Wiederaufbau.

Rotkreuzplatz, 29. 2. 1952.
Blick in die Nymphenburger Straße, rechts, und die Winthirstraße. Die zwei Bauten des Roten Kreuzes beweisen raschen Fortschritt im Wiederaufbau. Reste des Jagdschlößls und der Anlagen sind beseitigt, das Schloßtheater rechts am Bildrand, ist wiederaufgebaut, ebenso das Trambahnstationshaus.

Rotkreuzplatz, 7. 4. 1951.
Behelfsbauten aus den Kriegstrümmern an der Westseite des Platzes, heute
Kaufhof, zwischen Wendl–Dietrich-Straße, deren Häuser rechts, den Krieg
überlebt haben, und der Donnersbergerstraße.

Forster am Rotkreuzplatz, etwa 1930.
Das Haus wurde 1875 errichtet, seit 1881 im Familienbesitz. Heute ist das
Haushaltwarengeschäft Forster nach Kriegszerstörung immer noch in
Behelfsbauten untergebracht.

Schloßtheater am Rotkreuzplatz, 20. 2. 1941.
Der Kinoneubau und der Umbau des Wohnhauses
waren 1926 erfolgt. Es war etwa 1879 als Landhaus
für Baumeister O. Lasne, den Architekten der
Schule an der Schulstraße, errichtet worden.

Rotkreuzplatz, 23. 6. 1957.
Blick nach Osten zur Leonrodstraße. Die Neubauten der Winthirapotheke, des Schloßtheaters und
des Stationshauses sind an Stelle kriegszerstörter
Vorgängerbauten errichtet.

Jagdschlößl, 1907.
Seite an der Winthirstraße. Seit 1715 im Besitz der Wittelbacher diente es als Ausgangspunkt für kurfürstliche, später königliche Jagden. 1888 erwarb es der Frauenverein vom Roten Kreuz. Eine Zeitlang wohnte der Maler Karl Haider dort. Es wurde im Krieg zerstört.

Winthirstraße Nr. 6, um 1905.
Das Bild zeigt eine echte Dorfstraße. Vorne der Strohmeierhof mit Taubenschlag, dessen Inhaber der Hauser Lenz war, der »Bauer als Millionär«, an dem Platz etwa, wo heute das Postamt steht.

Winthirstraße 25, um 1900.
Das Haus wurde 1904 abgebrochen. Rechts die Kirche Mariä Himmelfahrt, seit 1936 Herz-Jesu. Links Haus Romanstraße 5, 1902/03 erbaut, es steht heute noch als einziges Gebäude auf dem Bild.

Buchner-Villa, um 1890.

Blick von der Ruffinistraße in Richtung Norden um 1910.
Die Ansichtskarte zeigt die Buchnersche Gärtnerei, links das Waisenhaus mit Kirchturm, rechts das Heilig-Geist-Spital, ebenfalls mit Zwiebelturm, der heute noch besteht.

Das »Vornehme Viertel«
zwischen Ortskern und Schloßkanal

Blick von der Winthirschule nach Nordosten, um 1925.
In der Mitte die Herz-Jesu-Kirche, links alter Gaskessel, rechts Turm des Waisenhauses.

Pfarrhof der Herz-Jesu-Kirche, Romanstraße 6, um 1910.
Links Herz-Jesu-Kirche.

Wittelsbacher Rondell, Sommer 1899.
Villa Dr. Mai im Bau.

Wittelsbacher Rondell, um 1900.
Villa Dr. Mai, nach dem Zweiten Weltkrieg abgebrochen.

Wittelsbacher Rondell, 1901.
Villa Dr. Mai.

Kinder beim Schlittschuhlaufen, 1900.
Vor Schloß Nymphenburg.

Romanstraße 13a, um 1905.
Jugendstilparaphrase einer italienischen Renaissancevilla, 1902/05 von Friedrich Thiersch, heute Polizeidirektion West.

Romanstraße 23, um 1910.
Wohnhaus, errichtet von Emanuel Seidl, heute ist der Platz abgeräumt, Baulücke.

Dampftrambahn vor Romanstr. 11, Kuranstalt, 1899.

Romanplatz, 22. 1. 1956.
Neubau der Häuser Nr. 1–4 auf der Westseite
zwischen Wotan- und Romanstraße, die links
vorne mündet.

Romanplatz, 3. 5. 1952.
Rechts Neubau Nr. 9, fertiggestellt 1950/51, zwi-
schen Roman- und Arnulfstraße. Links über dem
Stationshäuschen die Christkönigkirche.

Notburgstraße, 19. 3. 1955.
Blick zur Ludwig-Ferdinand-Brücke vor der Verbreiterung.

Notburgastraße 5 und 7, 26. 7. 1955.
Christkönigkirche, ganz rechts die Kriegergedächtniskapelle.

Zwischen Nymphenburger Schloßkanal
und Landshuter Allee

Ludwig-Ferdinand-Brücke, um 1910.
Die Brücke wurde 1892 nach Entwurf von Friedrich Thiersch erbaut, 1912 wurde sie verbreitert.

Schloßkanal beim Kessel, 29. 9. 1938.
Abfischen bei der regelmäßig durchgeführten
Bachauskehr.

Am Kessel des Schloßkanals, 8. 6. 1958.
Fronleichnamsprozession der Herz-Jesu-Pfarrei,
mit Hubertusbrunnen und Waisenhaus.

Gerner Straße, 1894.
Die Reihenhäuser Nr. 40 bis 20, von links nach rechts, bestehen nahezu unverändert, die gegenüberliegenden Grundstücke im Vordergrund sind bebaut, durch Begrünung ist heute die Wohnlichkeit erhöht.

Nederlinger Straße 78, 7. 12. 1959.
Nederlinger Gut mit der Röthlinde. An Stelle der Gebäude heute eine Kleingartenanlage. Einige noch erhaltene Gebäude, ganz rechts im Bild, in unmittelbarer Nachbarschaft zum Westfriedhof, dienen heute als städtischer Bauhof.

Brücke über den Nymphenburger–Biedersteiner-
Kanal um 1910.
Der Kugelmüllerbach im Zuge der Nederlinger
Straße stadtauswärts, nahe dem Ende der Klug-
straße, das Haus rechts besteht nicht mehr.

Nymphenburger–Biedersteiner-Kanal, Januar 1942.
Abeisungsarbeiten unterhalb der Brücke im Zuge der Waisenhausstraße.

Brücke über den Nymphenburger–Biedersteiner-
Kanal 1934.
Die Brücke wurde im Zuge der Nederlinger
Straße Ende Mai 1934 fertiggestellt. Darüber die
Gerner Brauerei, die in den 70er Jahren einer
Villensiedlung weichen mußte.

Baldurstraße, 22. 12. 1928.
Blick von der Einmündung in die Dachauer Straße
in Richtung Westfriedhof.

Dachauer Straße, 26. 11. 1926
Links Einmündung der Klugstraße, Blick stadtauswärts. Die Klugstraße mündet heute nicht
mehr hier. Rechts das alte Bahnwärterhaus an der
ehemaligen Strecke nach Landshut. Heute quert
hier die Landshuter Allee als Mittlerer Ring auf
einer vierspurigen Straßenbrücke. Links im Hintergrund der von der Stadt errichtete Wohnblock,
hier an der Postillonstraße gegenüber der Borstei.

80

Endschleife der Trambahn am Westfriedhof, um 1930.
Mit dem Ausbau der Orpheusstraße als Abstellgelände für Reservewagen wurde der Linienendpunkt an die Hanauer Straße verlegt und die alte Schleife entfernt. Der Blick geht von der Einmündung der Dantestraße nach Westen, rechts die Friedhofsmauer längs der Baldurstraße.

Landshuter Allee, April 1969.
Sie mündet damals in die Dachauer Straße, die von rechts her in Richtung Gaskessel verläuft. Die Baracken zum Ausbau zum Mittleren Ring bis zum Jahre 1972 sieht man rechts im Bild.

Landshuter Allee, 30. 5. 1954.
Neue Wohngebäude Nr. 118–126 zwischen Dom-
Pedro- und Heideckstraße, wo heute die Fußgängerbrücke über den Mittleren Ring führt. Blick
stadtauswärts.

Landshuter Allee, 10. 9. 1938.
Damals hieß sie Hindenburgstraße. Die Blutenburgstraße verläuft noch ohne Unterbrechung
von rechts nach links, sie knickt an dem abgerun-
deten Eckbau von 1910, der den Krieg fast unzer-
stört überstand, zur Nymphenburger Straße hin-
ab. Blickrichtung Norden, stadtauswärts.

Um die Leonrodstraße

Leonrodplatz, Spätsommer 1927.
Rechts vorne Remise der alten Trainkaserne. Hinter der Zigarettenfabrik Reemtsma die ehemalige Luftschifferkaserne. In der östlichen Leonrodstraße, heute Schwere-Reiter-Straße, das Hinterstellungsgleis der Linie 24. Links die zweckentfremdeten Hallen des ehemaligen Sanitätsdepots.

Schwere-Reiter- und Leonrodstraße, 11. 3. 1961.
Blickrichtung Westen, Leonrodplatz, Kreuzung mit der Dachauer Straße. Vor dem Bau der neuen Wohnblöcke, die auf dem abgeräumten Kasernengelände links errichtet werden. Im Hintergrund Häuser der Albrechtstraße.

Blick von der Leonrodstraße auf die Max II.-Kaserne, Juni 1937.

Dachauer Straße stadtauswärts, 28. 11. 1928
Links Einmündung der Heideckstraße. Im Mittelgrund die Einkehr Ebenau, ein beliebtes Ausflugsziel aus der Zeit vor 1914, sie besteht weiter, heute als Pizzeria »Bella Italia«, Ebenauer Straße 1. Rechts die alte Eisenbahnerkaserne.

Leonrodstraße, 11. 3. 1961.
Kreuzung mit der Albrechtstraße. In Richtung nach Osten Leonrodplatz
wird südlich der Trambahngleise eine zweite Fahrbahn gebaut. Rechts hat
sich nach dem Krieg die Firma DKW-Autounion niedergelassen.

Neubaustrecke der Linie 22, 28. 9. 1928.
Blick von der Kreuzung Winzererstraße in die
Leonrodstraße, heute Schwere-Reiter-Straße, in
Richtung Westen. Links Schwere-Reiter-Straße
Nr. 28, Teil einer Wohnhausanlage von 1928,
unter Denkmalschutz.

Barbarasiedlung, vor 1914.
Kleinwohnanlage zwischen Barbara-, Schwere-
Reiter- und Infanteriestraße, in den Jahren 1909
und 10 für die Beschäftigten des Heeresbeklei-
dungsamtes als »sozialer Wohnungsbau« der
Bayerischen Armee errichtet. Unter Ensembleschutz.

Um St. Benno

Lazarett in der Lazarettstraße, 1975.
1868 bis 1874 von Stadtbaurat Arnold Zenetti erbaut, heute Deutsches
Herzzentrum des Freistaates Bayern.

Bennokirche, um 1910
Südostseite von der Kreittmayrstraße aus, Vierungkuppel und südliches
Apsis.

Bennokirche, um 1905.
Frontseite von der Loristraße aus
Die neuromanische Pfarrkirche wurde 1888 bis 1895 von Leonhard Romeis
erbaut.

Zu Seite 89:

Oben links: Wohnhaus Ferdinand von Millers, um 1905.
Leonhard Romeis errichtete das Gebäude am Ferdinand-Miller-Platz. Es
besteht nicht mehr.

Oben rechts: Beschädigtes Haus Ecke Linprun/Sandstraße, Mai 1919.
Spuren der Revolution 1918/19.

Unten links: Villa Heilmann, Innenraum, Loristraße 3, 1894.

Unten rechts: Villa Heilmann, Loristraße 3, 1894, besteht nicht mehr.

Kirchen –
das Winthirkirchlein und seine »Töchter«

Winthirkirche aus der Winthirstraße gegen Süden gesehen. Postkarte um 1910.

Winthirkirche mit Eingang zum Winthirfriedhof gegen Norden gesehen. Um 1910.

Der Einsturz des Turmes der Winthirkirche vom 6. August 1931.

Alte Bauernanwesen um die Winthirkirche in der Winthirstraße. Um 1905.

Winthirfriedhof mit Grabtafeln an der Außen-mauer der Winthirkirche.

Oben: Die alte Herz-Jesu-Kirche von 1890 an der Lachnerstraße. Um 1900.

Unten links: Innenansicht der alten Herz-Jesu-Kirche, 1907.

Unten rechts: Innenansicht Herz-Jesu-Kirche. Das Kreuz aus der alten Winthirkirche. Um 1925.

Zur Erinnerung an mein 25 jähriges Priester-Jubiläum am 29. Juni 1907 in der Herz Jesu-Kirche München-Neuhausen

Oben links: Wiederaufbau der Herz-Jesu-Kirche
1949. Das Holzskelett stammt von Hitlers Kino-
bau auf dem Obersalzberg.

Oben rechts: Kardinal Faulhaber und Stadtpfarrer
Prälat Niggl mit gläubiger Bevölkerung am Ein-
weihungstag.

Unten: Brand der Herz-Jesu-Kirche in der Nacht
zum 26. November 1994.

Innenansicht der Dreifaltigkeits-Klosterkirche am Institut der Englischen Fräulein in Nymphenburg. Postkarte 1906.

Oben links: Evangelische Christuskirche mit Dom-Pedro-Schule vom Heilig-Geist-Spital aus gesehen. Um 1915.

Abnahme der Kirchenglocken der Christuskirche im Zweiten Weltkrieg am 3. 3. 1942.

94

Evangelische Stephanuskirche in der Nibelungenstraße in Nymphenburg
1957.

Kirche St. Clemens an der Renatastraße (gegenüber dem früheren »Arbeiterheim«) nach der Neugestaltung um 1967.

Kirche St. Benno gegen Süden gesehen um 1910. Am linken Bildrand
Gebäude der Kgl. Erzgießerei.

»Schulstadt« Neuhausen

Schule an der Schulstraße. Erster Großschulhaus-
bau (3. Schulhaus) Neuhausens, erbaut
1879–1881, um 1885.

Die erste Schulküche Münchens in der Schule an
der Schulstraße. Um 1895.

Schulhaus an der Schulstraße nach der Erweiterung 1892.

Schulhaus am Winthirplatz um 1910.

Turnunterricht im Hof der Winthirschule um 1910.

Königliches Wittelsbacher Gymnasium. Hofansicht mit Turnhallenbau 1908.

Königliches Wittelsbacher Gymnasium, Treppenhaus 1908.

Schule am Dom-Pedro-Platz um 1905.

Zu Seite 101:

Oben: Schule an der Alfonsstraße, Hofansicht um 1910.

Unten links: Schulbrausebad in der Volksschule an der Alfonsstraße um 1910.

Unten rechts: Kinderlesesaal im Schulhaus an der Alfonsstraße um 1915.

Schule an der Hirschbergstraße, Hofansicht, um 1905.

Ehemalige Kreisrealschule, jetzt Rupprecht-Gymnasium, an der
Albrechtstraße um 1930.

Höhere Mädchenschule der Englischen Fräulein
Nymphenburg, Ostansicht um 1910.

Höhere Mädchenschule der Englischen Fräulein
Nymphenburg, Eingangshalle mit Treppenauf-
gang um 1910.

Kasernenviertel
zwischen Marsfeld und Oberwiesenfeld

Marsfeldkaserne, Postkarte um 1910.
An der Arnulfstraße zwischen Maillinger- und
Deroystraße 1887–1896 erbaut, heute stehen dort
Neubauten der Finanzämter.

Marsfeldkaserne,
1903.
Parade vor dem
Prinzregenten.

Kriegsakademie, um 1895.
Das Gebäude an der Pappenheimstraße wurde
1891/94 von Frh. von Schacky errichtet. Blick
vom Ende der Karlstraße aus, rechts Beginn der
Blutenburgstraße. Das Gebäude besteht noch als
einziges der vielen Militärbauten am Marsplatz, es
dient heute dem Fernmeldeamt der Bundespost,
es steht unter Denkmalschutz.

Neubauten für die Fußartillerie, etwa 1922.
Damals Haslangstraße, seit 1947 Baudrexelstraße,
heute Maillingerstraße 13, Bezirksfinanzdirektion. Der Mittelbau ist erhalten, die Bauten ganz
links und rechts sind durch Neubauten des Landeskriminalamtes ersetzt.

Max II.-Kaserne um 1880
»Fassade des westlichen Seitenflügels«, parallel zur Albrechtstraße, jedoch
etwa 200 Meter entfernt, erbaut 1860–84 von Matthias Berger. Nach
Abtragung der Kriegsruine heute Wohnanlage.

Max II.-Kaserne, links und Telegraphenkaserne
rechts 5. 12. 1935.
Vorne die Leonrodstraße. Heute ist das Gelände
von Dienstleistungsbetrieben, einer Schule und
Wohnungen bebaut.

Zeughaus, 1879.
Das Gebäude in der Lothstraße, Ecke Dachauer Straße errichtete Baurat
Hügel 1863/65. Das nahezu unveränderte Gebäude beherbergt heute Institute
der Technischen Universität.

Luftschifferkaserne, um 1900.
Das Gebäude Heßstraße 144, Ecke Schwere-Reiter-Straße, dient heute noch
der Bundeswehr.

Zwischen Bahn und Post

Weiß-, Woll- und Kurzwaren, Manufaktur und Miederwarengeschäft,
an der Blutenburgstraße 31, um 1910.

Restaurant »Daheim« an der Blutenburgstraße 19, um 1910.

Brand des Straßenbahndepots Nymphenburger-, Blutenburgstraße am 5. 6. 1910.

Brand der Rohrmattenfabrik Rupprechtstraße am 14. 5. 1924.

Oberbürgermeister Thomas Wimmer gibt die wiedererstellte Hackerbrücke
für den Verkehr frei, 20. 6. 1953.

Verladearbeiten am Güterbahnhof an der Arnulfstraße 1937.

Kohlenhändler auf dem Güterbahnhof an der Arnulfstraße 1936.

Grünanlagen am Marsplatz. Im Hintergrund Gewerbeschule an der Pranckhstraße um 1928.

Zentralwerkstätte der kgl. bayerischen Staatsbahn, Donnersberger Straße 73 mit Bahngebäude, um 1905. Erbauungszeit 1872–75, Außerbetriebsetzung und Verlegung nach Freimann bzw. Neuaubing seit 1925. Jetzt steht an dieser Stelle der Neubau (1968–72) der Bundesbahndirektion München, Richelstraße 3.

Montagearbeiten in der Zentralwerkstätte

Montagearbeiten in der Zentralwerkstätte

Blick vom Hauptzollamt an der Landsbergerstraße auf die Donnersberger-
Brücke während ihrer Verbreiterung, 1935.
Im Hintergrund das Kraftwerk der Reichsbahn und das Marsfeld.

Blick von der Donnersbergerbrücke während der Verbreiterungsarbeiten zur Arnulf- und Donnersbergerstraße, 1935.

Blick aus der Donnersbergerstraße – mit Trambahn – zur Donnersbergerbrücke 1938.

Das »Arbeiterheim« zwischen Schlu-
der- und Hirschbergstraße, um 1935.
Die sogenannten »Roten Häuser« wurden als erste Arbeiter-Mustersiedlung
für die Eisenbahner der Zentralwerkstätte 1872–75 erbaut, 1971 abgerissen.

Krankenhäuser und Heime

Neuhausens traditionsreiche
Sozialeinrichtungen

Rotkreuzkrankenhaus an der Nymphenburger
Straße, um 1910.

Losverkauf zugunsten des Wiederaufbaus des
Rotkreuzkrankenhauses am Rotkreuzplatz, 1951.

Zu Seite 117:
Oben: Die »Lachnerklinik«, Ansicht von der
Lachner- und Aiblingerstraße um 1910.

Unten links: Kinderkrankenzimmer im Säuglingsheim München e. V., der »Lachnerklinik«
um 1910.

Unten rechts: Angehörige der Königlichen Familie und Honoratioren in der Lachnerklinik um
1910.

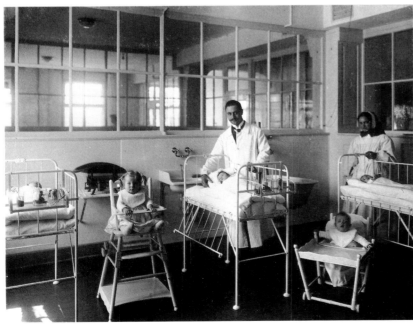

Kuranstalt Neuwittelsbach an der Romanstraße 11 um 1910.

Privat-Augenheilanstalt Sr. Kgl. Hoheit Herzog Dr. Carl in Bayern, München, Nymphenburgerstr. 43.

Postkarte um 1905.

Krankenhaus des Dritten Ordens in Nymphenburg, Tagesraum der Separatabteilung um 1925.

St. Marien-Ludwig-Ferdinand-Heim, Arbeitssaal
der großen Mädchen um 1907.

Einzug der Pfründnerinnen und Pfründner ins neue Heilig-Geist-Spital am
Dom-Pedro-Platz 1907.

Neuweihe der Kirche im Altersheim Heilig-Geist durch Weihbischof Neuhäusler am 29. 4. 1956.

Das Städtische Waisenhaus, um 1900.

Städtisches Waisenhaus, Festsaal um 1910.

◄ Städtisches Waisenhaus, Speisesaal der Zöglinge um 1910.

122

Ausflugsziele:
Volksgarten und Hirschgarten

Vergnügungsbetriebe im Volksgarten. Um 1900.

Der »Volksgarten« in Nymphenburg an der Roman/Notburgastraße mit Endhaltestelle der Dampftrambahn 1893.

123

Start zum Radrennen auf der Bahn im Volksgarten
um 1905.

Das Cafe–Restaurant »Controlor« am Schloßrondell in Nymphenburg um 1903.

Im Hirschgarten 1934.

125

Brunnen und Denkmäler

Prinzregent–Luitpold–Denkmal am Schäringerplatz um 1955.

Brunnen im Hirschgarten um 1905.

Grundsteinlegung des Hubertusbrunnens durch Kronprinz Rupprecht anläßlich seines 85. Geburtstages am Kessel des Nymphenburger Kanals am 16. 5. 1954.

Feierliche Übergabe des fertiggestellten Hubertusbrunnens an die Öffentlichkeit durch Herzog Albrecht und Staatsminister Hundhammer 3. Nov. 1954.

Stundenstein vor dem Rotenkreuzkrankenhaus, Nymphenburger Straße 163, (jetzt Innenhof Stadtmuseum) um 1910.

Die sog. »Winthirsäule« wohl ehemals Weg- oder Meilenstein aus dem 17. Jahrhundert – am Winthirplatz um 1975.

Das ehemalige Neuhauser Kriegerdenkmal in der Grünanlage am Jagdschlößl um 1900.

Winthirbrunnen vor der Winthirapotheke
am Rotkreuzplatz um 1910.

130

Alter Dorfkern

Winthirkirche und Winthirfriedhof

Von den etwa 40 ehemaligen Siedlungen auf dem Gebiet der heutigen Landeshauptstadt erinnern noch 34 Dorfkirchen und manchmal erhaltene Bauernhäuser an die alten Dorfkerne. In Neuhausen ist das Winthirkirchlein und der alte Straßenverlauf erhalten, nämlich die Winthirstraße, seit 1890 so benannt, zwischen Romanstraße (1903) und Rotkreuzplatz (1903) und die Einmündungsstellen der heutigen Lachner- (1891), Aldringen- (1906), Jagd- (1890), Volkart- (1891) und Nibelungenstraße (1898). Im Garten des Anwesens Jagdstraße 4 findet sich noch ein Häuschen in altertümlicher Form, das helfen kann, einen Eindruck von den alten Häusern zu vermitteln. Auch die Gaststätte Großwirt, ehemals Tafernwirtschaft, steht, 1904 neu errichtet, Volkartstraße 2/Ecke Winthirstraße, an der alten Stelle. Mehrere alte Bauernhäuser, die 1945 noch standen, mußten modernen Wohnbauten weichen.

Vor allem aber bildet die Winthirkirche selbst, Patrozinium Mariä Himmelfahrt, ursprünglich St. Nikolaus, das älteste Gebäude des ehemaligen Dorfkerns. Sie ist, wie alle mittelalterlichen Kirchen, in West-Ost-Richtung gebaut, die Gottesdienstbesucher blicken also in die Richtung der Wirkungsstätte Christi. Auch die alten Gräber auf dem Winthirfriedhof sind, wie auf allen alten Friedhöfen, so angelegt, daß das Haupt des Verstorbenen im Westen ruht, so daß er sich am Jüngsten Tag nur aufzurichten braucht, um dem aus dem Osten erscheinenden Erlöser entgegenzusehen. Außer der Baurichtung hat das Kirchlein nur wenig aus der ältesten Zeit bewahrt, im Gegensatz zu seinem Namen, der uns in Neuhausen auch sonst häufig begegnet, z. B. in der Winthirstraße, der Winthirsäule am Winthirplatz, dem Winthirbrunnen oder der Winthirapotheke am Rotkreuzplatz.

Bei Winthir hat man es mit einem Glaubensboten zu tun. Aber schon tritt Unklarheit auf.

War er ein Laie oder kam er aus einem Kloster? Das nach ihm benannte Kirchlein zeigt ihn an der Westfassade in plastischer Gestalt. Karl Baur hat ihn da als älteren bärtigen Mann im bescheidenen Wettermantel dargestellt; der Esel zu seinen Füßen spielt eine untergeordnete Rolle. Im Inneren der Kirche, auf der Epistelseite, führt uns eine Holzplastik von Karl Killer und Georg Chorherr einen anderen Winthir vor, einen jungen Gebirgler mit Kotze, der, den Kreuzstab in den Händen, neben seinem Saumtier einherschreitet. Der Phantasie ist offenbar ein gewisser Spielraum gelassen, wenn sie sich mit Winthir beschäftigt. Aber unter der Holzfigur befindet sich im Fußboden eine Steinplatte mit der Inschrift »+ Ossa beati Winthirii +«. Es gibt also die Gebeine des seligen Winthir, und an dieser Stelle sind sie beigesetzt. Man hat das erst in unserem Jahrhundert beglaubigt, doch die Überlieferung wußte es längst. Die Geschichte des seligen Winthir ist ein Musterbeispiel für die Zuverlässigkeit der mündlichen Tradition.

Die früheste ausführlichere schriftliche Kunde von dem Seligen stammt aus dem 17. Jahrhundert. Damals hat sich unter Maximilian I. in München neben einem regen Kunstbetrieb ein reiches literarisches Leben entfaltet. Unter Dichtern von internationalem Rang ragen auch Geschichtsschreiber hervor, denen später noch Leibniz hohe Anerkennung gezollt hat. Ihnen ist Georg Rader (1561–1634) zuzurechnen, der von 1615 an die gewichtige bayerische Heiligengeschichte »Bavaria Sancta« herausbrachte, ein Werk, in dem der selige Winthir seinen Platz vor dem frühen Bayernmissionar Emmeram erhalten hat. Was Rader von Winthir weiß, stützt sich auf Volkserzählungen und läuft darauf hinaus, der Selige sei aus der Fremde gekommen, habe in Neuhausen als Maultiertreiber seinen Lebensunterhalt gesucht und sich zur Zeit der Ausbreitung der christlichen Lehre als Verkünder des Evangeliums sehr verdient gemacht. Ein angeschlossenes Gedicht enthält ausschmückende Einzelheiten. Es stammt von

dem Hofkanzler und Geheimen Rat Maximilians I., Johann Gailkircher, und paßt genau in die Epoche der aufblühenden Barockliteratur in München. Gailkircher war am Ende des 16. Jahrhunderts Eigentümer des »gefreyten Edelsitzes« Neuhausen. Er wußte also über den Seligen in seiner Gemarkung Bescheid und feierte ihn in lateinischen Hexametern als frommen Pilger, der sich beim Neuhauser Kirchlein niedergelassen und hier arm gelebt habe, nur dem Psalmengesang hingegeben, der Christenlehre bei den Bauern und dem Gebet für Saaten und Herden. Bald sei der Fromme im Raum zwischen Donau und Alpen auch durch Wundertaten berühmt geworden.

Raders »Bavaria Sancta« bildet die Quelle für einen Bericht in deutscher Sprache über ›Wunderreiches Leben und glorreichen Tod des Seligen Winthirii‹, der 1638 entstanden ist und auf eine Tafel geschrieben wurde. Die Tafel hing in der alten Neuhauser Kirche beim Winthiraltar. 1723 hat man diese Tafel erneuert. Heute befindet sie sich im Pfarrhof der Herz-Jesu-Kirche. Nach dem Text hätte der einstige Maultiertreiber und weltflüchtige Eremit in seiner Klause beim Neuhauser Kirchlein auch sein Grab gefunden. Da sich an dem Ort bald Wunder ereigneten, sollen die Gläubigen aus der Zelle des Seligen eine Kapelle gemacht haben, die allerdings der Erweiterung der Neuhauser Kirche 1597 zum Opfer fiel.

Der »Feindseinfall«, der die Mirakelbücher vernichtete, war der von 1632. Damals hatten die Schweden das Schlößchen in Neuhausen niedergebrannt und auch der Kirche Schaden zugefügt. Zum Ersatz der dabei vernichteten Votivgaben und Wunderberichte hat man offenbar die Winthirtafel geschaffen, die auch noch davon erzählt, daß man die »Kirche wider zugericht« habe, nachdem eine Viehseuche als Ermahnung zur weiteren Verehrung Winthirs und anderer Patrone aufgefaßt worden war.

Die beiden ältesten schriftlichen Aufzeichnungen über Winthir lassen keine Möglichkeit des Zweifels daran, daß es seit alters in Neuhau-

Winthirkirche

Plakatanschlag in der Jagdstraße

Traditionswirtschaft Großwirt, Ecke Volkart- und Winthirstraße, unweit der Winthirkirche

Winthirstraße, Blick zum Rotkreuzplatz, links der Großwirt an der Volkart-straße, rechts Beginn der Jagdstraße

sen eine Winthirverehrung gab. Ob dieser Selige freilich auftrat, »nachdem das Edle Bayern-Land zur Glaubenswaarheit kommen«, also im frühen 8. Jahrhundert, ist nicht so sicher.

Nicht notwendig muß man ihn als Iroschotten oder Angelsachsen ansprechen. Die ältesten Mitteilungen über ihn wissen nichts von einer solchen Abstammung. Auch Rasslers Übersetzung von Raders Werk, »Heiliges Bayer-Land«, das 1714 erschien, führt Winthir ein, ohne seine Herkunft zu erörtern. Erst in der Aufklärungszeit taucht die Vermutung auf, Winthir sei »mit anderen großen Engländern, den Heiligen Bonifatius, Virgilius usw. nach Deutschland und Bayern in der Absicht gekommen, die wahre Religion und reinere Menschlichkeit zu verbreiten« (Westenrieder). Dagegen dürfen wir der Nachricht Raders Glauben schenken, er habe »mit Lasttieren seinen Lebensunterhalt gesucht«, sei also etwas Ähnliches wie ein Säumer gewesen. Diese Säumer waren im Mittelalter vertraute Erscheinungen auf unseren Straßen. Sie beförderten auf ihren Saumrossen meistens Salz in Bayern und stammten vorwiegend vom Samerberg, aus dem Prien- und Achental. Ihr Gewerbe war mühevoll, ihre Armut sprichwörtlich.

Die Dorfgemeinde verwuchs mit ihrem Kirchlein, das seit dem Hochmittelalter die üblichen Wandlungen durchgemacht hatte: zunächst eine Kapelle aus Holz, Ende des 15. Jahrhunderts ein gotischer Bau, dessen Chor mit Strebepfeilern als ältester Bau Neuhausens noch erhalten ist. Er hatte, wie uns Apian und Wening zeigen, einen einfachen Sattelturm. Gegen 1600 wurde die Kirche erweitert, wobei Winthirs Grab in das Innere der Kirche einbezogen wurde. 1796 weist die Kirche eine zierliche Barockhaube auf. Von 1867 an erfolgt ein Neubau, der einen Turm mit Spitzhelm erhält. 1872 wechselt das Patrozinium von St. Nikolaus zu Mariä Himmelfahrt, doch ist ein Altar auch dem seligen Winthir geweiht. Nach einem schweren Gewittersturm stürzt am 6. August 1931 der Turm ein, auch das Langhaus wird an der Westseite arg beschädigt. Nun läßt Stadtpfarrer Simon Irschl am 29. April 1932 durch die Neuhauser Kolpingbrüder Grabungen an der Stelle durchführen, an der nach dem Volksglauben der selige Winthir ruhen soll. Und

tatsächlich findet man nach der Beseitigung der Nachbestattungen »in ca. 1,15 m Tiefe das in eine harte, mörtelartige Schicht eingebettete Skelett eines kräftigen Mannes«. Er muß 1,92 m groß gewesen sein. Die Gebeine liegen so, wie sie bei der Beerdigung hingebettet wurden. Man traut ihnen ein Alter von etwa 1 000 Jahren zu. Auch ein Baumstumpf tritt zutage, was die Überlieferung stützt, Winthir sei unter einer Linde begraben worden. Die wissenschaftliche Untersuchung des Fundes im Münchner Prähistorischen Institut durch Professor Dr. F. Birkner führt zu dem Schluß: »Es spricht nichts dagegen, daß die gefundenen Reste des . . . Skeletts vom seligen Winthir stammen.«

Gäbe es Fund und Überlieferungen nicht, auch der Geist, der auf dem kleinen Hügel mit der ungebrochenen Winthirtradition weht, ließe an den Seligen glauben.

Die Spenden der Pfarrgemeinde ermöglichten es dem tatkräftigen Pfarrherrn, schon 1933 das zerstörte Kirchlein wieder aufzubauen. Es entstand nach den Entwürfen von Richard Berndl ein schlichter Bau. Von ihm wurden auch die Kirchen St. Andreas, in der Adlzreiterstraße, St. Pius am Piusplatz, u. a. errichtet. Der rechteckige Grundriß hat abgeschrägte Ecken im Westen, im Osten ist der alte gotische Chor erhalten geblieben. Das abgewalmte Satteldach trägt als Glockenstuhl einen verschindelten Dachreiter. Auf dem Innenraum von 18,5 m Länge und 10 m Breite ruht in 8,5 m Höhe eine Balkendecke. Empore und Orgel fehlen nicht. Die Holzplastik des Hochaltars – eine Himmelfahrt Mariens – stammt mit der übrigen Ausstattung von Karl Killer. Der Hochaltar wurde allerdings 1970 in die Herz-Jesu-Kirche überführt und ist dort der Marienaltar geworden. An seine Stelle kam aus der Filialkirche Bernhaupten bei Bergen ein frühbarocker Altar, dessen neugotisches Bild durch das alte Winthirbild ersetzt wurde. Das Gemälde weist auf der Rückseite die Jahreszahl 1760 und den Namen eines Votanten auf, nämlich des kurbayerischen und kurkölnischen Truchsessen, Kämmerers und Wirklichen Rates Wilhelm Aloys von Fuxberg. Christian Wolf, München, schuf 1972 die Gedenkplatte an der Außenwand für Antonio Bustelli, 1973 die Evangelistensymbole in Glasschliff; die Bron-

zereliefplatten an den beiden Türen zeigen Themen aus dem Neuen Testament von F. Berberich.

München weist mehrere guterhaltene ehemalige Dorffriedhöfe auf, erwähnt seien Bogenhausen, der wohl bekannteste, Haidhausen, Moosach, Untermenzing. Der Winthirfriedhof, 1315 erstmals erwähnt, besteht in seiner heutigen Form, wenn auch verkleinert, seit 1829. 1890 hat ihn die Stadt bei der Eingemeindung Neuhausens übernommen. Keine 400 m entfernt vom Rotkreuzplatz mit seinem großstädtischen Verkehrslärm und turbulenter Fahrzeug- und Menschenballung findet der Besucher hier einen geradezu himmlischen Raum der Ruhe unter herrlichem Baumbestand, angelehnt an das dörfliche Winthirkirchlein, gegen die Straße zu abgeschirmt durch eine Kirchhofmauer. Die Stille der meist pietätvoll gepflegten Gräber führt unsere Gedanken zu den Toten, die dort ruhen. In der Kirche selbst erinnert, wie vorher beschrieben, eine Bodenplatte an die Gebeine des seligen Winthir. An der nördlichen Außenwand der Kirche finden wir eine Gedenktafel aus bräunlichem Porzellan für den genialen Franz Anton Bustelli, geboren 1723 in Locarno, gestorben 1763 in Nymphenburg, sein Grabplatz ist nicht auffindbar. Er begründete den weltweiten Ruf der Manufaktur, vor allem durch seine Figuren der Commedia dell'arte. An der Westseite ist der Grabstein des Domkapitulars Simon Irschl eingelassen, 1880–1978. Er war bis 1934 Stadtpfarrer von Herz-Jesu. An derselben Kirchenseite finden wir den Grabstein von Prälat Georg Niggl, 1887–1971. Als Stadtpfarrer von Herz-Jesu seit 1934 machte er sich durch den Wiederaufbau der durch Fliegerangriff zerstörten Pfarrkirche verdient, indem er den Bauholzmangel nach dem Kriege dadurch überbrückte, daß er das Material vom Obersalzberg aus Hitlers abgebrochenem Kino nach München holen ließ. Weiterhin finden wir an der Außenseite der Kirche den Sarkophag des Theologen Anton Sambuga (1752–1815), ein Grabdenkmal, das Ludwig I. seinem geistlichen Erzieher und Religionslehrer errichten ließ. An der südlichen Chorwand ließ Dall'Armi eine Gedenktafel für die Witwe des Oberbergrats Schmitz, geborene van Bolen, anbringen, die in den Wirren der Französischen Revolution aus

Daun in der Eifel nach Bayern geflohen war und sich in selbstloser Weise verarmter Frauen und Mädchen annahm.

Nun ein Blick auf die kunsthandwerklich so wertvollen Gräber der Familie von Miller, deren Schicksal eng mit der neueren Geschichte des Winthirkirchleins durch Hochzeiten und letzte Ruhestätten verbunden ist. Da sehen wir das Grab des Bildhauers, Erzgießers und Akademiedirektors Ferdinand von Miller d. J., 1842–1929. Ab 1871 schuf er in Nordamerika bedeutende Plastiken für Brunnen und Denkmäler, in Deutschland eine Reihe von Reiterstandbildern und Bronzestatuen von Fürsten. Sein Vater, Ferdinand von Miller, 1813–1887, der u. a. die Bavaria, das Niederwalddenkmal und das Tor des Kapitols in Washington schuf, ruht auf dem Alten Südlichen Friedhof in München. Aus der Reihe der vielen Miller-Namen ragt der Oskar von Millers besonders hervor. Auf seiner Gruft liegt ein großer Grabdeckel mit dem Wappen des Deutschen Museums, das er gegründet hat. Er lebte von 1855–1934. Er gilt als Schrittmacher der Elektrizitätswirtschaft in Deutschland. Seit Ferdinand von Miller d. J. den Bauplatz für die Bennokirche gestiftet hatte und um 1900 das eigene Haus am Oskar-von-Miller-Platz bezogen war, verband sich Neuhausens Dorfkirchlein immer enger mit der Familie. Der Onkel Ferdinand von Millers d. Ä., Johann Baptist Stiglmaier, Erzgießer und Bildhauer, ruht auch auf dem Friedhof (1791–1844).

Ruth Schaumann-Fuchs, geboren 1899 in Hamburg, starb 1975 in München, wo sie seit 1917 lebte. Die vielseitige Künstlerin trat vor allem als Schriftstellerin hervor, illustrierte ihre Werke zum Teil selbst, sie fertigte Glasmalereien und schuf als Bildhauerin die kleine Plastik auf dem Peter-Dörfler-Brunnen im Friedhof. Dörfler, ebenfalls hier begraben, lebte von 1878–1955, war langjähriger Leiter des benachbarten Prinz-Ludwig-Ferdinand-Heims und trat als Autor historischer, religiöser und heimatverbundener Romane hervor. Unter den Toten ruht auch der Architekt Richard Berndl (1875–1955), der 1933 die eingestürzte Winthirkirche wiederaufgebaut hatte. Er war auch beim Stadtbauamt München unter Hans Grässel tätig. Der 1881 geborene Bildhauer Karl

Baur wurde 1968 hier beigesetzt, ebenso Generalmusikdirektor Fritz Rieger, 1910–1978, der von 1949–1965 die Münchner Philharmoniker leitete. Anton Pfeiffer, 1888–1957, war u. a. seit 1950 Generalkonsul und Botschafter der Bundesrepublik in Brüssel. Nicht vergessen sei der Hauser-Lenz, Lorenz Hauser, der 1869 in Neuhausen geborene »Millionenbauer«, der sich in Allach ein heute noch auf dem Betriebsgelände der Firma MAN erhaltenes Schloß erbauen ließ und dann 1918 völlig verarmt starb.

Im elterlichen Grab ist Fritz Betzwieser, Stadtpfarrer von Herz Jesu 1965–1993, befreundet mit vielen Künstlern und Literaten, prominenter »Don Camillo«, Tierschützer und Gastgeber des Dalai Lama, beigesetzt.

Herz-Jesu-Kirche

Das Winthirkirchlein war durch die besonders starke Zuwanderung in den Neuhauser Raum infolge der Ausdehnung des Eisenbahnbetriebes, Ausbau des Kasernenviertels, Anlage der Großbrauereien und die Anlage der Villenkolonien Gern und um das Rondell Neuwittelsbach längst viel zu klein geworden, so daß noch kurz vor der Einweihung von St. Benno am 21. Oktober 1890 die große Pfarrkirche Mariä Himmelfahrt, 1936 umbenannt in Herz-Jesu (Lachnerstraße), von Erzbischof von Thoma eingeweiht werden konnte, also zehn Monate nach der Eingemeindung Neuhausens nach München. Es war die einstige Festhalle des Deutschen Turnfestes auf der Theresienwiese. Geschichte und Entwicklung von Pfarrei und Kirche wurden schon dargestellt. In der Nacht des 12. Juli 1944 brannte die Kirchenhalle durch einen Bombenangriff nahezu restlos ab. Erhalten blieb nur die Lourdesgrotte mit der Muttergottesfigur, die im Südwestteil des Nachfolgebaues bei der Marienkapelle angebracht war.

Prälat Georg Niggl ließ auf dem abgeräumten Brandplatz aufgrund eines am 25. September 1948 unterzeichneten Planes des in Neuhausen ansässigen Architekten Friedrich Haindl den am 3. Juni 1951 durch Kardinal Michael von Faulhaber konsekrierten Ersatzbau errichten. Dabei fanden Holzpfeiler und Binder der am Obersalzberg bei Berchtesgaden abgebrochenen Holzkonstruktion des dortigen Kinos

der SS-Wachmannschaften eine gewandelte Verwendung. Prälat Georg Niggl hatte von einem Kaplan aus Berchtesgaden erfahren, daß der Hitlerbau, d. h. sein Material, käuflich zu erwerben sei. Sofort leitete er alles in die Wege, um den Transport durchzuführen, mit dem die Firma Moll beauftragt wurde. Prälat Niggl hatte sich noch mit Kardinal Faulhaber auseinanderzusetzen. Dieser wollte seinerseits das Baumaterial vom Obersalzberg erwerben und damit eine Münchner Zentralkirche auf dem Viktualienmarkt errichten. Übrigens war der Preis für das Material 200 000 Reichsmark.

Das Gotteshaus war mit seinen 1 200 Sitzplätzen, 65 m Länge, 35 m Breite eines der größten Münchens. Das Bauwerk erhob mit seiner schlichten Giebeldachform und seinem Hallencharakter, der auf die römisch-frühchristliche Basilikaform zurückweist, keine weitergehenden baukünstlerischen Ansprüche. Der Zweck heiligte hier buchstäblich die Mittel. Eine der bestbesuchten neueren Kirchen Münchens hatte durch die Holzverkleidung des Inneren, zumal durch die hölzerne Decke, eine eminent gute Akustik von Konzertqualität. Chor und Orchester der Herz-Jesu-Kirche, unter Leitung von Kirchenmusikdirektor Josef Schmidhuber sowie Professor Karl Maureen, an der von Walker, Ludwigsburg, 1953 gebauten Orgel – sie war mit 75 klingenden Registern die zweitgrößte in München – nutzten von der großräumigen Eisenbetonempore herab die gebotenen Möglichkeiten des Gottesdienstes und des Kirchenkonzerts auf vorzügliche Weise.

Von sachlicher Schlichtheit das Äußere, barg das Innere exemplarische Zeugnisse moderner christlicher Kunst und spätmittelalterliche Altartafeln von hohem Wert.

Richard Seewald schuf in den 17 Seitenschifffenstern und in der Marienkapelle sein kirchenkünstlerisches Hauptwerk. Finanziert wurden die Fenster durch Gemeindemitglieder und Pfarrer von Herz-Jesu. Das westliche Seitenschiff zeigte in acht Fenstern Darstellungen aus dem Alten Testament, das östliche neun Bilder aus dem Neuen Testament, die Marienkapelle die Rose über dem Altar mit Symbolen aus der Lauretanischen Litanei rings um den Namen »Maria«, St. Nikolaus und drei seiner Wunder, den seligen Winthir, beheimatet in Neuhausen.

Der Künstler entwarf auch den Kreuzweg, eine Holzschnittreihe in kargem, eindringlichem Schwarzweiß und das Fastentuch. Im 1971 errichteten Pfarrsaal malte er 1975/76 den Genesiszyklus in den fünf Wandfeldern.

Der Maler, Zeichner und Schriftsteller Richard Seewald, geboren 1889 in Pommern, starb 1976 in München. 1954–1958 war er Professor an der Münchner Akademie der Bildenden Künste.

Ein Kunstwerk von Rang fand sich in den vier spätgotischen Lindenholzreliefs in der Marienkapelle, mit Darstellungen aus dem Marienleben. Man schreibt sie dem Umkreis Michael Erhart zu, etwa 1495/1500, wohl Flügelreliefs des einstigen Hochaltars der Wallfahrtskirche Thalkirchen, um 1700 nach Neuhausen, damals noch St. Nikolaus, übertragen.

An der Ostwand der Kapelle hing ein Holzkruzifix von Karl Knappe (um 1960), von ihm stammte auch der Ambo im Presbyterium. Der Künstler, ein Kemptener, lebte von 1884–1970, von 1915–1928 im Hause Wendl-Dietrich-Straße 9, wo eine Gedenktafel an ihn erinnert. Drei Glasfenster im Winthirkirchlein und das Mosaik am Sakramentsaltar in St. Laurentius in Gern stammen ebenfalls von ihm.

Karl Killer (1873–1948) schuf die Himmelfahrt Mariens an der Stirnwand des westlichen Seitenschiffes, eine gefaßte Holzschnitzarbeit aus den dreißiger Jahren, ursprünglich in der Winthirkirche, wo wir noch andere Holzplastiken von ihm finden. Der heilige Georg mit Schwert, holzgeschnitzt, gefaßt, um 1925, war ein Werk von Hans Panzer (1892–1965). Auch die Kanzel mit ungefaßten Nußholzreliefs war von ihm. Das große Hängekreuz vor dem Presbyterium stammte von Georg Chorherr, einem Schüler von Karl Killer. Die Bronzetüren, 1983 von Kardinal Ratzinger eingeweiht, hatte Franz Mikorey gestaltet, ebenso das große Kreuz und die Bronzefigur »Der Prophet«. Der 1907 geborene Künstler starb 1986. Unter den vielen Gemälden hatte Karl Köhlers fünfteiliger Passionsaltar unter dem Pfingstfenster an der Ostwand eine Sonderstellung.*

---

* Abgebrannt 26. 11. 1994. Näheres im Kirchenführer »München–Herz-Jesu«, Schnell Kunstführer Nr. 1303, München 1981.

Rotkreuzplatz

Der seit 1903 so benannte Rotkreuzplatz, heute Mittelpunkt eines Stadtteilzentrums, bildete schon früh eine Art Verkehrsknotenpunkt. Da führte von der Residenz her, gewissermaßen für den Hof reserviert, die Fürstenstraße, heute Nymphenburger Straße. Dem allgemeinen Fahrverkehr diente der Neuhauser Fahrweg, seit 1877 Blutenburgstraße. Von Sendling her führte der sogenannte Kirchweg, auf dem die Neuhauser bis 1871 zu den Gottesdiensten der zuständigen Pfarrei in Sendling pilgerten, der heutigen Donnersberger Straße. Der in Sendling noch bestehende Name »Neuhauser Weg« erinnert daran. Neuhausen erhielt erst 1871 einen eigenen Vikar von St. Bonifaz aus, dessen Nachfolger J. B. Lainer 1882 die Erhebung Neuhausens zur Pfarrei mit dem Patrozinium Mariä Himmelfahrt erlebte. Schließlich führte die seit 1890 so benannte Winthirstraße schon vor der Besiedlung Neuhausens zum Menzinger Würmübergang auf die alte Salzstraße in Richtung Augsburg, nachdem seit Heinrich dem Löwen die Salzfuhrwerke über München fahren mußten. Die Namensgebung der Schulstraße erfolgte um 1898, der Leonrodstraße 1906. Das Gesicht des Rotkreuzplatzes hat sich nach 1945, mit Ausnahme des Grundrisses, stark verändert, es stehen nur noch das Anwesen Ecke Winthir-/Wendl-Dietrich-Straße mit der Kranichapotheke und das Haus zwischen der Winthirapotheke und den Neubauten am Karl-Albrecht-Hof. Infolge Kriegseinwirkung zerstört, stark beschädigt oder abgetragen wurden u. a. das Jagdschlößl, das Kriegerdenkmal, der markante Turmhausbau mit der früheren Winthirapotheke und der davorstehende Winthirbrunnen.

Das Jagdschlößl war das einzige historisch wertvolle Gebäude an der von Anfang an bedeutenden Verkehrsdrehscheibe Rotkreuzplatz, bis zur Errichtung der etwas abseits gelegenen Schule seit 1879.

Schon im 12. Jahrhundert war Neuhausen Sitz eines adligen Grundherrn. 1715 kam er in den Besitz der Wittelsbacher. 1888 erwirbt ihn der Frauenverein vom Roten Kreuz, mit anliegender Wiese. Die ursprünglichen Gehöfte waren wohl aus Holz errichtet, die teilweise 1598

einem Neubau wichen, 1632 brannten die Schweden das Schloß nieder. Wenings Stich von 1701 zeigt uns das nach dem Brand neuerbaute Schlößchen mit barocken Giebeln, Erkern und Dachtürmchen. Karl Albrecht gestaltete das Jagdschloß daraus, das bis zur Zerstörung 1945 ein Wahrzeichen Neuhausens blieb. Ein hübsches Fresko auf der Ostseite schilderte eine höfische Jagdgruppe mit erlegtem Hirsch und der Inschrift: »Repräsentation der jetzigen auf den Rendezvous stehenden churfürstlichen Parforcejagd im Parque zu Neuhausen«. Ein neueres Ölgemälde in der nach dem Kriege eingerichteten Vereinsbankfiliale zeigt das Schlößchen mit dem Fresko. Bei Neuhausen begann das große kurfürstliche Jagdgebiet, das sich über Nymphenburg zur Würm, und nach Norden hin bis Schleißheim erstreckte. Hier riefen die Hörner zur Hirschfaiste, zur Sauhatz, zur Beitze, zur Parforcejagd. Wening bemerkt, daß sich auf dem Neuhauser Wildplan »Hirschen und Wildstuck in Mänge sehen lassen«. Max Emanuel legte nach Erwerbung des Schlosses Jäger, Pferde und Hunde ein und bald wurde dort die ganze »französische Jagd« untergebracht. 1752 bestand die Parforcejagd im Schloß aus einem Kommandanten, einem Vizekommandanten, drei berittenen Piqueuren, einem berittenen und zwei unberittenen Besuchsknechten, zehn Jäger- und Hundejungen, neun Pferdeknechten, einem Schmied, 29 Pferden, 100 Hirschhunden, 40 Wildbrethunden und 20 Leithunden. Noch Max IV. Joseph hielt in Neuhausen, obwohl inzwischen die Hetzjagd unmodern geworden war, unter Aufsicht des Jägermeisters zahlreiche Hunde. Der Herrensitz verlor allmählich seinen Glanz. Er bestand 1812 nur mehr aus Oberstjägermeistergebäu, Jagdremise und 36 Tagwerk Grund. Die meisten Neuhauser Bauern waren über das Schwinden der fürstlichen Jagdherrlichkeit nicht sonderlich betrübt. Sie hatten für Jagdzwecke nicht nur neun Tagwerk Feldgrund für einen Hasengarten, 131 Tagwerk für den Hirschgarten, das Weiderecht im Birket und im Kapuzinerhölzl geopfert, sondern auch viel Verdruß mit Wildschäden und Jagdfron mit Treiberdienst, Hundefüttern, Sausengen und dergleichen erlebt. Im Jahre 1848 ging das Jagdrecht an die Gemeinde über.

In einer kleinen Anlage vor dem Schlößchen stand das 1888 von der Gemeinde Neuhausen ihren 1870/71 gefallenen Söhnen errichtete Kriegerdenkmal. Große Steinblöcke waren zwanglos zu einer Pyramide aufgestellt, woran sich der Genius des Friedens, mit dem bayerischen Löwen zur Seite, in Erz gegossen, lehnt. Auf dem Rücken des Löwen ruhend saß sicher und ruhig der germanische Sieger, dem Frieden die Hand zum Bunde reichend. Der Entwurf stammte von Anton Kaindl. Die Inschrift lautete: »Zum Gedächtnis an die in den Jahren 1870–1871 gefallenen Krieger aus der Gemeinde Neuhausen, im Weltkrieg 1914–1918 des Stadtteils München-Neuhausen, gewidmet vom Veteranen- und Kriegerverein München-Neuhausen, anläßlich seines 50. Gründungsfestes 2. 7. 1922.«

Das wuchtigste Gebäude am Platz stellte die Winthirapotheke mit ihrem markanten Turmbau von 1896/98 dar, die 1944 durch Bomben total zerstört wurde. 1901 hatte die Stadt unmittelbar davor durch den Architekten Theodor Fischer und den Bildhauer J. Bradl den Winthirbrunnen errichten lassen. Auf einer Säule mit einfachem romanischen Kapitell, wie es der Lebenszeit des Seligen entspricht, stand der fromme Säumer Winthir, an sein Saumpferd gelehnt. Die Säule selbst ruhte auf dem steinernen Brunnenunterbau, dessen mittlerer Teil sich in hohem Bogen wie zu einem Säulensockel aufschwang. Der neue Winthirbrunnen vor der Vereinsbank, errichtet am 22. Oktober 1955, wurde von Ursula und Rudolf Wachter entworfen. Becken und Sockel sind aus Granit, die Plastik ist ein Bronzeguß der Kunstgießerei H. Mayr, München.

Stattliche Wohnhäuser waren während der Gründerzeit entstanden, z. B. das im Krieg zerstörte Kaufhaus Schottländer zwischen Donnersberger- und Schulstraße, außerdem an der Nymphenburger und Ecke Winthir-/Wendl-Dietrich-Straße. An der Westseite, heute Kaufhof, standen 1945 noch einige kleine Bauern- und Handwerkerhäuser. Die 1879–1880 als Volksschule erbaute, verschiedentlich erweiterte und umgebaute heutige Rudolf-Diesel-Realschule, Schulstraße 3, steht unweit vom Rotkreuzplatz.

Nun ein Blick auf den Namengeber, das Rotkreuzkrankenhaus und seine Entstehung.*

1872 eröffnete der Frauenverein vom Roten Kreuz in der Maistraße 64 seine erste Pflegerinnenanstalt mit vier Schwestern und einer Vorsteherin. Sie nannten sich Pflegerinnen und übten Privatpflege aus. Am 15. April 1872 fand die Gründungsversammlung unserer heutigen Schwesternschaft in München statt. Professor Dr. Nußbaum sprach über die hohe Bedeutung weiblicher Krankenpflege. »Die geistlichen Orden sind nicht imstande, schon in Friedenszeiten, geschweige denn in Kriegs- und Katastrophenfällen, zu genügen. Die Bayerischen Frauenvereine vom Roten Kreuz sind darum verpflichtet, für eine weltliche Krankenpflege zu sorgen, welche neben vollständiger Schulung auch jeder sittlichen Anforderung gerecht wird, ohne welche dieser schwere Beruf in Wahrheit nicht ausgeübt werden kann.« Es war die Königinmutter Marie, die dem Frauenverein half, diese Absicht zu verwirklichen. Als die Kriegsentschädigung zur Verteilung kam, erhielt der Frauenverein durch ihre Vermittlung 85 000 Florin unter der Bedingung, »daß er ein Pflegerinneninstitut ins Leben rufen sollte«. Es entstand eben jene kleine Anstalt in der Maistraße, die zugleich Mutterhaus war. Höchste Instanz war ein Verwaltungskomitee, in dem höhere Staatsbeamte, Offiziere oder deren Frauen tätig waren. Als Beratungskomitee wurden bestellt: Professor Dr. von Nußbaum, Oberstabsarzt Dr. Lotzbeck – nach beiden sind noch heute Straßen benannt –, Generalmajor von Strunz, Regierungsrat Freiherr von Raesfeldt. Erste Vorsteherin der Anstalt war noch keine Schwester, sondern ein Fräulein Thoma.

Bereits am 1. Dezember 1873 konnte die Anstalt mit ihrer jungen Schwesternschaft in ein eigenes Haus in der Salvatorstraße übersiedeln. Aber auch dieses Haus war schnell zu klein geworden. Man siedelte in die Türkenstraße über, bis die Schwesternschaft schließlich in »Neuhausen bei München« eine dauernde Heimstatt fand.

1888 gelang dem Frauenverein eine glückliche Erwerbung: das Jagdschlößl in Neuhausen mit anliegender Wiese. Es hatte, wie schon erwähnt, der königlichen Zivilliste gehört und war ein Edelmannssitz aus dem 15. Jahrhundert.

Schon ein Jahr nach dem Erwerb, 1889, wurde ein Anwesen an der Nymphenburger Straße hinzugekauft. Die Grundlage für die Errichtung eines eigenen Krankenhauses und Schwesternheimes waren gegeben. Architekt Hocheder wurde mit der Planung und dem Bau beauftragt. Die Kosten, auf 734 000 Mark veranschlagt, betrugen schließlich 1 120 000 Mark.

1890 wurde der Grundstein zu dem Bau gelegt, im Sommer des Jahres 1892 konnte das Krankenhaus am Rotkreuzplatz bezogen werden. In den folgenden Jahren wurde der Krankenhauskomplex durch den Bau des Winthirflügels, des Wöcherinnenheims, das übrigens den Krieg überlebte, und schließlich 1906 des Schwesternaltersheims an der Nymphenburger Straße ergänzt.

Das Haus an der Winthirstraße konnte gekauft werden dank einem »Ewigkeitsgeld« der Spatenbrauerei in Höhe von 50 000 Mark, mit dem allerdings eine schwere Bedingung verknüpft war: die Schwestern sollten in alle Zukunft nur »Spaten« trinken! Das Wöchnerinnenheim verdankt seine Entstehung der Schwester Martha Tropmann, der eine Patientin, Frau Fanny Clemm, 100 000 Mark schenken wollte als Dank für ihre ausgezeichnete Pflege. Da die Schwestern aber persönlich kein Geschenk annehmen durften, wurde der Betrag der Schwesternschaft zugewendet, die davon das Wöchnerinnenheim Ecke Nymphenburger/Volkartstraße (»Fanny Clemm'sche Stiftung 1910«) baute. Es mußte einem Sanierungs- und Erweiterungsbau des Krankenhauses (Architekten Rappmannsberger, Rehle & Partner, 1994–96) weichen.

Später wurde das Haus erweitert durch eine Spende aus dem Privatvermögen der Clementine von Wallmenich, Oberin von 1894–1904. Sie war die erste Oberin der Schwesternschaft im eigentlichen Sinn. Diese Wahl war von großer und glücklicher Bedeutung. Man rühmte ihren Weitblick und ihre überragende Tatkraft. Unter ihrer Leitung stieg die Zahl der Schwestern von 60 auf 304.

---

* Die Ausführungen stützen sich im wesentlichen auf die Schrift »100 Jahre Rotkreuzschwesternschaft in Bayern«, herausgegeben von der Schwesternschaft München vom Bayerischen Roten Kreuz, München 1972.

Leonrodstraße unweit des Rotkreuzplatzes mit Blick zur Landshuter Allee, am Ende rechts Häuser der Jutastraße

Rotkreuzplatz von der Wendl-Dietrich-Straße aus, links Einmündung der Winthirstraße, dahinter Gebäude der Schwesternschaft des Roten Kreuzes

Beginn der Leonrodstraße am Rotkreuzplatz, Gaststätte Jagdschlößl, Hypo-Bank und Schwesternschule-Hochhaus vom Roten Kreuz

Am 7. Januar 1945 haben Spreng- und Brandbomben das Krankenhaus mit Altersheim und die beiden Schwesternhäuser bis auf den Grund zerstört. Die Schwestern durften mit Stolz berichten, daß kein Patient in dem Chaos umgekommen ist oder Schaden gelitten hat.

Aus einem Wettbewerb für den Wiederaufbau wurde einstimmig der erste Preis dem Projekt des Regierungsbaumeisters Bruno Biehler zuerkannt, dem auch die Ausführung übertragen wurde. Nach einjähriger Bauzeit konnte am 23. Juni 1951 der erste feierliche Bauabschnitt, das Haupthaus an der Nymphenburger Straße, mit einer kleinen Feier eröffnet werden. Die plastische Darstellung einer Frauengestalt über dem Vorbau des Haupteingangs Nymphenburger Straße schuf 1951 Josef Wackerle. Die Kosten für Bau und Einrichtung beliefen sich auf 1 500 000 DM. 1952/53 folgte der Aufbau des Schwesternhauses Rotkreuzplatz/Winthirstraße, 1954 der Gartentrakt mit

Operationssaal, Röntgenabteilung, Bäderabteilung, Labor und Erweiterung der Krankenzimmer um 100 Plätze, Neugestaltung der Entbindungsabteilung, 1963 der Erweiterungsbau des Krankenhauses an der Nymphenburger Straße, Erstellung eines Wirtschaftsgebäudes u. a. Den dominierenden Abschluß bildete das Hochhaus mit 16 Stockwerken, dessen Planung von Architekt Hubert Michel stammt, dem auch die Bauaufsicht oblag. Die feierliche Einweihung fand am 2. Dezember 1967 statt. Das Hochhaus birgt die Schwesternschule mit Büros und Unterrichtsräumen, mit Aula und Festsaal, das Nähzimmer, die Verwaltung des Mutterhauses, die Betriebskrankenkasse, das Geschoß für pensionierte Schwestern, ein Geschoß für kranke Schwestern, 180 Wohnplätze für Schülerinnen und Schwestern, im Untergeschoß ein großes Schwimmbad, im Dachgeschoß eine Liegeterrasse und zwei Aufenthaltsräume. Das Erdgeschoß der neuen Bauten ist großenteils vermietet.

Das ehemalige Mutterhaus an der Landshuter Allee ist heute noch im Besitz der Schwesternschaft, jedoch teilweise als Ärztehaus, teilweise anderweitig vermietet.

Ein anderes markantes Gebäude am Rotkreuzplatz ist der Kaufhof. Er wurde 1977–1979 nach den Plänen von Reinhold Klüser, Harald Dietrich und Partner an der Westseite des Platzes errichtet. Die Fassade gestalteten aufgrund eines Wettbewerbs die Architekten Herbert Kochta und Peter Buddeberg. Das Gebäude prägt durch seine exponierte Lage maßgeblich die Platzgestaltung und damit das Zentrum Neuhausens: dem aus einem 10×10-m-Raster entwickelten Stahlbetonskelettbau ist eine Ziegelfassade vorgeblendet, die durch vorspringende Lisenen, Rund- und Segmentbögen dem statischen Kräfteverlauf Ausdruck gibt. Im Kontrast zu den weitgehend geschlossenen Ziegelflächen stehen die drei vollverglasten Treppentürme an den einspringenden Gebäudeecken.

»Mann und Frau« – Brunnen am Rotkreuzplatz, von Prof. Klaus Schultze, 1983/84 errichtet

Die Brunnenanlage und die Bänke stammen von Professor Klaus Schultze aus den Jahren 1983/84. Ausmaße: 500×280×300 cm, gebrannter Ziegelstein, teilweise glasiert. Ein Brunnenpaar sitzt auf einem Stadtplatz in einer flachen Wassermulde und bespritzt sich.

Der Künstler konnte außerdem im Bereich des Landesamts für Wasserwirtschaft in Neuhausen, Lazarettstraße 67, Anfang 1988 seine Werke die Symbolträgerin »Die Welle« und die Figur »Die Labende« aufstellen.

Insgesamt läßt sich feststellen, daß sich der Platz mit der Gestaltung des Fußgängerbereichs und der Eröffnung der U-Bahn von einer Art Bahnhof des öffentlichen und privaten Verkehrs zu einem Bereich entwickelt hat, der mit seinen Bänken rund um den Brunnen und dem mit der Zeit sich weiter entwickelnden Grün, zumindest in der warmen Jahreszeit, eine Verbesserung für den geplagten Großstädter mitten in Neuhausen gebracht hat.

Etwas abseits, obwohl keine 100 m vom Rotkreuzplatz entfernt, liegt die städtische Rudolf-Diesel-Realschule, Schulstraße 3.

Die Vorgeschichte reicht bis ins Jahr 1866 zurück, in dem nach langjährigem Bemühen und vielen Streitigkeiten mit Nymphenburg die erste Schule des Dorfes Neuhausen in der Volkartstraße 4 errichtet werden konnte, wo heute ein 1927 gebautes Mietshaus mit reichem Terrakottadekor steht. Damals war ein ehemaliges Bauernhaus erworben und als Schulhaus eingerichtet worden. 95 Werktags- und 43 Sonntagsschüler und -schülerinnen unterrichtete der Lehrer Josef Jehle. Seine Frau erteilte den Mädchen Handarbeitsunterricht. Der Religionslehrer kam von der Pfarrei Sendling, zu der Neuhausen bis 1883 gehörte. Als das alte Gebäude infolge des Bevölkerungswachstums nicht mehr genügte, wurde 1872 in der Winthirstraße 4 ein zweites Gebäude errichtet. Um 1877 waren unter den 413 Schulkindern auch 20 Protestanten, die zunächst keinen Religionsunterricht bekamen. Alsbald erwies sich auch

dieses Gebäude als zu klein, und so beschloß man den Bau eines neuen und großen Schulhauses mit einem Kostenvoranschlag von 160 000 Mark. Der Bau ging seit 1879 unter Leitung von Professor Otto Karl Adolf Lasne rasch vorwärts, so daß die Schule schon zu Beginn des Schuljahres 1880/81 eröffnet werden konnte.

Am Tag der Eingemeindung, dem 1. Januar 1890, zählte die Schule 1 070 Kinder und 14 Lehrkräfte. Der Anschluß der bisherigen Landschule an den Schulkörper der Hauptstadt bewirkte, daß endlich Gesang, Zeichnen und Turnen Pflichtfächer wurden. Außerdem bekam die Schule geeignete Lehr- und Unterrichtsmittel, die bisher das Dorf Neuhausen nur in bescheidenem Maße zur Verfügung stellen konnte. Eine bedeutende Entlastung brachte die Eröffnung der Schule am Marsplatz im September 1890. Dennoch machte die stetig wachsende Bevölkerung eine Erweiterung dringend notwendig, die am 20. Mai 1890 vom Stadtmagistrat beschlossen wurde. Den Erweiterungsbau entwarf Hans Grässel, er wurde 1894/95 errichtet. Das Äußere ist in einfachen Formen italienischer Renaissance gehalten. Trotz Umbaumaßnahmen steht das Gebäude heute unter Denkmalschutz. Im Ersten Weltkrieg wurde die Schule als Lazarett benötigt. Ein eigener Gleisanschluß über die Schulstraße erleichterte den Verwundetentransport. 1939/45 erlitt das Haus sehr großen Schaden, am 6. Mai 1950 waren Oberbürgermeister Thomas Wimmer, Stadtschulrat Dr. Anton Fingerle und Stadtpfarrer Niggl beim Richtfest nach dem Wiederaufbau anwesend. Der am 25. Oktober 1954 endlich vom Stadtrat genehmigte Wiederaufbau des zweiten Bauabschnittes wurde Ende der Sommerferien 1964 vollendet. Schon am 3. September 1963 hatte die städtische Rudolf-Diesel-Mittelschule für Knaben, nach Auszug der Sonderschule, mit 17 Klassen einen Teil des Schulgebäudes bezogen. Nach Ausquartierung der verbliebenen vier Volksschulklassen befand sich ab Schuljahr 1968/69 die Rudolf-Diesel-Realschule für Knaben allein im Schulgebäude. Im Schuljahr 1977/78 wurde der Name geändert: Der Zusatz »für Knaben« entfiel, in die Eingangsklasse wurden jetzt auch Mädchen aufgenommen.

Auf dem sehr großen, unmittelbar benachbarten Grundstück steht das ehemalige Feuerhaus, 1911/12 von Adolf Schwiening und Richard Schachner erbaut, unter Denkmalschutz. Seit 1983 haben sich der Arbeiter-Samariter-Bund und die Münchner Volkshochschule hier niedergelassen; letztere nutzt mit ihrer »Außenstelle Neuhausen« seit 1955 den Großteil des Gebäudes für ihr Stadtteilprogramm.

Erwähnung verdient auch der Jüdische Betsaal der israelischen Kultusgemeinde im Erdgeschoß von Schulstraße 30a: Das ehemalige »Hotel Columbia« in der Jagdstraße wurde nach vielerlei Spekulationen 1991 abgerissen. Es war Ende der zwanziger Jahre als Eigentumswohnanlage mit Wäscherei, Restaurant und großem Saal errichtet worden und überwiegend in jüdischem Besitz. Im Zug der Emigration und Deportation der Neuhausener Juden wurde sie von den Nazis enteignet, bei Kriegsende von der US-Militärregierung beschlagnahmt und für eigene Zwecke zum »Hotel Columbia« umgewandelt. Nach Rückgabe an die Stadt wurde es zum Spekulationsobjekt (als Wohnheim, Bürgerhaus, sowjetisches Kulturzentrum).

Feuersturm über Neuhausen

In der Nacht vom 25. auf den 26. November 1994 brannte die Herz-Jesu-Kirche in einem wahren Feuersturm – der Widerschein der Flammen war über der halben Stadt zu sehen – vollkommen nieder. Die Ursache des Brandes wurde in defekten Elektroleitungen vermutet, ein Brandherd zwischen Sakristei und Altarraum ermittelt. Die Holzkonstruktion (siehe Abbildung S. 93) brannte wie Zunder; Glück und das Können der Feuerwehr verhinderten ein Übergreifen des Feuers auf benachbarte Gebäude. Nur ein geringer Teil der zahlreichen Kunstwerke (siehe S. 134) blieb verschont. An gleicher Stelle wird (nach einem Architektenwettbewerb) ein Kirchenneubau in den nächsten Jahren errichtet werden.

* Näheres in »Denkmäler in Bayern«, herausgegeben von Michael Petzet, Bayerisches Landesamt für Denkmalpflege, Band I.1, München 1985, S. 104.

Das »vornehme Viertel« zwischen altem Dorfkern und Schloßkanal

Eine Art »Wirtschaftswunder« setzte nach der Beendigung des Krieges 1870/71 ein. Die Gründung des Deutschen Reiches und das wachsende Selbstbewußtsein des Besitzbürgertums hinterließen auch in Neuhausen deutliche Spuren. Hier waren es unter anderem die Großbrauereien, die Eisenbahn und die Post, die umfangreichen Armee-Einrichtungen und nicht zuletzt die Nähe zum Schloß Nymphenburg, die zur Anlage neuer Viertel führten.

Rondell Neuwittelsbach

Um das Rondell Neuwittelsbach entstand etwa in den Jahren 1883–1928 eine parkstadtähnliche vornehme Einzelvillenkolonie. In dem Kreisplatz mit Radialstraßen läßt sich eine Verwandtschaft zum Karolinenplatz des frühen 19. Jahrhunderts feststellen, die dort anklingende Idee der Gartenstadt wird hier wieder aufgenommen. Die Krümmung der Lachnerstraße ist Reststück eines geplanten Halbkreisbogens mit Zentrum an der Stelle des späteren Winthirplatzes. Mit dem Eingreifen Theodor Fischers 1895 wurde dieses schematische Konzept wieder verändert. Bei dem Villenquartier Neuwittelsbach handelt es sich – nach Maxvorstadt mit Karolinenplatz, Gärtnerplatzviertel, Ostbahnhof- und Wiesenviertel – um den letzten Stadterweiterungsbereich nach geometrischem Grundrißschema in München.*

St. Marien-Ludwig-Ferdinand-Heim

Sein Vorläufer war eine Gründung durch die Gräfin Butler-Haimhausen (Haimhausen bei Dachau) um die Mitte des vorigen Jahrhunderts. Die Anstalt übersiedelte 1881 nach Neuhausen in die Romanstraße, wo der St.-Marien-Verein ein Asyl für Kinder im Alter von zwei bis zwölf Jahren einrichtete. 1884 übernahmen Franziskanerinnen von Maria Stern zu Augsburg die Betreuung, die sie bis 1987 ausübten. Wesentlichen Anteil an der Entwicklung hatten

Prinz Ludwig Ferdinand und seine Gattin Maria de la Paz, eine Tochter des spanischen Königs Franz. Prinz Ludwig Ferdinand, 1859–1949, ein Enkel Ludwigs I., Angehöriger der Königshauslinie Adalbert, war Chirurg und Frauenarzt. Er und seine Gattin übernahmen das Protektorat über Verein und Heim, daher der Name des Hauses. Seit 1915 war der bekannte Schriftsteller, Doktor der Theologie und Priester Peter Dörfler volle vier Jahrzehnte Direktor der Anstalt. Er war 1878 als Bauernsohn in Untergermaringen in Bayrisch-Schwaben geboren worden. Er starb am 10. November 1955 hier. Er ist auf dem nahen Winthirfriedhof begraben, das Peter-Dörfler-Brünnlein dort, von Ruth Schaumann geschaffen, erinnert an den Menschenfreund.

Das Gebäude stellt einen großen Komplex dar, meist in barockisierendem Stil, in seiner Mitte eine Kapelle mit Dachreiter, größtenteils 1885 und 1890/92 von Emanuel von Seidl geschaffen. 1928 erfolgte ein Anbau an den mittleren Teil. Als sehenswertes Kunstwerk grüßt vom Eingang in der Romanstraße eine Muttergottes mit Kind herab. Sie erscheint wie eine Kopie von Hans Krumpers Patrona Bavariae an der Residenz, mitten in Neuhausen. Die Figur ist aus Steinguß.

Vor allem in jüngster Zeit wurde viel umgebaut und modernisiert, seit sich vor einigen Jahren im südlichen Teil, Winthirstraße 24, die Blindeninstitutsstiftung Würzburg mit dem Blindenobsorgeverein e. V. 1853 dort eingemietet hat und der Teil an der Romanstraße in ein Wohnheim für Schwestern und Helfer der Kinderklinik an der Lachnerstraße umgewandelt worden ist. Die Träger des Ganzen sind der Förderverein Maria-Ludwig-Ferdinand-Heim und die Stiftung Peter Dörfler, die heute noch besteht. Trotz des Wandels dient das Heim seit über 100 Jahren sozialen Zwecken.

In unmittelbarer Nachbarschaft finden wir das Krankenhaus für Innere Medizin Neuwittelsbach, Renatastraße 71a, es ist 1973 als Neubau unter der Leitung der Barmherzigen Schwestern vom heiligen Vinzenz von Paul wiedereröffnet worden, nach der Zerstörung durch Bomben im Zweiten Weltkrieg. Dr. Rudolf von Hoeßlin hatte es 1885 als Kuranstalt Neuwittelsbach gegründet. In ebensolcher Nähe, auf der entgegengesetzten Seite, steht in der Winthirstraße 20 das Heim für blinde Frauen, Stiftung, Versorgungsanstalt für ehemalige Schülerinnen der Landesblindenanstalt München. Vor dem Krieg waren etwa 20 alte, blinde Frauen im Marien-Ludwig-Ferdinand-Heim untergebracht, bis sie durch Schenkung einen alten Neuhauser Bauernhof erhielten, der aber durch Bomben zerstört wurde. Aufgrund von Stiftungen und dank der Initiative von Frau Direktor Spindler und Regierungsrat Schaumberg konnte bereits 1954 der Neubau bezogen werden.

Lachnerklinik

Im Jahre 1903 gründete Oberin Ottilie Ley mit Schwestern vom Blauen Kreuz in einer Privatwohnung in der Metzstraße in München-Haidhausen das erste Säuglingsheim Süddeutschlands nach dem Vorbild von Schloßmann in Dresden. Professor Carl Seitz, Direktor der Kinderpoliklinik, machte seine Assistenten Otto Rommel und Josef Meier zu den leitenden Ärzten und blieb der geistige Vater dieser ersten Anstalt für kranke Säuglinge in München.

Dem Gemeinsinn der Bürger im »Verein Säuglingsheim München« gelang es 1907, einen Bauplatz in der Villenkolonie Neuwittelsbach Ecke Aiblinger/Lachnerstraße zu erwerben. Das im italienischen Neubarockstil erbaute Krankenhaus konnte 1909 von 75 Säuglingen und zwölf Müttern bezogen werden, auch eine Pflegerinnenschule fand Platz. Das Protektorat des Vereins Säuglingsheim München hatte Prinzessin Rupprecht von Bayern übernommen. 1913 wurde anläßlich des zehnjährigen Bestehens des Vereins ein Erweiterungsbau an der Aiblinger Straße eröffnet in Gegenwart der Königin, des Kronprinzen und fast aller Prinzessinnen. Die funktionsgerechte Architektur mit der erstmaligen Verwendung von Glaszwischenwänden fand viel Beachtung im In- und Ausland. Selbst die deutsche Kaiserin Auguste Viktoria holte sich bei ihrem Besuch am 12. November 1906 hier Anregungen. Rommel führte das Institut als Zentrum der Säuglingsfürsorge beispielhaft für viele Gründungen in anderen Städten des Landes. Im Jahre 1924 setzte er zusammen mit von Pfaundler die erste Kleinkinderheilstätte für Tuberkulose im Kinderheim Maria in Bad Tölz durch. Leiter wurde Dr. Ph. Zölch. Verwaltet und betreut wurde das Haus bis 1957 von der Schwesternschaft der Lachnerstraße, die es nach dem Neubau der Tbc-Kleinkinderheilstätte als Kurheim weiter betrieb.

Als die Benediktusschwestern, wie sie sich seit 1923 nannten, nach der Vertreibung durch die nationalsozialistische Regierung nach dem Kriege zurückkehrten, erwartete sie eine schwierige Aufbauphase in dem durch Truppeneinquartierung mitgenommenen Hause. Als neuer Chefarzt konnte Dr. Julius Spanier, ein Pionier der Säuglingsfürsorge in München, gewonnen werden. Zehn Jahre hat dieser gütige Arzt, der mit seiner Frau das Grauen von Theresienstadt überstanden hatte, die Tradition des Hauses zusammen mit der Oberin Maura Keim weitergeführt. Als das Lachnerheim, wie das Institut liebevoll von der Bevölkerung genannt wurde, im Juli 1955 seine Aufgaben durch eine kinderchirurgische Abteilung unter der Leitung von Dozent Dr. R. Lutz und die Aufnahme von Schulkindern erweiterte, entsprach dies den Erfordernissen der Zeit. Bis etwa 1970 waren Benediktusschwestern, danach Solanusschwestern im Einsatz. Seit 1985 ist der offizielle Name: Stiftung Katholische Kinderklinik St. Benedikt – Stiftung des öffentlichen Rechts – Lachnerstraße 39.

Volksgarten

Von ganz anderer Natur war der ehemalige Volksgarten im Westen Neuhausens in einem Viereck zwischen Kanal, Notburgastraße, Roman- und Döllingerstraße. Der Name einer kleinen Straße dort erinnert noch daran. Mit der Anlage dieses Vergnügungsparks für die Münchner an der Endstation der Dampftrambahn Hauptbahnhof–Nymphenburg wurde im April 1889 begonnen. Der Gründer war der Münchner Bauunternehmer Höch. Die letzte Großveranstaltung wurde dort Mitte Juli 1914 durch das Infanterieleibregiment abgehalten. Der Abbruch der Bauten begann im Dezember 1916. Stadtwachstum, Steigen der Grundstückspreise und Erster Weltkrieg waren mit die Ursachen. Das Gasthaus wird im Jahre 1920 zum letzten Male erwähnt.

Schon die Anfahrt mit der Dampftrambahn, von den Münchnern Tramway genannt, die seit 1883 aus der Arnulfstraße hierher führte, bildete eine kleine Sensation. Die Sensationen wurden dann im Park selbst fortgesetzt mit einem Tiergarten mit Bärenzwinger, Affenkäfig, einer ungarischen Damenkapelle, Konzerten, Schuhplattlern, Zitherspielern auf der Almhütte, Reitvergnügen, Schnell- und Sandmalern, Kasperltheater, Völkerschau mit Negern, zum Teil aus den deutschen Kolonien, einer Radrennbahn. Außenherum gab es einen Jahrmarkt, innen waren eiserne Bauten, Veranden, Pergolen, Pavillons, Bierschänken, Kastanienbäume. Die Dächer schmückten Zwiebeln oder »Radis«. Von einem 30 m hohen Aussichtsturm und einer Luftseilbahn konnte man das Treiben von oben oder die Umgebung betrachten. Es soll 18 000 Sitzplätze und Raum für 30 000 Personen gegeben haben.

Es waren wohl weniger die Neuhauser selbst, als eben das »Volk« aus der gesamten Großstadt, das den Volksgarten frequentierte.

Ein ähnliches Schicksal wie der Volksgarten hatte der Nymphenburger Kurgarten des Realitätenbesitzers Hipmann: eine Badeanstalt mit Restaurationsbetrieb und mancherlei Unterhaltungsmöglichkeiten, unter denen eine Rollwagenfahrt durch die magisch beleuchtete »Blaue Grotte« den Höhepunkt darstellte. Am Ostende des Kanals hatten sich im Grünwaldpark ebenfalls ein Restaurant und verschiedene andere Gebäude etabliert.

Schloßkanal

Der Nymphenburger Schloßkanal wurde 1701–1703 erbaut. Er ist, wie die gesamte Schloßanlage, von Westen nach Osten ausgerichtet, »aufgehängt« zwischen den Kirchtürmen von St. Wolfgang in Pipping und St. Sylvester in Schwabing, damals points de vue, so lange der Fernblick noch nicht durch das Waisenhaus, andere Gebäude oder hohen Baumwuchs verdeckt war. Es handelt sich um den Teil eines sehr groß angelegten Kanalsystems, von dem relativ kleinen Flüßchen Würm gespeist. Der ostwärts des Schlosses in ostnordöstlicher Richtung abzweigende Würmkanal erreicht über das heutige Ungererbad, Biederstein, von hier ab zum Teil als Schwabinger Bach über den Aumeister, Großlappen, Dirnismaning, von da nach Westen fließend das Schleißheimer Schloß, dessen Wasseranlagen ihrerseits wieder von einem bei Allach-Karlsfeld abzweigenden Würmkanal gespeist werden. Bewundernswert ist die Meisterschaft der damaligen Vermessungskunst ebenso, wie die Tatsache, daß dieses Wasser- und Kanalnetz heute noch intakt ist. Auf alten Abbildungen sieht man nördlich des »Kessels«, dem Ende unseres Kanalabschnittes, große Eisschuppen, die damals der Vorratshaltung von Eis zur Kühlung des Bieres dienten, Eis, das während der kalten Jahreszeit hier entnommen wurde, während es heute nach wie vor dem Schlittschuhlaufen und dem Eisstockschießen dient, das hier besonders zahlreiche Mannschaften sich versammeln läßt. Leider kann man keine Kahnpartie mehr machen, doch Schwäne, Wildenten, Möwen und ein Heer von Karpfen und anderen Fischen erfreuen den Spaziergänger.

Zwischen Schloß und Hirschgarten

Krankenhaus vom Dritten Orden

Neben dem Bayerischen Landesamt für Bodenkultur und dem Landesamt für Maß und Gewicht (Eichamt), 1927/28 von Karl Badberger als einer der ersten modernen Bauten in München als Klinkerbau in tadelloser technischer Ausführung erstellt, hat der Dritte Orden in Bayern 1911/12 sein erstes Krankenhaus, Menzinger Straße 48, errichtet. Mit 120 Betten wurde es unter Leitung von Professor Dr. Karl Schindler in Betrieb genommen. Die Kapelle St. Elisabeth ist als Werk des Jugendstils sehenswert. Nach Erweiterungen, Bombenschäden 1944 mit acht Toten, darunter zwei Schwestern, Wiederaufbau, Baugrundzuerwerb, der Verlegung des Mutterhauses von der Maistraße hierher und Errichtung eines Schwesternaltenheimes und eines Neubautrakts (1990–1992) bietet es heute etwa 600 Betten an.

Die Englischen Fräulein und »Zur Heiligen Dreifaltigkeit«

Nach Überschreiten der Menzinger Straße treffen wir in der Maria-Ward-Straße auf das Areal der Englischen Fräulein und ihres Instituts. Für ihre zeitnahe Einstellung und Weltoffenheit spricht der besonders moderne Kirchenbau »Zur Heiligen Dreifaltigkeit« mit seinem Zeltdach, dessen Innenraum mit seiner Aufteilung in runden Hauptraum und Werktags- und Andachtskirche den Besucher zur Andacht einlädt. Der bekannte Architekt Josef Wiedemann und sein Mitarbeiter Rudolf Ehrmann schufen die Konventbauten 1960–1965, die Kirche 1962–1964. Die weitgestreckte, in den Park gestellte Anlage umfaßt auch Klosterzellen und Heilbad. Der Rundbau der Kirche trägt ein Faltdach aus vorgefertigten Tafeln.

Kurfürst Karl Albrecht, der spätere Kaiser Karl VII., ließ 1730 regulierte Chorfrauen des Notre-Dame-Ordens aus Luxemburg nach München kommen und übergab ihnen Kloster und Kirche im nördlichen Schloßflügel. Karl Albrecht hatte sie in den Jahren 1734–1739 von

seinem Architekten Josef Effner errichten lassen, einen zweigeschossigen Saalbau mit Emporen. Die Stuckarbeiten an der ringsum laufenden Galerie, an den Fensterumrahmungen, an der Decke und in der Apsis übernahm Johann Baptist Zimmermann, den Hauptaltar mit seinen Figuren schuf Johann Baptist Straub, ebenso die vergoldete Kanzel. Das große Hochaltarbild malte Tiepolo: die Heilige Dreifaltigkeit, das Patrozinium der Kirche, angebetet von Papst Clemens, der die Gesichtszüge des Fürstbischofs Clemens August von Köln trägt, des Stifters und Auftraggebers dieses Bildes, des einzigen Kunstwerkes der Kirche, das den Krieg überstanden hat. Die Nationalsozialisten wandelten das Gotteshaus in den Bibliothekssaal Nr. 13 des Jagdmuseums um, der Generaldirektor der Bayerischen Gemäldesammlungen sorgte für die Aufbewahrung des kostbaren Tiepolo-Bildes im Kloster Ettal. Nach dem Kriege überstellte die staatliche Verwaltung der Schlösser und Gärten das Kunstwerk mit dem prächtigen Effnerrahmen als Leihgabe an die Alte Pinakothek, dort kann es nach vorzüglicher Restaurierung heute bewundert werden.

Erst 1965 wurde die Kirchenruine abgeräumt, seit 1967 steht dort die Grundschule Maria-Ward-Straße 1. Es ist bemerkenswert, daß ein Landesfürst schon in der ersten Hälfte des 18. Jahrhunderts eine Frauenkongregation berief, die Mädchen unentgeltlich unterwies. Das Institut Nymphenburg wurde durch König Max I. zunächst als Kgl. Mädchenerziehungsinstitut einer Oberleutnantswitwe übertragen. 1835 übergab Ludwig I. dieses weltliche Institut den Englischen Fräulein, die es seither in guten wie in schweren Zeiten führten. 1862 wurde der Hubertussaal des Schlosses dem Institut zur Verfügung gestellt, nachdem es bereits 1840 die Mädchenvolksschule in Nymphenburg mit 130 Kindern übernommen hatte. Mitglieder des Hauses Wittelsbach überreichten alljährlich bei der Preisverteilung die Prämien an die Schülerinnen.

Drei Jahre nach der Feier des 100jährigen Bestehens des groß gewordenen und in hohem Ansehen stehenden Instituts wurden die Englischen Fräulein von den damaligen Machthabern aus dem nördlichen Schloßflügel vertrieben (1938), das Internat wurde aufgehoben.

Zu Beginn des Zweiten Weltkrieges wurde der geräumige Schulbau in ein Krankenhaus verwandelt, 1941 den Englischen Fräulein die Schule genommen. Die Barockkirche wurde im Krieg durch Bomben zerstört.

Krankenhaus der Barmherzigen Brüder

Im südlichen Teil des Schloßrondells hat sich das Krankenhaus der Barmherzigen Brüder eingerichtet. Sie kauften 1916 das ehemalige Restaurant »Controlor« in einem der sog. Kavaliersbauten. Schon 1820 stand das Krankenhaus links der Isar unter ihrer Leitung. Große Grundstückskäufe, An- und Neubauten führten zu seiner heutigen Ausdehnung vom Schloßrondell bis zum Romanplatz und zur Romanstraße, wo heute der Haupteingang ist. Es hat 450 Betten (1989) und das erste Hospiz für Schwerkranke und Sterbende in München.

Christkönigkirche

Zur örtlichen Kirchengeschichte ist hier zu bemerken: Schon 1315 ist eine der biblischen Büßerin Magdalena geweihte Kapelle im Ort Kemnaten nachgewiesen, so hieß Nymphenburg vor 1663, als eine der sechs Filialkirchen, die zur Pfarrei Thalkirchen gehörten. Weil aber der Pfarrer nicht in Thalkirchen, sondern in Sendling wohnte, sank im Laufe der Zeit die Mutterkirche Thalkirchen zur Filialkirche herab, und Kemnaten galt als Filiale von Sendling. 1633 kaufte Kurfürst Ferdinand Maria die Hofmark Kemnat als Bauplatz für ein neues Schloß, das dann 1664–1675 unter Leitung des Architekten Barelli unmittelbar neben der Magdalenenkirche entstand. Es sollte Nymphenburg heißen und der alte Dorfname Kemnaten verschwand. Ein Kupferstich von Michael Wening von 1701 zeigt uns erstmals die kleine Dorfkirche vor dem prächtigen »Lusthaus Nymphenburg« im Bild. Diese Kirche wurde bald danach abgerissen, da sie geplanten Flügelbauten des Schlosses im Wege stand. Um die Genehmigung dazu kirchlicherseits zu erhalten, versprach Kurfürst Max Emanuel, an etwa der gleichen Stelle eine Hofkirche zu Ehren der heiligen Magdalena in den Schloßbau einzubeziehen. Sie befindet sich heute noch im zweiten

nördlichen Seitenpavillon und geht durch zwei Geschosse. Über rechteckigem Grundriß wölbt sich eine flache Stichkappentonne. Flache Pilaster mit Akanthuskapitellen teilen den Raum vor dem Altar in vier Joche. Je zwei davon sind an der Decke zu einer Bildfläche vereinigt. Architekt dieses Baues war Antonio Viscardi. Am 13. Oktober 1715 weihte Erzbischof Joseph Clemens von Köln, der Bruder des Kurfürsten, die neue Hofkirche. Sie war dem Hofgesinde und der Nymphenburger Bevölkerung zugänglich. Die Mitglieder des Fürstenhauses wohnten von Oratorien aus dem Gottesdienst bei. Ein mächtiger Hochaltar mit berninesk gedrehten Säulen stand jetzt im Halbrund des Chores, ein wenig schwer noch und massig, wie es dem Stil dieser Zeit entspricht, feierliche Marmorfarben, dazu das Gold der Kapitelle und Ranken, ein großes Wappen mit den Emblemen des Kurfürsten und seiner polnischen Gemahlin Theresia Kunigunde, Tochter König Johanns III. Sobieski von Polen. Hier war alles ganz anders als in der alten Dorfkirche. Nur die Figurengruppe auf dem Hochaltar dürften die Nymphenburger schon gekannt haben: Der auferstandene Jesus erscheint Magdalena, den diese zunächst für den Gärtner hält. Diese Figuren sind etwa 80 Jahre älter als die Hofkirche. Man wird sie wohl von der alten Kirche übernommen haben. Die zwei Deckenfresken mit Szenen aus dem Leben der heiligen Magdalena kamen erst später hinzu, geschaffen von Joseph Mölck im Jahre 1759.

Die Begegnung Jesu im Hause des Pharisäers mit Magdalena, die ihm die Füße wäscht, ist dabei zu einer grandiosen Szene von höchster Eleganz und feinster Farbigkeit geworden. Die Kirche wird seit 1986 renoviert und der Öffentlichkeit wieder zugänglich gemacht.

Kurfürst Max Emanuel ersuchte 1716 den Guardian vom Münchner Kapuzinerkloster, wenigstens jeden Sonn- und Feiertag, wenn der Hof in Nymphenburg war, einen Pater zur Feier der Messe aushilfsweise zur Verfügung zu stellen. Allmählich reifte der Plan, in der Nähe des Schlosses ein kleines Kapuzinerhospiz zu errichten. Nach der Grundsteinlegung 1718 konnten 1719 vier Patres und ein Laienbruder bereits einziehen. Für den Unterhalt an »Bier, Brot, Fleisch, Fisch, Salz und Holz« kam der

Hof auf, denn das Betteln sah man nicht gerne und hätte auch nicht gut zu den Hofgeistlichen des Kurfürsten gepaßt.

Der Freisinger Bischof Johann Franz Eckher erteilte seine Zustimmung zur Gründung des kleinen Kapuzinerklosters, allerdings mit der Einschränkung, daß die Rechte des Pfarrers von Sendling dadurch nicht beeinträchtigt würden. Offiziell waren die Kapuziner nur für das Fürstenhaus, die Hofbeamten und das Hofgesinde zuständig, praktisch aber übten sie die Seelsorge für alle Nymphenburger Bewohner aus. Seit 1721 hielten sie jeden Sonntag um acht Uhr eine Predigt für das einfache Volk. Der Sendlinger Pfarrer war damit einverstanden. Das Tätigkeitsfeld der Patres wurde immer breiter. Ab 1725 erteilten sie der Jugend von Nymphenburg katechetischen Unterricht, zu dem auch Kinder aus den umliegenden Dörfern herbeikamen. Schwierigkeiten gab es nur, als die Kapuziner hörten, der Kurfürst wolle in unmittelbarer Nachbarschaft ihres Klosters ein Haus für Chorfrauen des Ordens von Notre-Dame aus der luxemburgischen Provinz zur Erziehung und Unterrichtung von Mädchen einrichten. Doch es half nichts. Schließlich fügten sich die Söhne des heiligen Franz und stellten sich den Schwestern als Beichtväter zur Verfügung.

Seelsorglich war Nymphenburg nie besser versorgt als im 18. Jahrhundert, da es sein Kapuzinerkloster hatte. Der Klostersturm am Beginn des 19. Jahrhunderts bereitete dem segensreichen Wirken ein Ende. Am 26. März 1802 mußte aufgrund ministerialen Erlasses das Kapuzinerhospiz geräumt werden. Die Patres kamen nach Rosenheim ins »Aussterbekloster«.

Nach dem Abzug der Kapuziner versahen ein Jahrhundert lang die Hofkuraten die Seelsorge am Schloß und bei der Bevölkerung von Nymphenburg. Für den Schloßbereich waren sie selbständige Pfarrer, während die Bevölkerung von Nymphenburg immer noch formell zur Pfarrei Sendling gehörte und lediglich die Gottesdienste in der Schloßkirche besuchen durfte. Ungeachtet der Zuständigkeitsfragen und von Sendling her großzügig geduldet, betrachteten die Nymphenburger ihre Hofkuraten als Pfarrer und deren Hilfsgeistliche als Kapläne.

Seit dem Einzug der Englischen Fräulein 1835 halfen auch die Inspektoren und Kapläne des Instituts gelegentlich in der Seelsorge mit. So hatte es das Dorf vor dem Schloß in geistlichen Dingen besser als manche selbständige Pfarrei. Für den Unterhalt der Kirche kam der Hof auf. An den Tagen vor Christi Himmelfahrt hielt der Hofkurat oder sein Kaplan Bittgänge nach Moosach, Laim und Neuhausen. Die Fronleichnamsprozession in Nymphenburg besaß schon immer besonderen Glanz.

Beerdigungen waren zunächst noch in Neuhausen, bis in den Jahren 1869–1872 ein eigener Friedhof angelegt wurde. Mehr und mehr nahm die Hofkuratie den Charakter einer eigenen Pfarrei an. Auch Taufen und Hochzeiten konnten jetzt in der Schloßkirche gefeiert werden.

Erste Pläne für eine neue Pfarrkirche

Um die Wende vom 19. zum 20. Jahrhundert machte den Hofkuraten das starke Anwachsen der Bevölkerung in Nymphenburg Sorge, weil die Schloßkirche mit ihren 200 Plätzen längst nicht mehr ausreichte. Noch im Jahr 1881 zählte Nymphenburg 1720 Seelen, 1902 waren es bereits 4860, 1916 schon 8100. Eine neue geräumige Pfarrkirche sollte erstehen. Um diesem Ziel näherzukommen, wurde am 23. Dezember 1900 der »Katholische Kirchenbauverein Nymphenburg e. V.« gegründet. Die Bauplatzfrage schien gelöst, als sich das Ehepaar Johann und Maria Ballauf bereit erklärte, ein ausreichendes Grundstück an der Nördlichen Auffahrtsallee, in der Nähe der heutigen Bruckmannstraße, schenkungsweise für den Kirchenbau zur Verfügung zu stellen. Am 13. November wurde die Schenkung verbrieft. Alles schien gut zu laufen. Am 12. März 1911 war auf der Ballaufwiese die Grundsteinlegung, die sich freilich als voreilig erwies. Ein von Hauberrisser geplanter Bau in neugotischem Stil verzögerte sich. Neue Pläne tauchten auf.

Es kam der Krieg, die Verwirklichung der Pläne rückte in weite Ferne. Im Kriegsjahr 1916 wurde Nymphenburg rechtlich in den Stand einer Expositur von Sendling erhoben, was aber inhaltlich bei den längst gewachsenen Verhältnissen nicht viel bedeutete. Immerhin gab es jetzt eine eigene Kirchenstiftung.

Nach längerem Streit um den Bauplatz, bei dem die Schenkung des Ehepaares Ballauf durch eine andere an der Notburgastraße ersetzt wurde, entschied man sich endgültig 1917 für diese.

Krieg und Inflation verhinderten weiter den Kirchenbau. Da die Schloßkirche aber beim besten Willen nicht mehr ausreichte, erging 1921 der Beschluß zur Errichtung einer Notkirche im ehemaligen Pferdestall des Schlosses, dem heutigen Marstallmuseum. Am 9. April 1922 benedizierte Kardinal Faulhaber die provisorische Kirche.

Errichtung der Pfarrei und Baubeginn

Am 28. April 1922 unterschrieb Kardinal Faulhaber jene Urkunde, durch die der Seelsorgebezirk Nymphenburg aus dem Pfarrverband Sendling herausgelöst und zur eigenständigen Pfarrei München – St. Magdalena erhoben wurde. Der bisherige Hofkurat und Expositus Joseph Wallner wurde am 25. Juni 1922 feierlich zur Notkirche geleitet und als erster Pfarrer von Nymphenburg installiert. Ihm oblag nun die Sorge um den Kirchenbau.

Das Grundstück an der Notburgastraße, auf dem einst der Volksgarten gestanden hatte, eine Art Münchner Prater, war lediglich abgeräumt. Im Jahre 1923 errichtete Eugen Bausewein auf eigene Kosten, gleichsam als Vorläuferin der Kirche, die Kriegergedächtniskapelle. Am 15. Oktober 1926 faßte die dafür zuständige Münchner Gesamtkirchenverwaltung endlich den Beschluß zum Bau der Pfarrkirche. Den Auftrag erhielt als Architekt der städtische Oberbaurat August Blößner. Der erste Spatenstich wurde am 17. September 1928, die Einweihung am 26. Oktober 1930 vollzogen.

Architekt Blößner ließ sich von spätbarocken Ovalbauten inspirieren. Die Wieskirche von Dominikus Zimmermann, mehr aber noch seine Wallfahrtskirche von Steinhausen, sind ihm vom Grundriß her Pate gestanden. Die bewußt niedrig gehaltenen Türme stehen nicht frontal zur Fassade, sondern lehnen sich in einem Winkel von 30 Grad an die ovalen Längswände an, so daß je eine Kante der Türme nach vorne kommt. Diese Bewegung zum Oval wird dann an der Kirchenfront nochmals zu-

sammengeführt in einer zwölfsäuligen Außenvorhalle. Das Firstdach, bekrönt von einer Patrona Bavariae, war 1930 noch tief herabgezogen.

Der Architekt hat anläßlich der Einweihung seine Intention selbst umrissen: »Der Bau soll in seiner Formensprache zeigen, daß er ein katholisches Gotteshaus im deutschen Süden ist; es ist vermieden, Einzelheiten, Profile vergangener Stilarten nachzuahmen; es ist Pflicht gewesen, dem Charakter der Putzbauten Nymphenburgs Rechnung zu tragen.«

Einrichtung und Kirchenweihe

Die Kassetten, in Weiß und Blau gehalten, erhielten in jedem Feld eine Umrandung mit Motiven der Dornenkrone. Obwohl nämlich die Pfarrei 1922 unter dem Titel St. Magdalena errichtet worden ist, wie es guter Tradition in Nymphenburg entsprach, wurde das Gotteshaus von Anfang an als Christkönigkirche gebaut und ausgestattet. Dies geschah auf ausdrücklichen Wunsch Kardinal Faulhabers. Am 1. Januar 1936 wurde auch der Name der Pfarrei in Christkönig umgeändert. Das neue Patrozinium fand seinen bildhaften Ausdruck im großen Gemälde über dem Hochaltar von Emil Böhm: Christus, stehend vor dem Thron der Ewigkeit, erhebt segnend seine Hand. Unter ihm eine Gruppe von Heiligen: Maria und Josef, Magdalena als Patronin Nymphenburgs, St. Benno als Patron Münchens und Johannes von Gott als Ordensstifter der Barmherzigen Brüder.

Das große Unheil kam wenige Wochen vor Kriegsende am 25. Februar 1945, dem letzten Großangriff auf München, dem auch diese Pfarrkirche zum Opfer fiel, nur die nackten Wände ragten noch zum Himmel empor. Zwischen Weihe und Zerstörung waren noch nicht einmal 15 Jahre vergangen.

Wiederaufbau nach dem Kriege

Der damalige Pfarrer Lurz hatte eine glückliche Hand, als er den Architekten Sep Ruf mit dem Wiederaufbau betraute. Schon am 17. Dezember 1948 konnte Kardinal Faulhaber die wiederaufgebaute Pfarrkirche mit einem Pontifikalgottesdienst eröffnen. Sep Ruf hat im Grundriß den Bau von 1930 übernommen. Die Türme und Umfassungsmauern standen ja noch zum Teil. Trotzdem hat die Kirche unter seiner Hand ein neues Gesicht angenommen. Sie wirkte am Ende großzügiger und weiter. An der Eingangsfassade hat Ruf die Mauer der Vorhalle um ein hohes Geschoß hinaufgezogen. Das Dach verschwand dadurch und die Fassade wirkt seitdem mächtiger. An den Türmen hat Ruf lediglich zwei von den ursprünglich vier Gesimsen weggenommen, wodurch sie schlanker und höher wirken. Sie wachsen jetzt organisch von unten nach oben durch.

Die stärkste Veränderung erfuhr der Innenraum. Anstelle der früher doch drückenden Flachdecke hat der Architekt eine Flachkuppel über das ovale Kirchenschiff gelegt. Starke Holzbinder gliedern sie sternförmig von der Mitte aus. Die Ausstattung der rasch wiederaufgebauten Kirche zog sich noch über Jahre hin. Die künstlerisch bedeutendste Erwerbung dieser Zeit war der 1950/51 geschaffene Kreuzweg von Professor Hans Wimmer. Er gehört zum Besten, was München auf diesem Gebiet besitzt. Am 27. November 1977 – es war der erste Adventssonntag – hat Kardinal Joseph Ratzinger den neuen Altar geweiht. Seit der Renovierung 1977 bildet den Mittelpunkt der Kirche ein Bild des Giovanni Lanfranco (1631 für die Augsburger Dominikanerkirche gemalt), das die Himmelfahrt Mariens darstellt.*

Stephanuskirche

Schon acht Jahre nach der Einweihung der Christkönigkirche konnten auch die evangelischen Einwohner Neuhausens ein stattliches Gotteshaus besuchen, die nur etwa 750 m weit entfernte Stephanuskirche in der Nibelungenstraße 51.

Die evangelische Kirchengeschichte im Münchner Bereich ist nicht alt. Sie begann mit dem ersten Gottesdienst für eine bayerische Kurfürstin und ihren Hofstaat durch den Kabinettsprediger und späteren ersten evangelischen Pfarrer Münchens, Dr. Ludwig Friedrich Schmidt, im Schloß Nymphenburg am 12. Mai 1799, also nur etwa 1 km von der heutigen Stephanuskirche entfernt. Die zweite Gemahlin

des späteren Königs Max I. Josef war am 9. März 1797 die evangelische Karoline Friederike Wilhelmine von Baden geworden. Der Karolinenplatz wurde 1809 nach ihr benannt. Sie starb am 13. November 1841 in der Münchner Maxburg.

Für die Entwicklung der Pfarrei der Stephanuskirche spielte der Geistliche Kreppel, der von 1917 bis zu seinem frühen Tod 1928 Pfarrer der Christuskirche war, eine bedeutende Rolle. Er war ein richtiger Volksmann, der es verstand, gut besuchte Veranstaltungen zuwege zu bringen. Organisatorisch hat er das evangelische Leben stark vorangebracht. Schon 1919 machte er den Versuch von Ausspracheabenden im Löhehaus. Größter Beliebtheit erfreuten sich die Familienabende, für die selbst der Löwenbräukeller nicht zu groß war. Pfarrer Kreppel führte die österliche Auferstehungsfeier im Westfriedhof ein, ebenso wie den Erntedankfestzug der Kinder zum Löhehaus, der in fast fünfzig Jahren zu einem Volksbrauch geworden ist.

Die zwanziger Jahre waren in ganz Deutschland die Blütezeit der Schülerbibelkreise und der evangelischen Jugendarbeit überhaupt. Im jugendbewegten Stil der Zeit ließ sich das Anliegen der Kirche gut weitertragen. Auch Neuhausen hatte eine lebendige und einsatzbereite Jugend und kann eine ganze Reihe bayerischer Pfarrer als Kinder dieser Gemeinde buchen.

In diese Zeit fallen die wesentlichen Schritte zur Neuaufgliederung der viel zu groß gewordenen Gemeinde. Ihr Bezirk ging ursprünglich von der Bahnlinie aus, hinter dem Nymphenburger Park nach Norden und umgriff dann nicht nur Untermenzing, Allach, Moosach und Feldmoching, sondern auch Dachau und Schleißheim. Alle diese Teile begannen sich in den zwanziger Jahren zu verselbständigen. Man versuchte, das kirchliche Leben zu dezentralisieren, an verschiedenen Orten Gottesdienste und Bibelstunden zu halten und eigene Gemeindevertretungen zu bilden. So waren die Gemeinden Moosach, Dachau, Allach und Untermenzing aus der Christuskirche hervorgegangen. Auch in Nymphenburg, erst in der Schule an der Südlichen Auffahrtsallee, später im Marstall des Schlosses sammelte sich eine eigene Gemeinde, die 1938 die Stephanuskirche

baute. 1929 lebten von 16 000 Seelen der Christusgemeinde 564 in Dachau, 275 in Allach, 264 in Feldmoching, 237 in Schleißheim und 192 in Untermenzing. 1970 handelte es sich bei allen diesen Orten und Stadtteilen um Gemeinden mit 2 000 bis 8 000 Seelen, während die Seelenzahl der immer wieder geteilten Christusgemeinde bei 15 500, die der Stephanusgemeinde bei 8 000 lag.

Die Stephanuskirche wurde von German Bestelmeyer in den Jahren 1936–1938 im Auftrag der evangelisch-lutherischen Gesamtkirchengemeinde München erbaut. Das Kirchenschiff, das sich über etwa quadratischer Grundfläche erhebt, und der in der Mittelachse vorgezogene Turm werden von einem gewaltigen Dach überdeckt und zu einer Einheit zusammengefaßt. Ein Dachreiter mit kleiner Glocke bekrönt den Dachfirst, die Gesamthöhe beträgt 26 m.

Das Steinrelief in dem Bogenfeld über dem Kircheneingang, den lehrenden Christus darstellend, schuf Bildhauer Hans Vogl. Neben der Kirche steht das Pfarrhaus, mit der Kirche durch einen Zwischenbau verbunden, in dem sich Gemeinderäume befinden. Im Innenraum der Kirche sind Altar, Kanzel und Taufstein in einer um drei Stufen erhöhten Nische angeordnet, auf die ein Mittelgang hinführt. Emporen umschließen den Raum dreiseitig, den eine hölzerne Kassettendecke überspannt.

Der Brunnen »Die Kundschafter« vor der Kirche wurde 1963 errichtet. Er ist von Roland von Bohr entworfen. Brunnenbecken und -aufbau aus Brannenburger Nagelfluh tragen die von der Kunstgießerei Agostino Zuppa, München, gegossene Bronzeplastik.

Seit langem ist Neuhausen der Mittelpunkt der Inneren Mission, die in der Landshuter Allee, im Löhehaus, ihre Münchner Zentrale, in der Nördlichen Auffahrtsallee die Münchner Stelle des Landesverbandes hat. In der Birkerstraße ist der Sitz der evangelischen Pressearbeit für Bayern und der evangelischen Jugend Münchens, in der Lachnerstraße der der Film- und Fernseharbeit der Evangelischen Kirche in Deutschland. Auch das evangelische Schulwe-

---

* Näheres in dem Kirchenführer »Von der Dorfkirche St. Magdalena zur Pfarrkirche Christkönig« von Pfarrer Dr. Josef Maß, München 1980.

sen hat in Neuhausen eine bedeutende Rolle gespielt, seit 1912 die Winthirschule als damals größte evangelische Schule Münchens errichtet worden war.

Bestelmeyers künstlerisches Denken entsprach den in seiner Zeit gängigen städtebaulichen Gestaltungsprinzipien. Eine Pfarrkirche mitten in einem baumbestandenen Straßenzug mit unterschiedlicher, aber aufgelockerter Bebauung sollte sich zwar behaupten, einen Akzent setzen, andererseits aber nicht auftrumpfen. Die Traufhöhe der Kirche entspricht mit nur 9,15 m der durchschnittlicher Wohnhäuser in der Nachbarschaft und setzt sich wenig von der des angefügten Pfarr- und Gemeindehauses ab.

In baulicher Tuchfühlung steht seit 1967 das städtische Käthe-Kollwitz-Gymnasium für Mädchen, heute auch für Knaben.

Der Hirschgarten

Schon 1729 hatte Kurfürst Karl Albrecht den Neuhausern die Waldweide in dem südlich des Schlosses gelegenen Gebiet entzogen, um dort einen »Hasengarten« einzurichten. 1767 versuchte man Hopfen anzubauen, auch Maulbeerbäume zur Seidenraupenzucht wurden gepflanzt, beides scheiterte. 1790 ließ Kurfürst Karl Theodor die etwa 140 Tagwerk Fläche einzäunen, die bisher gekrümmte Verbindung zum Schloß wurde begradigt und als Allee mit italienischen Pappeln bepflanzt. Oberstjägermeister von Waldkirch setzte in dem Wildpark 100 Stück Hochwild, Damhirsche und Steinböcke aus. Der Kurfürst ließ 1790 ein klassizistisches Jagdschlößchen errichten, ausmalen und mit Geweihen ausstatten, zwei Räume waren für ihn selbst vorbehalten. Nach einem Bericht von Carl August Sckell besuchten Münchner aller Stände den Hirschgarten, vor allem im Winter. Die Wildfütterung bildete eine besondere Attraktion und die Einkehr beim Jägermeister war ein Höhepunkt, der Kurfürst hatte die Erlaubnis zum Wirtsbetrieb gegeben. So stellte die Anlage eine Kombination von aufklärerischer Bildungspolitik und Nützlichkeitserwägungen dar: fürstliches Jagdwild hinter Gittern zum Vergnügen der Bürger galt als ideale Verbindung.

Das Jagdschlößchen ist noch erhalten, wurde nach dem Zweiten Weltkrieg umgebaut, wie überhaupt der ganze Park zu einer Art öffentlicher Anlage und Freizeitpark im guten Sinne des Wortes umgestaltet wurde. Neu angelegt wurde vor allem der östliche Zugang mit einem Teich, darin die gediegene Bronzeplastik eines Fischers, von Marlene Neubauer-Woerner. Während vor dem Krieg die Hirsche so zudringlich waren, daß sie den Gästen manchmal den Kuchen von den Tellern fraßen, sind sie heute eingezäunt. Nach einer Vereinbarung mit dem Wittelsbacher Ausgleichfonds, dem heute noch ein großer Teil des Gartens gehört, ist der Wirtspächter zum Unterhalt des Wildes verpflichtet. Mit Tausenden von Plätzen im Freien gilt der Garten als Münchens größter Brotzeitpark.

Im Juli findet jedes Jahr das Magdalenenfest im Hirschgarten statt. Prinz Adalbert schreibt in der Festschrift ›Nymphenburg. 300 Jahre. 1664–1964‹: »Die heilige Magdalena (22. Juli) wurde als Patronin von Nymphenburg gefeiert. Eine Woche lang dauerte die ›Magdalenendult‹ mit Karussell, Schießbuden, Schaukeln, Schaustellungen und was damals sonst noch zu einer Dult gehörte. Sie machte sich mit Lärm und Gedudel von früh bis spät vor dem Südflügel des Schlosses am Kanal breit. Wenn wir nicht unter Aufsicht unseres Erziehers zwischen den Buden herumgingen, schauten wir von den Fenstern von Mamas Hofdame Baronin Reichling zu. Am Festtag selbst fand der Gottesdienst in der Magdalenenkapelle des Parks statt.« Die heutige alljährliche Veranstaltung hat diesen Charakter beibehalten, nur ist alles viel größer, zahlreicher, auch finden sich immer viele jahrmarktähnliche Stände mit Geschirr, Textilien, Süßigkeiten u. ä. ein.

Zwischen Bahn und Post

Die Entwicklung des Münchner Gesamtstadtbildes wurde durch die Bauten für die Eisenbahn und in deren Gefolge die der Post wesentlich mitbestimmt, und zwar hauptsächlich auf ehemaligem und heutigem Neuhauser Grund.

Der erste Bahnhof wurde 1839 auf dem Marsfeld, also auf der Flur der Gemeinde Neuhausen errichtet, unweit der ehemaligen Burgfriedensgrenze, etwa 1 400 m westlich des Karlstors, während der 1847 erbaute heutige Bahnhof nur 500 m davon entfernt liegt. Der erste Bahnhof war aus Holz gebaut und lag an der Stelle westlich der Grasserstraße, wo diese am Südende der Hackerbrücke beginnt, gewissermaßen zu Füßen des damaligen Pschorrkellers, am Westrand der heute noch bestehenden Hakker-Pschorr-Brauerei. Der erste Bahnhof stand also noch auf der Höhe der Niederterrasse. Der Pschorrkeller lag zwischen der damaligen Salzstraße, seit 1878 Grasserstraße, der Bayer- und Herbststraße, seit 1877 Zollstraße. Ein 150 m langes Stück der Herbststraße besteht heute noch nördlich der Bahnanlagen. Die offizielle Eröffnung der Bahn bis Lochhausen erfolgte 1. September 1839, 1840 führte die Strecke dann bis Augsburg. Die Linie Nürnberg–Fürth war ja schon 1835 eröffnet worden. 1844 übernahm der Staat die Eisenbahn von Vereinen bzw. Aktiengesellschaften. Die gesamte weitere Entwicklung der Bahn in westlicher Richtung fand also auf ehemaligem, großenteils noch heutigem Neuhauser Grund statt, zumal die Grenze zur südlichen Nachbargemeinde Sendling längs der seit 1878 so benannten Landsberger Straße verlief.

Ludwig Steub schilderte das Bahnhoferlebnis so (G. J. Wolf, ›Ein Jahrhundert München 1800–1900‹, Leipzig 1935[3], S. 180 ff.): »Der Bahnhof zu München liegt eine kleine halbe Stunde vor dem Tore, ein Mißstand, der dadurch an Gewicht verliert, daß die Gäste durch eigene, von der Anstalt bestellte Fiaker aus den Ringmauern herausgeholt werden, bis es einmal zur Erwerbung eines näher gelegenen Grundes kommt, wozu die alte Schießstätte ausersehen ist. Wer den Pschorrkeller kennt, den ungeheuren, der von seiner künstlichen

Esplanade herab freundlich über die Stadt hin blickt, der weiß auch den Bahnhof, denn er liegt zu dessen Füßen, in einer Ecke des Marsfeldes, ganz nahe an der Landsberger Straße, gegenüber von Nymphenburg. Es ist ein hohes hölzernes Gebäude, von dessen First herunter die Landesflagge weht...«

Die Gleisanlagen und Gebäude von Eisenbahn und Post bildeten und bilden eine Schneise zwischen Sendling und Neuhausen, heute von etwa 350 m Breite bei der Hackerbrücke, bis 900 m beim Paketpostamt Arnulfstraße 195, Raum Friedenheimer Brücke.

Damals waren Neuhausen und Sendling kleine Dörfer, deren Kerne etwa 4 km entfernt lagen und liegen. Neuhausen gehörte zur Pfarrei Sendling, erst 1882 war eine eigene Pfarrgemeinde errichtet worden. Man kann also den heute noch bestehenden, mit durch die Bahn verursachten Engpässen, vor allem der Paul-Heyse- und Laimer Unterführung, zwei schlimmen »Giftröhren«, keine Vorprogrammierung von Anfang an unterschieben; denn selbst die Ludwigs- und Maximiliansvorstadt waren damals noch kaum entwickelt und es bestand in keiner Hinsicht großer Bedarf nach einem Nord-Süd-Verkehr. Ob die in den Jahren 1933–1945 geplante Hinausverlegung des Hauptbahnhofes nach Laim eine Entlastung gebracht hätte, ist schwer zu beurteilen, der Bahnkörper bleibt aber störendes Element, heute mitten in der Stadt. Doch davon sind viele andere große Städte genauso betroffen, weil eben Verkehrsentwicklung und Bevölkerungsexplosion in der zweiten Hälfte des vorigen Jahrhunderts zusammenfielen.

Nun zu den Gebäuden, die der Eisenbahnbau nach sich zog. Da war der großartige, architektonisch wahrhaft gediegene Bau des ehemaligen Verkehrsministeriums, heute Arnulfstraße 32, zwar nicht mehr auf ehemals Neuhauser Grund, aber, westlich der Seidlstraße gelegen, gewissermaßen eine Art Anfangs- und zugleich Höhepunkt einer langen Reihe von Bahn- und Postgebäuden, an der Arnulfstraße aufgereiht, bis hin zur enormen Paketposthalle, Arnulfstraße 195.

Im Jahr 1904 wird das Bayerische Verkehrsministerium unter Minister Heinrich Ritter von Frauendorfer gebildet. Die königliche Oberste

Baubehörde erstellt ein Vorprojekt für einen Monumentalbau auf dem Maffeianger, Ecke Arnulf-/Seidlstraße. Die Arnulfstraße war 1890 nach einem Sohn des Prinzregenten Luitpold so benannt worden. Nachdem das Postwesen in die Zuständigkeit des neuen Ministeriums fällt, finden sich Verkehr und Zentralbriefpostamt unter einem Dach zusammen. In einem Wettbewerb unter den Architekten bayerischer Staatsangehörigkeit erhält der königliche Professor und Architekt Karl Hocheder d. Ä. den Zuschlag. Baubeginn 1905, Fertigstellung 1912. Der Bau wurde im Kriege teilweise stark beschädigt. Dazu Erwin Schleich in ›Die zweite Zerstörung Münchens‹ (Stuttgart 1978): »Der Kuppelbau war im echten Sinne des Wortes ein Wahrzeichen für München geworden. Jeder, der mit der Bahn nach München reiste, empfand, wenn auf der linken Seite die Kuppel sichtbar wurde: Jetzt bin ich in München. Ein wesentliches Charakteristikum war ihr ovaler Grundriß, der sie von jedem Blickwinkel anders in der Kontur erscheinen ließ. Sie hatte unverwechselbare Schönheit und weltstädtisches Format. Der Kernbereich München war durch das Verkehrsministerium weit nach Westen hinaus ausgedehnt worden. Das Torbauwerk über die Arnulfstraße war eine noble Markierung, die entstehen konnte, als Stadtbaukunst noch ein lebendiger Begriff war. Es hatte im Krieg nur seinen Helm verloren, war aber sonst gut erhalten geblieben. Längst ist es abgerissen. Die Zerstörung der Kuppel ist ein eminenter Verlust für das Münchner Stadtbild. Obwohl oftmals das »deutsche Rom« genannt, besaß München nur drei wesentliche Kuppelbauten im klassischen Sinn: die Theatinerkirche, das Armeemuseum und das Verkehrsministerium. Sein Kuppelbau wurde zwar im Krieg nicht unerheblich beschädigt, aber keineswegs so schwer, daß eine Wiederherstellung unmöglich gewesen wäre. Im Gegenteil: Die Abbruchskosten hielten sich mit den für eine Wiederherstellung kalkulierten in etwa die Waage. Die Frage der ›Nützlichkeit‹ allerdings ließ das Todesurteil fällig werden.« Ein wiederhergestellter Rest des Gebäudes an der Hopfenstraße 10 und Arnulfstraße 9/11 (unter Denkmalschutz) läßt die ehemalige Monumentalität des Gebäudes kaum mehr ahnen. Interessant ist,

daß das damalige Verkehrsministerium mit einer bereits 1910 erbauten Postuntergrundbahn mit dem Postamt Bayerstraße und dem Starnberger Bahnhof verbunden war, die heute noch besteht.

Weiter nach Westen finden wir in der Arnulfstraße 19 das Bundesbahnzentralamt, einen neubarocken Risalitbau, 1900–1902 vom Oberbahnamt der Kgl. Bayer. Staatseisenbahn erbaut, bis 1945 Eisenbahndirektion München. Der Seitenbau wurde 1951 um ein Stockwerk erhöht. Das Bundesbahnzentralamt ist die Zentralstelle für eisenbahntechnische Entwicklung und Beschaffung von Triebfahrzeugen, für Bau- und Fahrtechnik, Signal- und Nachrichtentechnik sowie für Design und Hochbau. Gewissermaßen als Symbol für die Aufgaben des Amtes stehen im Freien davor eine Drehstromlokomotive, ehemalige LAG 4, im Volksmund »Johanna«, 1901 von Siemens gebaut, um 1918 und später umgerüstet, gleich daneben ein bayerisches Signal aus Westerham.

Die Lok fuhr auf der Strecke Murnau–Oberammergau von 1922–1977. Statt mit der spröden Typenbezeichnung war sie von der Bevölkerung als die »Johanna« benannt worden. Gebäude und Lok stehen unter Denkmalschutz.

Schräg gegenüber treffen wir auf die Oberpostdirektion München, Arnulfstraße 60, 1922–1924 von Architekt Robert Vorhoelzer und Postbaurat Georg Werner geschaffen, ein Frühwerk der neuen Sachlichkeit, mit vier erhöhten Eckrisaliten, unter Denkmalschutz. Von dem bedeutenden Vorhoelzer stammen mehrere Münchner Postbauten 1925–1932, ebenso die Kirche Maria Königin des Friedens in Giesing, 1936/37.

Die Hackerbrücke errichtete die MAN, Maschinenfabrik Augsburg/Nürnberg, 1890 bis 1894. Ein charaktervoller Eisenbrückenbau, dessen starke ästhetische Wirkung aus der Deutlichkeit resultiert, mit der Zweckbestimmung und Konstruktion zu charakteristischer Gestalt gebracht worden sind. Sie steht unter Denkmalschutz und wurde etwa in den Jahren 1984/85 renoviert und saniert.

Gegenüber steht in der Arnulfstraße 62 das ehemalige Paketzustellamt, ebenfalls unter Denkmalschutz, ein weitläufiger, niedriger, ein großes Rechteck umschreibender Komplex,

1925–1930 von Robert Vorhoelzer, Walther Schmidt und Franz Holzhammer erbaut. Die wuchtige Portalzone an der Arnulfstraße hat Joseph Wackerle mit plastischem Schmuck ausgestaltet, dargestellt sind in figuraler Art die Erdteile Europa, Amerika, Afrika und Asien. Im östlichen Hofbereich steht ein streng funktionaler Rundbau, eine Stahlbetonhalle mit Verteileranlage.

Nach der Errichtung der neuen Paketposthalle Arnulfstraße 195 in den Jahren 1965/69 wurde die Anlage mit ihrer inzwischen veralteten technischen Einrichtung nicht mehr gebraucht, stand zunächst leer, bis sie unter Beibehaltung der äußeren alten Formen zu einer begrünten Kantine für alle umliegenden Postbetriebe völlig umgewandelt und 1985 als Sozialgebäude neu eröffnet wurde. Der Bau bildet ein gutes Beispiel für die ungewöhnliche Umnutzung eines historischen Gebäudes.

Nun zum ehemaligen Verwaltungsbau der Lokomotivfabrik Krauss, jetzt Eisenbahnfachschule. Der stattliche, neubarocke Bau an der Arnulf-/Ecke Helmholtzstraße mit hohem Dach, 1922/23 errichtet, steht unter Denkmalschutz. Auf dem Gelände der 1935 abgebrochenen Lokomotivfabrik entstanden 1956/59 die Neubauten des Reparaturwerkes der Daimler-Benz AG. Auf der Ostseite des Gebäudes ist über dem Portal ein Relief aus Stein, das einen Fabrikarbeiter mit einer Lokomotive auf dem Arm abbildet.

Am Ende der Helmholtzstraße, unmittelbar neben der Donnersbergerbrücke, finden wir das Bundesbahnkraft- und Fernheizwerk. Die Kgl. Bayer. Staatseisenbahn errichtete 1894 das Maschinen- und Kesselhaus, 1901 die Mischgasanlage und 1905 die Elektrizitätszentrale. 1956 wurde das Kesselhaus weiter ausgebaut. Ein begehbarer Heizkanal von 1 400 m Länge verbindet das Kraftwerk mit dem ehemaligen Bayerischen Verkehrsministerium, ein kleinerer Kanal von 470 m Länge mit dem Hauptzollamt an der Landsberger Straße. Außerdem waren und sind angeschlossen der Hauptbahnhof, das Bundesbahnzentralamt, die Oberpostdirektion, das alte Paketpostamt, die Fachschule Helmholtzstraße, und seit 1970 die neue Bundesbahndirektion Richelstraße 3. Der Schornstein von 90 m Höhe, ein guter Orientie-

rungspunkt für Neuhausen, sorgte früher für die Ableitung der Abgase der Kohlefeuerung. Nach einer kurzen Zeit mit Ölfeuerung werden heute Dampf und Strom im wesentlichen auf der Basis von Erdgas erzeugt, also umweltfreundlich. Der Fernheizdampf hat im Werk eine Temperatur bis zu 500 Grad.

Die erste Donnersbergerbrücke entstand 1893 an der Stelle eines 1875 errichteten Fußgängersteges über die Geleise, südostwärts der damaligen Zentralwerkstätten. Sie war 9,33 m breit. 1933–1935 wurde eine neue Brücke mit 24,5 m Breite erbaut. Heute haben wir ein riesiges Bauwerk mit teilweise acht Fahrspuren vor uns, verbreitert im Zusammenhang mit der Olympiade 1972, dem Ausbau des Mittleren Ringes, des Trappentreu- und Heimerantunnels, und neuerlich ausgebaut im Jahr 1994.

Westlich der Brücke wurde in den Jahren 1968–1973 die neue Bundesbahndirektion, Richelstraße 3, erbaut. Die etwas außergewöhnliche Platzwahl weit außerhalb der City lag u. a. darin begründet, daß sich dieser Platz als Bahneigentum anbot, weil er seit der Aufhebung der Zentralwerkstätten (später Reichsbahnausbesserungswerk) an dieser Stelle, schon 1925 stillgelegt, keine richtige Verwendung mehr hatte. Die Verkehrsanbindung ist durch die Haltestelle der S-Bahn nahezu ideal. Die Baupläne gehen auf Wilhelm Schlegtendal zurück sowie auf die Bundesbahnarchitekten Heinrich Gerbl, Alois Pröller, Manfred Nowak und Helmut Martinek. Der fünfgeschossige Hauptbau ist um einen begrünten Innenhof gruppiert, nach Westen schließt sich ein viergeschossiger Anbau an, östlich ist durch einen Wandelgang der quadratische, ebenerdige Kasinobau angebunden. Die Ost-West-Erstreckung beträgt etwa 300 m. Es handelt sich um einen Stahlbetonskelettbau mit Massivdecken, die Alufassade ist dunkelbronze eloxiert. Die Außenanlagen und den Brunnen gestaltete Gottfried Hansjakob. Die drei großen weiblichen Bronzefiguren hat 1924 Karl Kroher geschaffen, gegossen in der Erzgießerei Ferdinand von Miller. Sie stammen von einem Ehrenmal im ehemaligen, abgetragenen Verkehrsministerium und haben jetzt ihren Platz in einem leider wenig beachteten kleinen Park zwischen der Bundesbahndirektion und dem Gleiskörper. Von Kroher stammt

auch der Brunnen »Spielende Vögel« in der Dom-Pedro-Straße, unweit Landshuter Allee.

Die Zentralwerkstätte war 1872–1875 erbaut worden, u. a. für größere Reparaturen von Lokomotiven und Wagen. Sie wies eine Länge von 530 und eine Breite von 275 m auf und war von einer Mauer eingefriedet.

Zur gleichen Zeit war 500 m entfernt der älteste soziale Wohnungsbau, die Bahnarbeitersiedlung errichtet worden, zwischen Renata-, Schluder-, Sedlmayr- und Hirschbergstraße, auf der Karte des städtischen Vermessungsamtes von 1891 als »Arbeiterheim« bezeichnet, wegen ihrer Ziegelfarbe wurden sie auch »Rote Häuser« genannt. Die Siedlung wies 26 einzelstehende rote Backsteindoppelhäuser mit einem Stockwerk und 208 Wohnungen auf, war von Gärten umgeben, 1872–1875 erbaut, 1893 und 1897 erweitert. Ein Teil der Siedlung, ostwärts der 1903 so benannten Sedlmayrstraße, wurde 1911/12 abgebrochen und durch mehrgeschossige Stockwerkshäuser ersetzt. Die Toiletten waren im Hauseingang, die Waschhäuser standen getrennt von den Wohnungen. Nachdem die Zentralwerkstätte 1925 außer Betrieb gesetzt worden war und dafür die Reichsbahn 1925 ihr Ausbesserungswerk (RAW) in Freimann, Frankplatz 1, eingerichtet hatte, mußten viele der Bediensteten dorthin zur Arbeit wechseln. Die Bahn richtete für sie einen Pendelzug ein, der sie zum neuen Arbeitsplatz hin und zurück beförderte. Zum neuen Standort Freimann ist zu sagen: »Die günstige Verkehrsverbindung veranlaßte während des Ersten Weltkrieges die Krupp AG aus Essen, einen Rüstungsbetrieb nach Freimann zu verlegen. 1916/17 wurden dort die ›Bayerischen Geschützwerke‹ errichtet und in Betrieb genommen. (Von dort war übrigens 1918 die Revolution in Bayern ausgegangen, der Verf.) Als nach dem Versailler Frieden 1919 die Rüstungsproduktion eingestellt werden mußte, wurden die Freimanner Geschützwerke für die Krupp AG uninteressant, weshalb das Werk an die Nürnberger Firma Neumaier AG verkauft wurde, die vorwiegend landwirtschaftliche Maschinen und Werkzeuge herstellte. 1925 verkaufte die Neumaier AG Gelände und Hallen an die Deutsche Reichsbahn, die daraufhin ihr Ausbesse-

*Neubauanlage zwischen Renata-, Hirschberg-, Sedlmayr- und Schluderstraße, 1971/73 an Stelle der »Roten Häuser«
errichtet, rechts die Hirschbergschule,*

rungswerk an der Donnersbergerbrücke (Zentralwerkstätte) nach Freimann verlegte« (nach Bauer/Graf: ›Stadt im Überblick‹, München 1986).

Zurück zu den Arbeiterhäusern. Schon knapp 100 Jahre nach dem Baubeginn mußte die Anlage 1971/73 einer Großwohnanlage weichen, die die Gemeinnützige Baugesellschaft Bayern mbH, deren Gesellschafterin u. a. die Deutsche Bundesbahn ist, mit 333 modernen Wohnungen errichtete. Die Bebauung ist im Innenbereich autofrei, weist dort eine Art Freizeitpark für die Bewohner mit Hügeln, Anlagen, Spielplätzen und Ruhebänken auf.

Gleich gegenüber steht in der Arnulfstraße 166 die Kirche St. Clemens, Eingang in der Renatastraße. Sie ist eine sog. Mittelstandspfarrei. Große Häuserblöcke geben dem räumlich kleinen Pfarrsprengel das äußere Gepräge.

Die Pfarrei entstand im Jahre 1923 durch Teilung der Mutterpfarrei Herz-Jesu, die zu diesem Zeitpunkt 40 000 Seelen zählte und immer mehr anwuchs, so daß eine Aufteilung

unumgänglich geworden war. Der fünfte Kaplan von Herz-Jesu bekam als 40jähriger den Auftrag, in der Renatastraße eine Kirche zu bauen; es war Gottfried Rall. Als Ende 1923 die Kirche stand, wurde er als Pfarrer bestellt und blieb in dieser Funktion bis 1957.

Am Ende des Zweiten Weltkrieges trafen in der Nacht vom 7./8. Januar 1945 bei einem Großangriff mehrere Brandbomben das Dach der Kirche. Sie wurde zusammen mit dem Jugendheim und dem Turm schwer beschädigt. In der südlichen Umfassungsmauer war durch Sprengbomben ein Pfeiler ganz und ein anderer halb herausgerissen worden. Mit Zustimmung des Pfarrers ging man Anfang des Jahres 1946 auf Initiative der Gruppe der jungen Mannschaft unter der baulichen Leitung von Oberbaurat Nerz daran, den Wiederaufbau der Kirche zu planen und in die Tat umzusetzen.

Eine Erneuerung der Kirche wurde im Jahre 1964 beschlossen, als Kardinal Döpfner das erste Mal St. Clemens besuchte. Nach den Plänen des Architekten Erhard Duwenhögger

aus Stockdorf haben die ausführenden Firmen die umfangreichen Erneuerungs- und Erweiterungsbauten ausgeführt. Die totale Veränderung, die sich nun unter einem neuen Dach im Inneren vollzogen hat, läßt sich von außen, wo die alte klassizistische Front zwischen den Ziegelmauern des Erweiterungsbaues steht, nur erahnen.

Nach der Umgestaltung umfängt den Gläubigen ein klarer, angenehm rhythmisierter Raum.

Die heutige Hauptschule, damals Volksschule an der Hirschbergstraße 33, wurde nach Entwürfen von Theodor Fischer 1901–1904 erbaut. Sie stand also gegenüber den sog. Roten Häusern, nahe bei der Zentralwerkstätte der Bahn. Im Katalog zur Fischer-Ausstellung 1988 im Münchner Stadtmuseum heißt es dazu: »Die Ausführung erfolgte nach dem von Professor Fischer unter Mitwirkung von Architekt Paul Bonatz aufgestellten Entwurf, die Durcharbeitung dieses Entwurfs sowie die Bauleitung aber infolge der Berufung von Th. Fischer an die Technische Hochschule in Stuttgart durch dessen Amtsnachfolger Bauamtmann W. Bertsch unter Beihilfe des Architekten Oskar Pixis. «

In bezug auf Klassenzahl und Fassungsvermögen war das Simultanschulhaus an der Hirschbergstraße zur Erbauungszeit eines der größten Volksschulhäuser in Deutschland. An der Hirschbergstraße trennen drei übereinanderliegende Turnsäle von je 200 qm Grundfläche die kleinere protestantische Schule im östlichen Gebäudeteil von der katholischen Knaben- und Mädchenschule im westlichen Teil. Die katholische Schule ist wieder untergliedert in die Knabenabteilung mit eigenem Eingang an der Hirschbergstraße und der Mädchenabteilung an der Renatastraße. Außer 41 Schulsälen mit zugehörigen Nebenräumen, einer Hausmeisterwohnung und den Turnsälen waren in der Hirschbergschule ein Kindergarten, Schülerwerkstätten für Holz- und Eisenbearbeitung sowie ein Schulbrausebad und eine Suppenküche mit Suppenspeisesaal untergebracht.

Die Postwohnsiedlung an der Arnulfstraße 107–163, ungerade Nummern, auch von der Burghausener, Richel- und Schäringerstraße zugänglich, wurde von Robert Vorhölzer und

Hirschbergstraße, Ecke Sedlmayrstraße

Hirschbergstraße, Blick nach Westen von der Landshuter Allee zur Renatastraße mit St. Clemenskirche

Walther Schmidt 1920–1929 geplant und gebaut als eine »Versuchssiedlung«, mit der die »Reichsforschungsgesellschaft für Wirtschaftlichkeit im Bau- und Wohnungswesen« die Bauabteilung der Postdirektion München beauftragt hatte. Durch den Forschungszweck und die erforderliche Vergleichbarkeit mit anderen Wohnanlagen waren die Architekten an Bedingungen gebunden, die ihre Planungsmöglichkeiten auf nur zwei Haustypen und auf Blockbebauung einschränkten. Dennoch ist es ihnen gelungen, eine vorbildliche, an den tatsächlichen Wohnbedürfnissen der Menschen orientierte Anlage zu schaffen, die einen neuen Maßstab für den Wohnungsbau in München gesetzt hat. Der in den Ecken geöffnete Block dreigeschossiger Bauten hat als Mitte einen sehr großen öffentlichen Grünraum mit begehbarem Rasen, Bäumen, Kinderspielplätzen, Ruheplätzen. Die Wohnfronten öffnen sich mit breiten Fenstern und Loggien zu diesem weiten, gegen Lärm und Staub der Straße geschützten Freiraum. Der Bauabteilung der damaligen Reichspostdirektion München ist damit ein »sozialer Wohnungsbau« der zwanziger Jahre in wahrhaft sozialem Engagement moderner Architekten und Städtebauer gelungen. Der Bereich steht unter Denkmalschutz.

In unmittelbarer Nachbarschaft nach Westen hin zur Postwohnsiedlung steht das Paketpostamt mit Gleishalle, Arnulfstraße 195, 1965–1969 errichtet von der Bauabteilung der Oberpostdirektion München, von den Architekten Rudolf Rosenfeld und Herbert Zettel, die Konstruktion von Ulrich Finsterwalder und Helmut Bomhard. Zur Zeit ihrer Inbetriebnahme war sie die weitestgespannte Halle der Welt aus Fertigteilen. Ihre Weite beträgt 148 m, ihre Länge 124 m, ihre Höhe 27,3 m. Das faltenförmig ausgebildete Bogentragwerk aus Stahlbeton ist zusammengesetzt aus 1600 völlig gleichen, fabrikmäßig hergestellten Betonfertigteilen. An Ort und Stelle eingebrachter Beton diente lediglich dazu, die montierten Teile zu einem monolithisch wirkenden Tragwerk zu verbinden. In funktioneller, technischer und ökonomischer Hinsicht ist die Halle ein Meisterwerk der Ingenieurbaukunst. Ihre Gestalt ist logisch aus den betrieblichen Anforderungen und den konstruktiven Bedingungen entwickelt und mit denkbar geringem wirtschaftlichen Aufwand realisiert worden.

So steht am Ende der Betrachtung der Bauten der ehemals größten staatlichen Dienstleistungsbetriebe längs der Arnulfstraße in Neuhausen und einiger anderer Gebäude ein sehr

»progressiver« Bau, während am Beginn mit dem heute leider nur noch in Resten verbliebenen ehemaligen Verkehrsministerium ein Gebäude in den besten Münchner Traditionen errichtet worden war.

Wie beim Rondell Neuwittelsbach und beim Verlauf der Lachnerstraße besprochen, bleiben die besten Pläne der Städtebauer und Architekten in den Schubladen. Wie ging es nun weiter in dem Raum, dessen Mittelpunkt einmal der Winthirplatz werden sollte. Da ist z. B. die unter Ensembleschutz stehende Siedlung Neuhausen, einschließlich Künstlerhof anzuführen, zwischen Winthirplatz im Osten, Steubenplatz im Westen und Arnulfstraße im Süden, mit Wendl-Dietrich- und Karl-Schurz-Straße als Erschließungsstraßen. In der schweren Zeit nach dem Ersten Weltkrieg erbaut, erfreut die Anlage trotz einer gewissen Einförmigkeit durch ein damals sehr progressives, klares Bauen im Stil der neuen Sachlichkeit, das sich an den tatsächlichen Wohnbedürfnissen der Menschen orientiert. Die Anlage heißt auch »Amerikanerblock«, weil für dessen Finanzierung in der bitteren Zeit der Inflation der damalige Oberbürgermeister Dr. h. c. Karl Scharnagl das Geld von einer USA-Reise mitgebracht hat. Man sagt, daß wegen dieser Investition die gegnerischen Bomber im letzten Krieg das Areal verschont hätten.

Zwar sind die Arnulf- und Wendl-Dietrich-Straße heute sehr verkehrsreich, jedoch die meisten Wohnungen sind um voll verkehrsberuhigte Grünflächen, um nicht zu sagen Innenhöfe gruppiert, wie z. B. auch der Teil »Zum Künstlerhof«, meist Künstleratelierbauten, 1929–1930 von Ulrich Seeck erbaut. Lassen wir das Werk ›Denkmäler in Bayern‹ Band I.1 auf Seite 102 das Viertel so definieren: »Den Gesamtplan für die 1928–1930 für den Mittelstand von der Gemeinnützigen Wohnungsfürsorge AG München errichtete Großsiedlung entwarf Hans Döllgast, der seinen festen Platz in der Münchner Architekturentwicklung hat. Durch lange Zeilen nach außen abgeschirmt, mit einem städtebaulich repräsentativen Kopfblock gegen Westen, wurden leitartig nord-süd-gerichtete Blöcke gereiht. Die spröde Askese der Gesamtplanung wurde bewußt ausgewogen durch die künstlerische Vielfalt im Entwurf der einzelnen Häuser und der Durchführung im einzelnen. Die Blöcke wurden von verschiedenen Architekten, auch unterschiedlicher Provenienz, wie u. a. Otho Orlando Kurz, Gustav Gsaenger, Uli Seeck, Martin Mendler, im gegebenen Rahmen individuell entworfen und mit entsprechender Bauzier sowohl plastischer wie malerischer Art geschmückt (die Wandmalereien von Sepp Frank verloren); eine belebende Brunnenausstattung trat hinzu. Bescheidenheit in persönlichen Ansprüchen, Einordnung in ein straffes Gesamtsystem sollte durch ein verhältnismäßig reiches Angebot an öffentlicher Kunst und vor allem öffentlichem Kunstgewerbe entgolten werden. Zum Verständnis der künstlerischen gesellschaftlichen Zielsetzungen der Zeit wird damit ein deutlich sprechendes Zeugnis abgelegt.«

Zwischen Künstlerhof und St. Clemens finden wir am Schäringerplatz ein Prinzregent-Luitpold-Denkmal, von Wilhelm Rümann. Es war 1888 zur Erinnerung an einen glücklich überstandenen Verkehrsunfall der königlichen Kutsche infolge Scheuens der Pferde beim Erscheinen der Dampftrambahn errichtet worden. Es trägt die Aufschrift: »Prinzregent Luitpold, errichtet 1888, hierher versetzt 1930, gewidmet von der Gemeinde Neuhausen«.

Die Hauptschule am Winthirplatz 6 wurde als historisierender Gruppenbau nach Entwurf von Robert Rehlen 1911/12 errichtet, sie war die damals größte der drei evangelischen Schulen in München.

Dem Gebäude gegenüber in den Anlagen des Platzes finden wir den kindertümlichen Gänsebrunnen mit einer Bronzegruppe von drei Gänsen, 1928 von Hans Stangl entworfen.

Die Winthirsäule am Südende der Grünanlagen stammt aus dem 15. Jahrhundert, wurde mehrfach überarbeitet. 1973 trug sie noch die Inschrift: »Dem Andenken des Seligen Winthir, welcher vorher ein Säumer, nachmals ein Verkünder des Wortes Gottes in dieser Gegend gewesen war, weshalb diese Tafel von der Gemeinde Neuhausen errichtet wurde, 1873«. Wahrscheinlich war die Säule ein Markstein.

An der Ostseite des Winthirplatzes ist jetzt der Eingang zum Erweiterungsbau der stark besuchten Jugendherberge, Wendl-Dietrich-Straße 20, einem 1926 von Max Fleißner errichteten neoklassizistischen Gebäude mit Erdgeschoßarkaden.

Um 1850/1900 waren in München die Entwicklungsmöglichkeiten für Industrie nach Angebot von Rohstoffen und nach der Verkehrslage ungünstig. So stand ihr Beginn ganz unter dem Zeichen des Weitblicks und der Tüchtigkeit großer Persönlichkeiten. Zu ihnen zählte z. B. Josef Rathgeber. 1810 im Landkreis Pfarrkirchen geboren, zog es den gelernten Huf- und Wagenschmied in die Nähe der Residenz, wo er an der Marstallstraße mit Maschinen, zum Teil vom Pfisterbach getrieben, in einer Werkstatt mit 40 Beschäftigten alles bis zum Reise- und Postwagen herstellte, was für einen Fuhrpark nötig war. 1839 war die Eisenbahnlinie München–Lochausen–Nannhofen, später Augsburg, eröffnet worden.

So gab Rathgeber seine angesehene Werkstatt an der Marstallstraße auf und gründete 1852 im Alter von 42 Jahren seine Waggonfabrik an der Marsstraße, in der Nähe der Bahnanlagen. Der Zeitpunkt war sehr günstig. In der Fabrik wurden auch noch Pferdewagen hergestellt, doch schon Ende 1856 vierachsige Eisenbahnwagen, die ersten in Deutschland, als Salonwagen für den Fürsten von Thurn und Taxis. Josef Rath-

geber sen. war als Stadtrat, Wahlmann eines Urwahlbezirks und Mitglied des Fabrikrates der Stadt München ein für die Öffentlichkeit bedeutender Bürger. Schon am 11. Mai 1865 starb er 55jährig und wurde im Alten Südlichen Friedhof beigesetzt.

Sein Sohn, Josef Rathgeber jun., faßte den Plan, das Werk aus dem engen Stadtinneren nach dem seinerzeit noch nicht zu München gehörenden Moosach zu verlegen (Teileingemeindung 1906, Eingemeindung 1913), und so wurde im Jahr 1900 dort das heute noch benutzte, inzwischen von der Firma Meiller übernommene Gelände angekauft, jedoch hatte sich die Errichtung des neuen Werkes infolge Krankheit und schließlich des Todes Josef Rathgebers im Alter von 57 Jahren am 9. Oktober 1903 verzögert. Da ein leiblicher Erbe fehlte, wurde die Fabrik als offene Handelsgesellschaft unter Direktor Eduard Schrauth, seit 1871 technischer Leiter des Betriebs, weitergeführt. Von 1906–1932 hatte der Ingenieur und spätere Kommerzienrat Wilhelm Scholz die Geschäftsleitung inne, er verwirklichte die längst geplante Verlegung nach Moosach in den Jahren 1908–1911. 1914/18 fertigte die Firma Militärfahrzeuge, Pionier- und Luftschiffgeräte, sogar Flugzeuge. Nach ungünstiger Wirtschaftslage setzte 1938 ein Umschwung ein, das Werk wurde durchgreifend erneuert und erheblich erweitert. Im Zweiten Weltkrieg wurden große Teile zerstört. 1952 war der Wiederaufbau abgeschlossen. Zunächst wurden noch Waggons und vieles andere mehr hergestellt, z. B. auch Rolltreppen.

Schon 1956 erwirbt die Firma Meiller die Aktienmehrheit, 1970 schließen die beiden Firmen einen Organvertrag, 1986 übernimmt Meiller die Firma vollständig. Hier und im Stammwerk an der Landshuter Allee sind 1987 etwa 2 000 Mitarbeiter tätig. Das Herstellungsprogramm umfaßt u. a. Kipper, Hydraulikgeräte, Ladekräne, Aufzugstüren. Der Name Rathgeber wurde durch Meiller ersetzt.

Die Lokomotivfabrik Krauss war 1866 Arnulfstraße 120/Ecke Maillingerstraße erbaut worden; sie wurde 1935 abgebrochen, mit Ausnahme des 1922/23 errichteten Verwaltungsgebäudes, das heute noch in der Helmholtzstraße 2 steht.

Landshuter Allee, Beginn der Rampe über die Bahn, beim Meiller-Kipper-Werk, das sich bis zur Arnulfstraße erstreckt

Donnersbergerbrücke über die Arnulfstraße, Blick stadtein-wärts, links Einmündung der Schulstraße, rechts Hochhaus der Speditionsfirma Wetsch

Donnersbergerstraße, Blick nach Norden bis zum Hochhaus der Schwesternschaft am Rotkreuzplatz

Georg Krauss war am 25. Dezember 1826 als Sohn eines Webermeisters in Augsburg gebo-ren worden. Nach dem Besuch der dortigen Polytechnischen Schule trat er 1847 als Schlos-ser in die Lomotivfabrik J. A. Maffei in Mün-chen ein, wo er eineinhalb Jahre im Lokomotiv-bau tätig war. 1849 fand er eine Anstellung bei der Bayerischen Staatseisenbahn, wo er zwei Jahre als Lokomotivführer beschäftigt, dann mit der Aufsicht über den Fahrdienst und mit der Unterhaltung des Fahrzeugparks der Linien um Kempten und Lindau betraut war. 1857 berief ihn die Schweizerische Nordostbahn in Zürich auf den Posten des leitenden Maschinen-meisters. In den Werkstätten dieser Bahn konn-te er Lokomotiven ganz nach seinen eigenen Ideen bauen lassen. Dies führte ihn zu einem neuen Lokomotivsystem, dem »System Krauss«. Diese Tätigkeit, der Krauss sehr selb-ständig und zum Teil in Zusammenarbeit mit Professoren des Polytechnikums nachging, ließ ihn den Entschluß fassen, Lokomotiven in eige-ner Werkstatt herzustellen.

Am 17. Juni 1866 kam es zur Firmengrün-dung in München unter Mitwirkung von vor-wiegend Augsburger Handels- und Industriekreisen angehörenden Freunden und Interessenten: »Lokomotivfabrik Krauss und Comp.« Der soeben ausgebrochene Krieg ließ zunächst die geschäftlichen Aussichten ungünstig erscheinen. Krauss wurde der anfänglichen Schwierigkeiten schnell Herr. 1867 stellte das Unternehmen seine erste Lokomotive auf der Weltausstellung in Paris vor und errang damit eine Goldmedaille. Diese zweiachsige Personenzug-Tendermaschine »Landwührden« hat 1868–1900 bei der Oldenburg-Staatsbahn in Dienst gestanden, wurde 1905 von Krauss dem Deutschen Museum vermacht und steht heute im Verkehrsmuseum Nürnberg.

Für die Planung und Einrichtung der Werkstätten seiner Münchner Fabrik am Marsfeld (Arnulf-/Ecke Maillingerstraße) hatte Krauss in Karl Linde, den nachmaligen Schöpfer der Kältetechnik, einen tatkräftigen Ingenieur herangezogen, der der Firma sein ganzes Leben die Treue gehalten hat. Die vielen Aufträge machten ein zweites Werk notwendig, und so entstand am Südbahnhof das Werk Sendling, 1880 wurde ein drittes Werk in Linz an der Donau gebaut. In diesen drei Werkstätten wurden bis 1882 1 000, bis 1894 3 000 und bis Ende 1906, dem Todesjahr des Gründers, 5 500 Lokomotiven aller Größen gefertigt, wovon 2 200 ins Ausland geliefert wurden. Auch die Dampftrambahn in München, die von der Seidlstraße nach Nymphenburg führte, stammt von dieser Fabrik. Die letzte Dampftram der Welt ist die Chiemseebahn zwischen Prien und dem Chiemseehafen Stock, die 1887 von Krauss/Neuhausen gebaut wurde und nach über 100 Jahren heute noch als »Chiemseebocker« zwischen Prien und dem See pendelt. Eine Spezialität der Firma waren eben Lokomotiven für Dampfstraßenbahnen, Tramwayloks genannt, von denen insgesamt 300 Exemplare gebaut worden sind. Krauss, der das Bedürfnis nach einem geeigneten Zugmittel anstelle des anfangs verbreiteten Pferdebetriebs erkannte, ließ schon 1877 in den Straßen Münchens die ersten Probefahrten mit einer Tramwaylokomotive von 20 PS Leistung durchführen. Die Firma verfügte über hervorragende Sozialeinrichtungen. Sie beschäftigte um die Jahrhundertwende mehr als 2 000 Personen. 1931 wurde die Krauss AG mit der Firma J. A. Maffei vereinigt. Das Unternehmen führt seit 1940 den Namen Krauss-Maffei AG.

Nach dem Tod des 80jährigen leitete der erwähnte Geheimrat Professor Linde die Fabrik. Von 1910 an bauten die Werke von Krauss und Maffei auch elektrische Lokomotiven.

Am 1. Oktober 1916 verpflichtete der Aufsichtsrat einstimmig den Dipl.-Ing. Hans Georg Krauss für die technische Leitung des Werkes. Er ist mit dem Gründer Krauss nicht verwandt. Ab 1917 hatte er die Gesamtleitung des Werkes. Seit dem Tode von Georg Krauss 1906 war Carl von Linde jahrelang Vorsitzender des Aufsichtsrates gewesen, nachdem er schon als 25jähriger von Krauss für den Betrieb gewonnen worden war. Zur selben Zeit arbeitete auch der Ingenieur Richard Helmholtz dort, nach ihm ist seit 1960 die Straße benannt, an der sich das ehemalige, heute noch stehende Verwaltungsgebäude von Krauss befindet, Ecke Arnulfstraße. Noch 1949 gab es eine Helmholtzstraße am Schwabinger Güterbahnhof, heute im Raum Johann-Fichte-/Berliner Straße. Helmholtz erfand u. a. das für den modernen Lokomotivbau bahnbrechende sog. Krauss-Helmholtz-Drehgestell.

1921 stirbt Reichsrat Dr. Hugo Ritter und Edler von Maffei im Alter von 85 Jahren. Er war der Neffe des Josef Anton von Maffei, des Gründers der Maschinen- und Lokomotivfabrik in der Hirschau im Englischen Garten, mit deren Abbruch 1935 begonnen wurde.

Die Bayerische Stahlgießerei GmbH, deren sämtliche Geschäftsanteile im Besitz der Krauss AG sind, siedelte sich seit 1907 in Allach an. Dort stand ein großes Gelände mit Bahnanschluß zur Verfügung. Südlich der Bauten der Bayerischen Stahlgießerei wurde 1921–1923 die Lokomotivfabrik Krauss errichtet nach dem Entwurf von Leonhard Moll. Die Kesselschmiede, Hammerschmiede und der Rahmenbau wurden dort zunächst nur als Teilprogramm eingerichtet, während am Marsfeld die Verfeinerungswerkstätten, die mechanischen Werkstätten und die Montage verblieben. Der Betrieb in Allach wurde immer wieder vergrößert, bis schließlich beide Werke 1931 in Allach vereinigt wurden. Die Krauss AG übernimmt das gesamte Fabrikationsgeschäft der Firma Maffei, ab 1940 als »Krauss-Maffei AG«, auch

heute heißt der Betrieb noch so. Der Vereinigung der Unternehmen kam zugute, daß Hans Georg Krauss 18 Jahre bei Maffei und 15 Jahre bei Krauss tätig war, so daß er z. B. bei Stellenbesetzungen die richtige Wahl treffen konnte. Hans Georg Krauss starb 1951.

Zur Baugeschichte sei erwähnt, daß zur Aufnahme der verstreuten Büros noch 1922/23 ein neues Verwaltungsgebäude an der Arnulf-/Ecke Helmholtzstraße errichtet worden ist, es steht unter Denkmalschutz. Es gehört heute der Bundesbahn, dient als Ausbildungs- und Verwaltungsgebäude. Entgegen der ursprünglichen Absicht, Verwaltung und technische Büros am Marsfeld zu belassen, wurde in Allach ein neues Verwaltungsgebäude errichtet und im Jahre 1937 bezogen, da sich die räumliche Trennung von Werkstatt und Konstruktionsbüros als sehr ungünstig erwiesen hatte.

Die Lokfertigung wurde bereits ab 1931 nach Allach verlegt. Die erste »Krauss-Maffei-Lok« war eine zweiachsige Diesellok mit einer Leistung von 45 PS, die am 19. September 1931 nach Moskau geliefert wurde.

Mitten in einem Gebiet mit Einrichtungen der Eisenbahn, der Post, der Industrie – das Grundstück der Firma Meiller-Kipper ist keine hundert Meter weit entfernt –, der Finanzbehörden und Schulen liegt die Pfarrei St. Vinzenz, Birkerstraße 21, zwischen Nymphenburger Straße und Gleiskörper an der Arnulfstraße, zwischen Zirkus Krone im Osten und Landshuter Allee im Westen. Nach Fläche und Seelen ist die Pfarrei die kleinste im Dekanat Neuhausen. Sie war aus der schon vor dem ersten Weltkrieg so stark angewachsenen heute so benannten Pfarrei Herz-Jesu hervorgegangen. Die Vinzenz-Konferenz Neuhausen besaß an der Klarastraße ein Grundstück mit einem Kinderheim, das von Ordensschwestern betreut wurde und auch eine Hauskapelle enthielt. So lag schon damals der Gedanke nahe, eine Pfarrei St. Vinzenz zu gründen, zumal der ganz in der Nähe neugebaute Häuserblock des Postbauvereins eine seelsorgerische Betreuung der Gegend erforderte. Die Ungunst der Kriegszeit ließ dieses Vorhaben wieder scheitern. Sofort nach Kriegsende trat man dem Plan wieder näher. In der Kapelle des Kinderheimes wurde auch schon öffentlicher Gottesdienst abgehalten. So konnte am 1. März 1923 die Pfarrei gegründet werden. An einen Kirchenneubau war in diesen Inflationsjahren nicht zu denken. Man war schon froh, daß an der Klarastraße eine Notkirche errichtet und am 7. September 1924 von Kardinal Faulhaber geweiht werden konnte.

Am 7. Januar 1945 brannte die Pfarrnotkirche ab, wurde die Anstalt zerstört und das Pfarrhaus schwer beschädigt. Doch noch im Spätherbst desselben Jahres konnte eine Baracke aufgestellt und dort Gottesdienst gehalten werden. Die Not zwang, so schnell als möglich einen Neubau zu erstellen. Er wurde im Sommer 1949 begonnen. Im Vergleich zu den späteren Kirchen Münchens wurde äußerst anspruchslos und bescheiden, aber auch unwahrscheinlich billig gebaut. Schon ab Weihnachten wurde im Neubau Gottesdienst gehalten. Am 14. Mai 1950 konnte dann Johann Neuhäusler, der Weihbischof von München, die neue Pfarrkirche einweihen.

Die von dem Architekten F. Sommersberger entworfene Kirche ist ein Zweckbau, der von Anfang an als eine nur vorläufige Lösung für einige Jahrzehnte gedacht war. Der verhältnismäßig große Kirchenraum wirkt besonders durch das reichlich verwendete Holz freundlich und harmonisch, erhebt aber keine ausgesprochen künstlerischen Ansprüche.

Die Bedeutung des »Mettingh-Viertels« und des sozialen Umfelds der Eisenbahn-Zentralwerkstätte für die Vor- und Frühgeschichte des Nationalsozialismus, namentlich die Gründung der NSDAP-Vorläuferin »Deutsche Arbeiter-Partei« (DAP) durch Anton Drexler (Burghausener Straße 6) und seinen Eisenbahner-Debattierclub am 5. 1. 1919, wurde jüngst ausführlich dargestellt.*

---

* Zum Beispiel Neuhausen, Geschichtswerkstatt Neuhausen, München 1994. – Benedikt Weyerer, München 1919–1933. Stadtrundgänge zur politischen Geschichte, München 1993.

Blick von der Blutenburgstraße in die Maillingerstraße, Kugelbrunnen von Bernhard Rein, rechts Neubau des Landeskriminalamtes, anschließend ehemalige Fußartilleriekaserne, heute Finanzdirektion, am Horizont die Gewerbeschule an der Pranck- und Deroystraße.

Vom Marsplatz zum Oberwiesenfeld

Marsplatz

Ende des 18. Jahrhunderts wurde ein der Neuhauser Flur zugehöriger Teil des kargen Bodens westlich des Niederterrassenrandes unter dem Namen »Marsfeld« als ständiger Exerzierplatz ausgewiesen. 1887–1895 wurde im Raum zwischen Arnulf-, Deroy-, Mercy-, heute Mars- und Maillingerstraße, die Marsfeldkaserne erbaut, auf deren Bereich 1965–1967 die Ämtergebäude der Finanzverwaltung München, Deroystraße 22, errichtet wurden. Etwa zur gleichen Zeit baute man die Marsstraße zu einer bedeutenden Einfallstraße in Richtung Innenstadt um, auch zur Entlastung der Arnulfstraße. Der vorher relativ ruhige Marsplatz mit schönen Anlagen wurde so zu einer »autogerechten«, abgasverschmutzten Zone.

Zwischen Marsplatz, Pappenheim-, Blutenburg- und Haßlangstraße, 1947 in Baudrexel-

straße umbenannt, entstanden die Militärbildungsanstalten, so 1888 an der Nordseite des Marsplatzes das Kadettencorpsgebäude. Das in der zweiten Hälfte des 18. Jahrhunderts gegründete Bayerische Kadettencorps war von 1826–1890 im Clemensschlößl westlich des Karlstores untergebracht. Es wurde ab 1887 beim Bau des Alten Justizpalastes durch Friedrich von Thiersch niedergelegt und durch einen 1890 bezogenen Neubau nach Entwurf des Freiherrn von Schacky bezogen. Nach der Auflösung des Kadettencorps nach dem Ersten Weltkrieg wurde das Gebäude zunächst von der Infanterieschule der Reichswehr bezogen. Bis zur Zerstörung im Jahre 1945 beherbergte das mächtige Backsteingebäude neben einer Kriegsschule auch ein kleines Museum mit Erinnerungsstücken. Nach der Beseitigung der Luftkriegsruine bebaute die Bundespost das Gelände mit dem Fernmeldezentralamt (Fernmeldeamt 1), Marsplatz 4, auf dem Ostteil des Areals steht seit 1958 ein Fernmeldeturm. – Ein Denkmal vor dem Fernmeldeamt trägt auf der einen Seite die Inschrift: »Zur Erinnerung an

das Bayerische Kadettencorps 1756–1920«, auf der anderen Seite: »Hier stand das letzte Heim des Kgl. Bayerischen Kadettencorps 1890–1920, 1945 durch Bomben zerstört.«

An der Pappenheimstraße 14 entstand 1889/90 die Kriegsakademie. Als einziges der ehemaligen Militärbauten besteht das Gebäude noch, unter Denkmalschutz. Den reichgegliederten Neurenaissancebau hatte ebenfalls Gustav Freiherr von Schacky entworfen. Seit 1949 diente es als Städtisches Krankenhaus, heute gehört es mit zum Fernmeldeamt der Bundespost. In der Blutenburgstraße 3 befand sich die 1891/94 erbaute Kriegsschule, in der 1924 der Hitlerprozeß stattgefunden hatte, auf einem Teil des Grundstückes steht seit 1956/57 die Grundschule am Marsplatz. Die dort 1889/90 erbaute Volksschule war von Loewel entworfen und im Zweiten Weltkrieg zerstört worden. In der Baudrexelstraße, heute Maillingerstraße 11, errichtete das Landbauamt München durch die Architekten Helmut Hastreiter und Hans Feldhusen 1979 den Erweiterungsbau der Landesbesoldungsstelle, gegenüber der Bezirksfinanzdirektion, Maillingerstraße 13, in der ehemaligen teilweise noch erhaltenen Fußartillerie-Kaserne. Ecke Maillinger- und Blutenburgstraße wurde zur selben Zeit ein kleines Baumrondell angelegt mit einer großen Steinkugel des Bildhauers Bernhard Rein. Von hier erstrecken sich bis zur Marsstraße die ausgedehnten Bauten des Bayerischen Landeskriminalamtes. Zwischen Landesbesoldungsstelle und Fernmeldeamt ist 1978–1982 das städtische Berufsbildungszentrum für Augenoptik, Marsplatz 8, von den Architekten Erhard Fischer und Klaus Weißenfeld erbaut worden. Durch ein gemeinsames Treppenhaus verbunden, beherbergen zwei Trakte die Fachakademie für Augenoptik und die Berufsschule für Augenoptik, mit gemeinsamem Sporttrakt, Mensa, Bibliothek und Hörsälen. Die starke pädagogische Akzentuierung der Marsfeldbebauung kam schon früh zum Ausdruck: Die Gewerbeschule an der Pranckh- und Deroystraße wurde 1905/06 bzw. 1914/16 erbaut, das Wittelsbacher Gymnasium, Marsplatz 1, 1906/07 von Carl Voit errichtet, es steht unter Denkmalschutz. Dominierend wirkt der originelle, kupferverkleidete Uhrturm sowie die mächtige, in Stein gehauene

Figur der Pallas Athene als Betonung des Eingangsvorbaues, ein Werk des Bildhauers Albertshofer. In der Zeit zwischen April 1944 und Februar 1945 erlitt das Gymnasium teils Zerstörungen, teils schwerste Schäden. Eine erste Wiederinstandsetzung konnte 1949 abgeschlossen werden. In den Jahren 1963/64 erfolgte ein allgemeiner Umbau, wobei leider die schöne Jugendstilausstattung im Inneren verloren ging. Von Herbst 1978 bis Sommer 1981 wurde ostwärts des Turnhallengebäudes durch Baudirektor Graß vom Stadtbauamt ein Erweiterungsbau erstellt. Von zeitgeschichtlichem Interesse ist folgendes: Nach dem Ersten Weltkrieg mußten aufgrund des Versailler Vertrages alle deutschen Kadettenkorps aufgelöst werden. Dadurch ergab sich plötzlich die Notwendigkeit, die in der Ausbildung befindlichen Kadetten und ihre Lehrer unterzubringen. Es lag nahe, die sechs Klassen des Kadettenkorps dem ehemals nur durch den Marsplatz getrennten Wittelsbacher Gymnasium als realgymnasialen Zweig auszuschließen. Seither ist die Schule ein altsprachliches Gymnasium mit den sechs oberen Klassen eines neusprachlichen. Am 1. April 1920 endet mit der Angliederung an das Wittelsbacher Gymnasium die 164jährige Geschichte des traditionsreichen »Königlich Bayerischen Kadettenkorps«. In der Öffentlichkeit wird die Erinnerung daran vom Bayerischen Armeemuseum in Ingolstadt wachgehalten.

Wie vielfältig und differenziert heute unsere früher so benannten Gewerbeschulen sind, mag am Beispiel der Städtischen Schule Deroystraße 1 aufgezeigt werden.

Dort finden wir: a) Berufsbildungszentrum für Feinwerktechnik und Optik, b) städtische Berufsaufbauschule allgemein gewerbliche und gewerblich-technische Fachrichtung, c) städtische Technikerabendschule, Fachrichtung Maschinenbau, Feinmechanik, Optik und Elektrotechnik. Schule Pranckhstraße 2: a) Berufsbildungszentrum für Druck, Grafik, Fotografie, b) städtische Berufsfachschule für Hauswirtschaft und Kinderpflege, c) städtische Meisterschule für Buchbinder, d) städtische Berufsfachschule für Graphik und Werbung, e) städtische Technikerschule für Druck und Papierverarbeitung.

Mit Recht wurde das Senefelderdenkmal 1955 hier, gegenüber der Akademie für das Graphische Gewerbe aufgestellt. Es stand vorher am Sendlinger-Tor-Platz und hatte der Umgestaltung der dortigen Anlagen im Zusammenhang mit der Erbauung der neuen Matthäuskirche 1953/55 weichen müssen. Es war 1877 aufgestellt worden, von Julius Zumbusch gestaltet. Die Aufschrift lautet: »Alois Senefelder, Erfinder des Steindrucks, 1771–1834«.

Der Zirkus Krone, heute Marsstraße 43, wurde 1919 als Holzbau von Zimmermeister Rupprecht erbaut, 1994 stand er also 75 Jahre. Von Anfang an reiste der Zirkus im Sommer mit Zelt, im Winter zeigt er seine Programme in München. 1944 legten Bomben das Gebäude in Schutt und Asche; Menschen und Tiere waren nicht zu Schaden gekommen, sie waren rechtzeitig evakuiert worden. Schon 1945 entstand ein zweiter Bau, allerdings nur ein Provisorium. 1962 wird daraus ein stattliches Zirkushaus, zu dessen glanzvoller Eröffnung die Familie Sembach-Krone am 23. Dezember einlud. Der Verwaltungsbau daneben, eine neoklassizistische palaisähnliche Villa mit Säulenbalkon von 1920 steht unter Denkmalschutz. Bemerkenswert ist die Bronzefigur von Charlie Rivel, der seinerzeit eine Hauptattraktion des weltberühmten Zirkus war. Diese vor dem Gebäude seit 1983 stehende Plastik schuf der Bildhauer Kurt Moser, von Strehle, Neuötting, gegossen.

Bis auf die Schulen, den Zirkus und die Tatsache, daß die ehemals staatlichen Grundstücke im allgemeinen im Eigentum des Staates bzw. der Behörden geblieben sind, hat der Marsplatz einen völligen Funktionswandel erlebt. Etwas traurig stimmt die Feststellung, daß aus einer trotz des »martialischen« Namens ruhigen Zone mit ausgedehnten Grünanlagen durch die neue Trassenführung der Marsstraße von der Arnulfstraße her ein Bereich mit Lärm- und Luftverschmutzung geworden ist, wo sich allerdings auch keine Wohnungen befinden. Erwähnt sei noch die heute sehr gute Verkehrsanbindung durch den S-Bahnhof Hackerbrücke.

Brauereien

Obgleich München in Hinsicht auf Arbeitskräfte und Umsatz in Industrie und Gewerbe eine der führenden Städte der Bundesrepublik ist, wird niemand München als »Industriestadt« im negativen Sinne bezeichnen. Seine Produktionsstätten sind meist umweltfreundlich oder liegen bezüglich der Windrichtung so, daß eventuelle Abgase und dergleichen nicht über die Stadt hinwegziehen. Dies gilt allerdings nicht unbedingt für die Brauereien, von denen vier im Westen liegen, zwei davon auf ehemaliger Neuhauser Flur. Doch neue technische Mittel sorgen hier für Dämpfung der Abgasbelästigungen, einige Brauereien streben auch eine Verlegung an den Stadtrand an, wo sie bei ihrer Entstehung damals auch schon einmal standen.

Die gute Wasserqualität und die damit zusammenhängende Güte des Münchner Bieres ist nicht zuletzt den Fernwirkungen der Eiszeit und der Alpen mit zu verdanken. Westlich der Isar zieht sich ein Terrassenrand im Stadtgebiet von Sendling entlang – die alte Pfarrkirche St. Margaret steht darauf – über den Standort der Bavaria, etwa über die Spaten- und Sandstraße bis zum Maßmannbergl, dann westlich der Schleißheimer Straße ungefähr dem Verlauf der Winzererstraße folgend weiter nach Norden, wo die Geländeschwelle dann immer unscheinbarer wird, bis sie sich im Raum südlich von Milbertshofen allmählich verläuft. Dieser Terrassenrand bildete auch die Flurgrenze Neuhausens im Osten bis zur Eingemeindung 1890.

Auf dem Pschorrkeller, am Südende der Hackerbrücke von heute, war im Zusammenhang mit der Errichtung des ersten Münchner Bahnhofs oben schon hingewiesen worden.

Schon 1803/08 entstand an der Stelle einer Kiesgrube an der Arnulfstraße 52 der Knorrkeller, seit 1862 Augustinerkeller, von der gleichnamigen Brauerei erworben. Diese wurde seit 1828 an der Landsberger Straße errichtet, wo sie etwa gegenüber der Einmündung der Grasserstraße den Raum bis zur Westendstraße ausfüllt.

1802 entstand das älteste Kellergebäude der Spatenbrauerei an der Marsstraße. Der vollständige Name lautet Spaten-Franziskaner-Leist-Bräu, Gabriel Sedlmayr, die Buchstaben GS weisen auf diesen Namen hin. Die Brauerei erstreckt sich beiderseits der Marsstraße, im Norden bis zur Karlstraße, im Westen bis zur Spatenstraße, dort schließt sich das Gelände des Zirkus Krone an. Die eigentlichen Brauereigebäude entstanden ab 1851. Die Bauten wurden im Luftkrieg bis zu 80 Prozent zerstört, danach wieder aufgebaut, das neue Silohochhaus für die im Kriege zerstörten Lagerhäuser für Gerste und Malz wurde 1959 errichtet. Der Hackerbräukeller liegt Theresienhöhe 4. Die Brauerei ist erstmals 1470 in der Altstadt erwähnt.

Die Löwenbrauerei entstand auf dem besonders großen Gelände längs der gesamten Sandstraße im Westen, an der Dachauer Straße zwischen Stiglmaierplatz und Joseph-Ruederer-Straße, beiderseits der Nymphenburger Straße erstreckt sich die »Schauseite«, im Süden schließt die Karlstraße ab. Die Gründung wird zwischen 1369 und 1383 in der Löwengrube 17 angesetzt. Der Beginn der Braustätte an der Nymphenburger Straße, nördlicher Teil, geht auf das Jahr 1820 zurück: die Genehmigung zum Bau eines Sommerkellers. 1883 wurde der Saalbau mit Faßhalle nach dem Entwurf von Albert Schmidt errichtet, der Saalbau wurde erweitert und der Turm am Stiglmaierplatz nach Entwurf von Friedrich Thiersch erbaut. Der südliche Teil an der Nymphenburger Straße wurde 1863 erworben, etwa zehn Jahre danach erfolgte die Bebauung. Nach schweren Schäden im Zweiten Weltkrieg wurde der Wiederaufbau rasch vorangetrieben, dabei 1955 der 43 Meter hohe Gersten- und Malzsilo erbaut. Nach Meldungen vom März 1987 wollte die Brauerei einen Teil ihrer Betriebsstätten nach Neubiberg-Perlach verlegen. In unmittelbarer Nachbarschaft nach Westen hin befand sich bis zum Krieg der Arzbergerkeller der Spatenbrauerei, genau dort, wo heute das große Justizgebäude steht, Nymphenburger Straße 16 und Erzgießereistraße 14. 1881/82 errichtete der Architekt Gabriel von Seidl dort den ersten großen modernen Münchner Bierkellerbau in verputzter Ziegelbauweise. Die Saaldecke im ersten Stock war von Otto Hupp auf Holztäfelung bemalt. Die Reste der Kriegsruine wurden abgetragen und in den Jahren 1973–1977 das Justizgebäude erstellt.

Die Gerner Brauerei entstand 1876 durch den Umbau von Ökonomiegebäuden. 1905 übernahm Anton Neuhofer den Brauereibetrieb, der schon 1920 wieder stillgelegt wurde, als die Löwenbrauerei das Unternehmen erwarb. In den siebziger Jahren wurde anstelle der Brauerei und des Gartens eine Villensiedlung errichtet.

Nymphenburger Straße

Man kann die Nymphenburger Straße zwar nicht mit den Münchner Prachtstraßen Ludwig-, Maximilian-, Prinzregenten- und Brienner Straße vergleichen, sie aber in mancher Hinsicht in eine Reihe mit der Leopold- oder auch Lindwurmstraße stellen, was den äußeren Anblick anlangt. Doch als »Fürstenweg« ist sie wesentlich älter, wie sich überhaupt vieles, was mit dem Hof zusammenhängt, von der Residenz aus in westnordwestlicher Richtung entwickelt hat, vom ehemals vom Adel beherrschten Kreuzviertel angefangen bis zum Schloß Nymphenburg hin. Die Linienführung der Straße in einem etwas nach Norden ausbiegenden um das Dorf Neuhausen herum führenden Zug läßt sich schon auf einer Karte von 1768 feststellen.

»Nirgendwo anders in München berührten sich einst höchster höfischer Prunk und bitterstes Elend so eng wie am Fürstenweg, wie die Nymphenburger Straße früher genannt wurde. Ihre Pappelallee, die erst im Jahre 1935 der Verbreiterung zum Opfer gefallen ist, wurde im Jahre 1758 gepflanzt, ein Datum, das deshalb besonders interessant ist, weil zur gleichen Zeit die Linden am Nymphenburger Kanal gesetzt und die Kavaliershäuschen am Schloßrondell erbaut wurden, alles Anfänge der geplanten ›Karlstadt‹, die Kurfürst Karl Albrecht ins Leben rufen wollte. Dennoch ist unsere Straße schon lange vor Nymphenburg ein wirklicher Fürstenweg gewesen, als im Jahre 1568 Herzog Wilhelm V. seiner Braut Renate von Lothringen bis Neuhausen entgegenzog, wo das letzte Lager vor dem Eintreffen in München gehalten worden war. Das Prunkzelt der lothringischen Prinzessin inmitten des Lagers stand etwa an der Stelle des heutigen Rotkreuzplatzes. Der Braut im kostbaren Galawagen zogen etwa 5 640 Reiter voraus, die Spitze des Zuges hatte bereits München erreicht, als Braut und Bräutigam erst das Lager in Neuhausen verließen . . .

Einen zweiten Prunkeinzug sah die Nymphenburger Straße, als Max Emanuel im Jahre 1715 aus seinem niederländischen Exil heimkehrte. Die Hartschiergarde empfing damals den Kurfürsten unter dem Donner der Kanonen am alten Neuhauser Kirchlein und gab ihm das Geleite.

Mit Napoleon sollte sich das Kapitel höfischen Pomps für die Nymphenburger Straße schließen. Der korsische Eroberer wohnte in jenem 1801er Jahr seines Aufstiegs zur höchsten Macht im Schloß Nymphenburg. Jeden Abend fuhr er vierspännig zum Hoftheater, dem heutigen Cuvilliéstheater, und seine kaiserliche Garde stand auf dem ganzen Weg Spalier. Fünf Jahre vorher aber hatten die französischen Soldaten Moreaus und Latours die Neuhauser Bauern dermaßen ausgeplündert, daß diese sich selbst in einer Bittschrift als ›die miserabelsten Fretter im Land‹ bezeichneten, und vielleicht war unter den Kaisergardisten von 1801 mancher, der damals den Neuhauser Bauern die letzten Kühe weggetrieben hatte, die auf dem Friedhof geweidet hatten. Aber so armselig die Bauern auch sein mochten, so elend und hoffnungslos war ihre Zukunft doch nicht wie das Los der armen Leute, die in der Mondkraterlandschaft an der inneren Nymphenburger Straße hausten. Ein verhärmter und verbitterter Haufen, der in unzulänglichen Bretterhütten wohnte und bei anhaltendem Regen Gefahr laufen mußte, zu ersaufen. Die Gegend war so verrufen, daß sich der Neuhauser Bürgermeister weigerte, als ihn ein Armenpfleger ersuchte, ihn auf seinem traurigen Dienstgang zu begleiten. ›Aus der Grube kommen wir beide nicht mehr lebendig herauf‹, hatte er gemeint. Wie wenig geheuer es überhaupt auf der ›Neuhauser Heide‹ war, geht aus der Prophezeiung hervor, die man dem Projekt des Erzgießereibaues im Jahre 1824 stellte. Die Münchner befürchteten nämlich allen Ernstes, man würde eines Morgens alle Arbeiter der Gießerei mit abgeschnittenen Hälsen auffinden.« (Nach Karl Spengler, ›Münchner Straßenbummel‹, München 1960.)

Die erste Münchner Pferdebahn verlief 1876 vom Promenadeplatz ausgehend in der Nymphenburger Straße, bis zur Maillingerstraße, der damaligen Burgfriedensgrenze. Als

Dampftrambahn wurde sie 1883 bis zum Volksgarten weitergeführt, mußte dann wegen Scheuens der Pferde an der Kutsche des Prinzregenten in die Blutenburgstraße verlegt werden, konnte aber als Pferdebahn weiter in der Nymphenburger Straße fahren. Ab 1900/01 wurde der Betrieb elektrifiziert, nicht zuletzt auf Betreiben des Neuhauseners Oskar von Miller.

Die Nymphenburger Straße selbst beginnt am Stiglmaierplatz und endet am Schloßkanal bei der Südlichen Auffahrtsallee. Der Löwenbräukeller ist oben schon besprochen worden. Hier sei noch hingewiesen auf den steinernen Löwen auf der Vorhalle von Wilhelm von Rümann, 1894 und auf den Bronzelöwen an der Einfahrt zum Vorhof Nymphenburger Straße 4, von E. Pfeifer, 1911. An der Stelle des im Kriege zerstörten Arzberger Kellers finden wir Nymphenburger Straße 16 ein großes Justizgebäude für Strafgericht, Strafkammern und -senate, Landesgerichtsärzte, die Justizpressestelle und die Staatsanwaltschaften beim Oberlandesgericht. Nach der Erzgießereistraße gelegen wurde das Haus Nummer 32 von der Stadt 1988 mit einem Preis ausgezeichnet, der Architekt Anton Hatzl hatte es 1901 erbaut.

Auf der Südseite Nummer 19 haben Heilmann und Littmann 1912/13 ein sehenswertes Mietshaus in neuklassizistischem Jugendstil errichtet. In einem Neubau des Jahres 1987 ist im Haus Nr. 29 die Zentralverwaltung der Hugendubel-Buchhandlungen untergebracht.

Etwa 100 Meter weiter stadtauswärts treffen wir nach Überschreiten der Pappenheimstraße auf die Hausnummern 37, 39, 41, Betriebsgebäude der Bayernwerke-Hauptverwaltung, von der Stadt mit dem Preis für »Denkmalschutz und neues Bauen« ausgezeichnet. Für die Erweiterungsbauten ist Architekt Alexander Freiherr von Branca zuständig. Die Straßenfassade aus der Jahrhundertwende wurde erhalten, die klassizistische Villa vollständig renoviert. Das alte Bauwerk spiegelt sich nun in den Glaswänden des dahinterliegenden Neubaus. »Die Bayernwerke haben sich den Spiegel der eigenen Vergangenheit geschaffen«, lobte Baureferent Uli Zech bei der Preisverleihung im April 1988. Gleich daneben treffen wir auf Haus Nummer 43, 1891 von Hans Hartl in historischen Formen errichtet, nach Kriegsbeschädi-

gungen vereinfacht wiederhergestellt. 1893–1909 war es als Klinik Wirkungsstätte des Augenarztes Karl Theodor Herzog in Bayern, aus dieser Zeit die Kapellenausstattung. In unmittelbarer Nachbarschaft Nummer 45 hat sich das *Standesamt IV* eingerichtet, eine Neurenaissancevilla, 1883 von Hermann Berthold. Auf der gegenüberliegenden Straßenseite klopften auf Nummer 54 schon seit 1847 die Schäffler der Firma Ludwig und Otto Dietl, heute Josef Straubinger.

Nymphenburger Straße 86 hat sich der Bruckmann-Verlag niedergelassen. Unter den vielen Gebäuden ist die denkmalgeschützte Jugendstilfassade besonders erwähnenswert. Martin Dülfer hatte das Gebäude 1897/98 erbaut. Das »Bruckmann-Haus«, Nymphenburger Straße 84, wurde 1980/81 nach den Plänen der Architekten Gerd Wiegand und Hans Schneckenburger anstelle des im Jahre 1979 abgebrochenen Studio Bruckmann errichtet. Die Gestaltung des sechsgeschossigen Bauwerks orientiert sich im Maßstab und in der Aussage an den historischen Bauten, die den Charakter der Nymphenburger Straße prägen. Die zurückhaltende Individualität des Neubaus ermöglicht seine Einbindung in das Straßenbild und an das dahinterliegende alte Verlagsgebäude, das oben erwähnt worden war. Die begrünte Pergolastruktur verbindet den alten Bestand und den Neubau zu einer Gesamtanlage.

Das große Gebäude Nummer 94, Ecke Lazarettstraße, beherbergt ein Jugendwohnheim für Gehörgeschädigte, Träger ist der Bayerische Landesverband für die Wohlfahrt Gehörgeschädigter, München. Etwa gegenüber hat auf Nummer 95 der Architekt Carl Wilhelm Warmbach 1885 ein Mietshaus im Neurenaissancestil als reichgegliederten Eckbau mit Figuren am Säulenbalkon hingestellt, es bildet eine Einheit mit Elvirastraße 1. Unmittelbar daneben hat das erzbischöfliche Ordinariat auf Nummer 99 das Roncalli-Kolleg mit 120 Einzelzimmern für Studenten gebaut. Als Architekten zeichnen Carl Theodor Horn und Peter Eggendorfer, die es 1970/72 errichteten. Im Innenhof steht eine Rundkapelle mit Oberlicht, auf dem Vorplatz zur Straße hin finden wir eine interessante 6 Meter hohe Plastik aus rostfreiem Stahl »Evolution 1« von dem 1937 in Frankfurt geborenen Karl Jakob Schwalbach. Um Nummer 122 schließt sich mit Alfonsstraße 1 und Hedwigstraße 2 eine Wohnhausgruppe in barockisierendem Jugendstil mit runden Erkern, an der 1911 Richard Berndl mitgewirkt hat, der 1933 den Wiederaufbau der eingestürzten Winthirkirche geleitet hat. Schräg gegenüber, Nummer 139, erbaute 1907 Caspar Braun ein repräsentatives Mietshaus im Jugendstil, reich gegliedert mit plastischem Dekor, sehr künstlerischen Mosaiken, die den Zeitgeist deutlich widerspiegeln, mit Ziergittern sowie Vorgartenpfeilerzaun. Gegenüber stand bis 1988 das ehemalige Gebäude der Fern-Andra-Lichtspiele, Nummer 136, später Atrium-Kino, nach verschiedenen anderen Verwendungen abgerissen.

Nymphenburgerstraße stadteinwärts, Kreuzung mit der Landshuter Allee

Jutastraße Ecke Alfonsstraße

Landshuter Allee mit Tunnelrampe, Blick nach Süden, links Löhehaus, rechts Schornstein des Fernheizwerkes der Bundesbahn an der Donnersbergerbrücke.

Die Landshuter Allee diente von 1858–1892 als Bahnlinie vom Hauptbahnhof über Feldmoching nach Landshut. Die neue Trasse westlich um den Nymphenburger Park herum über Moosach wurde 1890/92 erbaut. Die Schneise blieb bestehen, war mit einer herrlichen Lindenallee und teilweise mit Blumenbeeten reich bepflanzt. Es waren ruhige Anlagen mit Bänken und Kinderspielplätzen, bis die »Stadtentwickler« sie auf ihrem einstigen Weg zur »autogerechten« Stadt als eine ideale Linienführung für den Mittleren Ring entdeckten und so 1972 einen sich anbietenden Zubringer für das Olympiastadion schufen. Einige Jahre später wurden Nymphenburger- und Leonrodstraße untertunnelt. Jenseits der Landshuter Allee stadtauswärts steht auf Nummer 148 als Eckhaus das ehemalige Mutterhaus der Schwesternschaft vom Bayerischen Roten Kreuz, ein stattlicher Neubarockbau vom Anfang des 20. Jahrhunderts. Seit Errichtung des Hochhauses am Rotkreuzplatz 1967 wird es als Ärztehaus vermietet. Die Hausnummern 152–154 gehören zum Karl-Albrecht-Hof. In den achtziger Jahren errichtet geht er bis zur Leonrodstraße durch. Der geräumige Innenhof bietet Ruhebänke und einen Kinderspielplatz an, die vielen Wohnungen mit Erkern und Balkonen vermitteln eine angenehme Atmosphäre, große malerische Fresken verschönern leere Bauflächen. Auf der anderen Straßenseite, Nummer 149/151, hat Architekt Martin Dülfer 1896/99 einen Miethausblock in barockisierendem Jugendstil erbaut, reich gegliedert und stuckiert, mit Bronzehirschköpfen an den Giebeln. Eine besonders rein ausgeprägte Jugendstilfassade mit reichem Stuckdekor weisen Nr. 186 und das Eckhaus zur Bothmerstraße, Nr. 188 – letzteres von Hans Memminger 1898 erbaut – auf.

Ein Blick in die Bothmerstraße belohnt den Interessierten mit besonders gelungenen Stadtvillen aus der Zeit um 1900, die nahezu alle unter Denkmalschutz stehen.

Das Mietshaus Nummer 187, Ecke Lachnerstraße, ist ein stattlicher malerischer Bau in deutscher Renaissance, reich gegliedert und dekoriert, mit Eckturm, drei Giebeln, Erkern und Figurenschmuck, darunter dem heiligen Benno, 1899–1900 von R. Barbist errichtet. Der Grünwaldpark auf der einen Seite bildet einen würdigen Abschluß für einen der schönsten Straßenzüge Münchens, der nach dem U-Bahn-Bau gewissermaßen neu erstanden ist in Zusammenarbeit mit dem städtischen Baureferat, der Stadtgärtnerei und nicht zuletzt den vielen kulturbeflissenen Hauseigentümern, die in Neubauten oder Fassadenrenovierungen und Ausgestaltung der breiten Vorgartenanlagen durchwegs achtunggebietende Beiträge leisteten.

Erzgießerei

Auf die Erzgießerei und ihre Schöpfer wurde schon in den Abschnitten »Funktionswandel im 19. Jahrhundert« und bei der Besprechung des Winthirfriedhofes im Abschnitt »alter Dorfkern« hingewiesen. Die geringen Reste der Erzgießerei selbst, die nach den Zerstörungen des Zweiten Weltkrieges übriggeblieben waren, mußten 1987 Neubauten weichen. Ein großes Hauswandfresko Erzgießereistraße 38

Bothmerstraße

Nymphenburger Straße, Trambahnhaltestelle Neuhausen, rechts Einmündung der Lachnerstraße, nach dem Kiosk, links, Einmündung der Bothmerstraße

erinnert an die alte Zeit. Das eindrucksvolle Bild hat der dort ansässige Stadtrat und Obermeister der Metallinnung München, Rudolf Hierl, an seinem Anwesen anbringen lassen.

1826 hatte die Erzgießerei, damals auf einsamer Neuhauser Flur errichtet, ihren Betrieb aufgenommen, Klenze hatte das große Gießhaus erbaut. Unter Ludwig I. hatten Johann Baptist Stiglmaier (1791–1844), Ferdinand von Miller d. Ä. (1813–1887) und sein Sohn Ferdinand von Miller d. J. (1842–1929) die Werkstätten zu höchstem Ansehen gebracht.

St. Bennokirche

In Erfüllung eines Gelübdes für die glückliche Aufstellung der Bavaria 1850 hatte Ferdinand von Miller d. Ä. den nur 300 Meter von der Erzgießerei entfernten Bauplatz für die *Bennokirche* gestiftet. Die Planungs- und Bauzeit fällt etwa mit der der ersten Herz-Jesu-Kirche zusammen. Doch im Gegensatz zu dieser bildete

St. Benno eine vom damaligen Zeitgeist voll getragene große, wuchtige Architekturschöpfung der Neoromanik, bis heute wahrhaft stadtbildprägend. Der Münchner Professor an der Kunstgewerbeschule Leonhard Romeis (1854–1904) hatte unter 98 Entwürfen den ersten Preis erhalten. Am Bennofest, 16. Juni 1895 – der Grundstein wurde gelegt am Kirchweihtag, 13. Oktober 1888 – wurde die Kirche von Erzbischof Antonius von Thoma eingeweiht. Die Zahl der Katholiken erreichte 1905 26 156, einschließlich 5 300 Mann Militär, 1986 rund 19 000.

Die dreischiffige Basilika von 71 m Länge, Höhe der Türme 64 m, gilt als einer der besten neoromanischen Kirchenbauten im süddeutschen Raum. Das Äußere wirkt wie eine Gottesburg. Besonders von Norden her schieben sich die mit Zwerggalerien gezierten Apsiden wirkungsvoll zusammen. Im Süden ließ der Baumeister in der Loristraße eigens eine Knickung anbringen, damit die Kirche mit ihren

Blutenburgstraße, Blick aus Höhe der Birkerstraße, die links einmündet, zur Landshuter Allee

beiden stattlichen Türmen plötzlich auftauche. Die Fassadengestaltung konzentriert sich auf das Portal. Rechts davon stehen die Figuren Abrahams, Jeremias und Davids, links Noah, Jesaja und Ezechiel. Die Bronzetüre zeigt, im Anklang an die Hildesheimer Domtüren aus dem 11. Jahrhundert, Gleichnisse aus dem Neuen Testament. Seitlich des Portals finden wir Gedenktafeln für die Gefallenen des Ersten Weltkriegs mit den Heiligen Martin und Georg von Akademieprofessor Karl Killer, auf dessen Bildhauerarbeiten bereits bei der Besprechung der Herz-Jesu-Kirche hingewiesen worden war. Über dem Portal zeigt die Fensterrose den Harfenspieler König David und Engel. Auf dem Vorplatz wurde 1911 die Bennosäule aus Geldern der Sedlmayerschen Stiftung errichtet und der Stadtgemeinde zu Schutz und Pflege übergeben. Das über 11 Meter hohe Kunstwerk aus rotem Porphyr wurde von Albertshofer und Bestelmeyer entworfen, die 3 Meter hohe Bennofigur goß Ferdinand von Miller jun.

Im Inneren des Gotteshauses ist der Chor um sieben Stufen erhöht, darunter befindet sich eine Krypta für das Heilige Grab. Über der Vierung erhebt sich eine machtvolle achteckige Kuppel. Die Innenausstattung tritt gegenüber dem weihevollen Raum zurück. Die Seitenschiffe sind als Durchgänge und Prozessionswege aufgefaßt. Der erhöhte Hochaltar ist ein kostbares Geschenk des Prinzregenten Luitpold. Die Altarplatte auf vier Marmorsäulen besteht aus einem Stück Carraramarmor. Für den Altaraufbau wählte man die Form eines Reliquienschreins, aus dem in der Mitte der Tabernakel aufragt. In den Rundbögen des Schreines stehen die von Wadéré modellierten, von Harrach in Feuervergoldung ausgeführten Bronzereliefbilder der Schutzheiligen Münchens und des Bistums, St. Korbinian, St. Benno, und die Familienpatrone des Stifters: Luitpold, Augusta, Theresia und Ludwig. Seine besondere Note erhält der Hochaltar durch den Baldachin auf vier Marmorsäulen, den Bildhauer Alois von Miller mit Ornamenten schmückte. Professor Wadéré schuf auch die Reliefs der Kanzel, die ein künstlerisches Kleinod der Kirche sind, mit Szenen aus dem Leben

des heiligen Benno sowie den Kreuzweg aus Lyoner Muschelkalk. Das Mosaik in der gewölbten Halbkuppel über dem Altar zeigt Christus als Weltenrichter, von Professor Wahler, 1906. In den zwei Apsiden des Querschiffes stehen links der Marienaltar, mit der Madonnenstatue mit Jesuskind aus weißem Marmor von Balthasar Schmitt, der auch die große schmerzhafte Mutter an der Langseite des Mittelschiffs schuf, rechts im Querschiff der dem heiligen Wilhelm geweihte Altar, wegen des Apsidenbildes mit der Heiligen Dreifaltigkeit von Karl Rickelt, Dreifaltigkeitsaltar genannt. Im Kriege zerstört wurden die Fresken von Matthäus Schiestl an den Seitenwänden des Presbyteriums.

Die Glasfenster der Firma Zettler und Mayer, heute noch Seidlstraße 25 am nahen Stiglmaierplatz, zeigen die Heiligen Benno, Petrus, Bonifatius, Korbinian und Paulus. Die Fenster an der rechten Seitenapsis, von Erich Horndasch 1971 entworfen, durch die Firma van Treeck, München, ausgeführt, stellen dar: Daniel in der Löwengrube, Christus von den Toten erweckt, Jonas wird vom Fisch ausgespuckt. Eine Seltenheit in Münchner Kirchen bildet der Mosaikfußboden des Mittelganges der Firma Bernadon, mit symbolischen Bildern. Der teilweise an romanischen Vorbildern orientierte bildnerische Schmuck an den Bet-, Beicht- und Chorstühlen von Schreinermeister Josef Enzensberger darf der besonderen Beachtung empfohlen werden. Die östliche rückwärtige Apside bildet die Millerkapelle mit einer Bronzeplatte des Stifters des Kirchplatzes, Ferdinand von Millers, modelliert von seinem Sohn Ferdinand. Das Bronzebild Fritz von Millers ist von seinem Sohn Ruppert geschaffen. Auf dem Altar eine Pietà von Professor Pruska. An den Architekten Romeis erinnert ein Gedenkstein in Untersberger Marmor.

Das Pfarrhaus, Loristraße 21, wurde 1896/97 von Hans Kriner ebenfalls in neoromanischem Stil erbaut.

Nach langen Bemühungen gelang es, ein Pfarrzentrum zu errichten. Planung und Ausführung lagen in den Händen von Architekt Franz X. Kießling. Am 29. April 1984 konnte Weihbischof Tewes das Gebäude einweihen und eröffnen. Außer Wohnungen für Studenten und Studentinnen ist dort unter anderem vor allem eine überpfarrliche Caritas- und Sozialstation untergebracht.

1986 konnten der Kindergarten St. Benno auf 100, der Kinderhort auf 60 Jahre zurückblicken. Sie haben in einem stattlichen Haus Lothstraße 16 ihre Heimstatt. Den Vorsitz im Trägerverein führt Stadtrat Rudolf Hierl, ein alteingesessener Schlossermeister und Inhaber eines Familienbetriebes in der nächsten Nachbarschaft des Kindergartens. Er hatte selbst vor 60 Jahren im Kindergarten gespielt, sein Großvater gehörte zu den 20 Neuhauser Bürgern, welche sich im Jahre 1886 zusammengetan hatten, um den Kindern in der Erzgießereistraße eine sichere Bleibe zu schaffen. Es gelang, die Unterstützung des Prinzregenten Luitpold und die Schirmherrschaft der Herzogin Karl Theodor zu gewinnen. So entstand die »Kinderbewahranstalt«, wie man damals sagte. Seit 80 Jahren liegt die Erziehungsarbeit in den Händen der Niederbronner Schwestern. Sie betreuen derzeit 170 Kinder.

Keine 400 Meter von der Bennokirche entfernt steht am Ostende der Kreittmayrstraße, Sandstraße 45, das Gasthaus »Deutsche Eiche«. Dort findet man eine Gedenktafel für die vom Schicksal schwer heimgesuchte Schriftstellerin und Dichterin Lena Christ, mit der Aufschrift: »In diesem Hause verbrachte die bayerische Dichterin Lena Christ, geb. 1881, gest. 1920, als Wirtsleni die Jahre ihrer Jugend 1893–1901«.

Keine 100 Meter weit steht an der Dachauer Straße der Fischmarktbrunnen. Er war um 1831 auf dem Viktualienmarkt errichtet worden. Ausführung von Karl Oppenrieder, Material Donaukalkstein. 1961 wurde der Brunnen hier aufgebaut.

Max II.-Kaserne

Im Altstadtbereich gab es schon im 18. Jahrhundert die Isarkaserne, etwa 1707, die Kaserne am Schwabinger Tor, 1648 erbaut, die Kosttorkaserne, zwischen 1705 und 1712 und die Kreuzkaserne, an der Stadtmauer, nächst dem Karlstor, 1660 errichtet, u. a. (Megele). Ebenfalls schon im 18. Jahrhundert entstanden nordöstlich der Dachauer Straße große Artillerieremisen, eine »Ouvrierwerkstätte«, ein Kugel-

fang und 1805 ein Pulvermagazin. 1808 findet sich auf Megeles Karte ein »Militärplatz«, zwischen Dachauer, Schwere-Reiter-, Loth- und Infanteriestraße gelegen, heute nur noch teilweise militärisch genutzt.

Von hier ausgehend entwickelte sich im Laufe des 19. und unseres Jahrhunderts der größte zusammenhängende Militärbautenbereich Münchens. Wie kam es dazu? Die Schlösser Nymphenburg, Schleißheim und Dachau der Wittelsbacher als oberste Kriegsherren wiesen in diese Richtung. Hier war auch ein ergiebiges Jagdgebiet, viele Fasanerien waren eingerichtet, worauf heute noch verschiedene Namen hinweisen. Weiterhin war der Boden im Westen der Isar nicht so fruchtbar wie im Osten. Namen wie Dirnismaning oder Fröttmaninger Heide deuten es an, auch die Karte des Geniehauptmanns François de Cuvilliés um 1770 macht dies deutlich. Nach den Unterlagen des Kriegsarchivs M Kr. 8936 wurde für den besonders großen zukünftigen Bereich der Max-II-Kaserne der Raum zwischen Dachauer und Nymphenburger Straße gewählt, hinter der Erzgießerei, die im Jahre 1824 errichtet worden war. Alle anderen Plätze seien ungeeignet, wie Innenstadt oder rechts der Isar. Hier sei genügend Raum und seien keine so großen finanziellen Schwierigkeiten, im Falle eines Aufruhrs sei Schloß Nymphenburg gedeckt (Bemerkungen von 1852).

Der Bau der Max II.-Kaserne, einer Defensivkaserne mit nötiger Schußfreiheit, Aufstellungs- und Exerzierplatz wird mit Datum vom 5. Januar 1860 von Maximilian II. genehmigt. Als Kostenvoranschlag für die Bauten gelten eine Million Gulden, für den Grunderwerb 54 400 Gulden. Bemerkenswert ist, daß für den Bau und die Fassadengestaltung eigens auch der Baukunstausschuß verantwortlich war, dem u. a. so berühmte Leute wie Klenze, Voit, Ziebland oder Bürklein angehörten. Das ganze zu erwerbende Areal lag auf der Neuhauser Flur, mit einigen Ausnahmen, die dem Staat und dem Sandgrubenbesitzer Peter Boeckl mit seinen »übertriebenen Forderungen« gehörten.

Die Kaserne wurde 1860–1864, der südöstliche Flügel 1874–1877 von Matthias Berger erbaut; er hatte u. a. auch die Pfarrkirche in Haidhausen errichtet. Im Bereich dieser Kaser-

ne kam 1909/10 die Telegraphen- oder Nachrichtenkaserne hinzu, von Sigismund Göschel entworfen.

Was ist von der Bausubstanz nach Kriegszerstörung und Abriß heute noch zu sehen?

Die Straßenzüge und -namen sind mit einer Ausnahme unverändert geblieben. Die Leonrodstraße, bis 1906 Kasernenstraße genannt, wurde nach dem Krieg nach Süden zu um eine ganze Fahrbahn verbreitert, sozusagen auf Kosten der Kasernengebäude bzw. Ruinen, so daß Straßenbahn und Bus nun in der Mitte der zwei Fahrbahnen verkehren.

In der Verlängerung der Kapschstraße, nahe dem Haus Nr. 66 in der Schachenmeierstraße, steht noch an der ursprünglichen Stelle, von Bäumen und Gebüsch umgeben, ein Denkmal in Form eines Obelisken mit folgenden Inschriften: Südseite: »Den in den Kriegen 1866 und 1870/71 gefallenen Angehörigen des K.B. 3. Reitenden Artillerieregimentes Königin Mutter, errichtet von den Offizieren des Regiments 1895. Im Kgl. Bayer. 3. Feldartillerie Rgt. ›Prinz Luitpold‹ – errichtet i. J. 1848 – fielen in Pflichterfüllung im Kriege 1914/18 325 Kameraden«. – Ostseite: »Im Kgl. Bayer. 1. Feldartillerie Rgt. ›Prinzregent Luitpold‹ – errichtet i. J. 1824 – fielen im Kriege 1914/18 in treuer Pflichterfüllung 295 Kameraden«. – Nordseite: »Die Kgl. Bayer. 1. Trainabteilung lag vom April 1872 – 1. Mai 1919 in dieser Kaserne. Es fielen im Weltkrieg 1914/18 auf allen Kriegsschauplätzen 855 Kameraden aller Dienstgrade. Stets gaben sie im Krieg und Frieden ihr Ganzes in treuester Pflichterfüllung«. – Westseite: »Im Kgl. Bayer. 7. Feldartilleriergt. ›Prinzregent Luitpold‹, errichtet im Jahre 1900, fielen im Kriege 1914/18 in treuer Pflichterfüllung 308 Kameraden«.

Im Bereich der ehemaligen Telegraphen-, später Nachrichtenkaserne finden wir in der Schachenmeierstraße 35 noch ein etwa 1983/84 renoviertes, außen unverändertes Gebäude von 1909, heute Fachhochschule, Fachbereich Betriebswirtschaft, Studienrichtung Tourismus, Schwerpunkt Touristik sowie Hotel- und Restaurant-Management. An der Ostseite eine Denkmaltafel mit der Inschrift: »Diese Kaserne wurde erbaut 1909–10. Hier waren untergebracht bis 1914: Das Kgl. Bayerische Telegr.

Btl. mit Funkerabteilung, Kav. Telegraphenschule und Infanterie-Fernsprechabteilung. Das kgl. Bayer. 1. und 2. Telegraphenbtl. Die kgl. Bayer. Nachrichten Ers. Abt. München. Im Weltkrieg 1914/18 rückten von dieser Kaserne aus: 700 Offiziere, 35 000 Unteroffiziere und Mannschaften. Und Fernsprecher, Funker, Blinker für 200 Nachrichtenverbände. – Nach dem Kriege standen hier: Im 200 000 Mann Heer: 1. (bayer.) Brig. Nachr. Abteilg. 21. – Im Heer der Wehrmacht des Dritten Reiches Nachrichten Abteilung München, Nachr. Abteilung 7«. Schließlich stehen noch aus der Zeit von vor 1945 zwei Backsteinbauten mit Wohnungen Ecke Dachauer und Funkerstraße. Der gesamte übrige Bereich wurde neu bebaut, und zwar: Die Gewofag, Gemeinnützige Wohnungsfürsorge AG München, gegründet 1928, errichtete in den Jahren 1954–1960 hier 1 183 Wohnungen, deren Lage, von jedem Verkehr stark abgeschirmt, gewissermaßen mitten in parkähnlichen Anlagen, als fast ideal beurteilt werden kann. Die Gewofag ist mit 96 Prozent in der Hand der Stadt. Vor einigen Jahren wurde die Anlage an das Fernheizungsnetz der Stadt angeschlossen. Mittendrin liegt ein städtischer Kindergarten mit Hort, Pfänderstraße 27a. Weitere Wohnbauten wurden beiderseits der Hilblestraße errichtet, großenteils als Beamtenwohnungen durch den bayerischen Staat, teilweise dann an die Firma Schörghuber verkauft. In diesem Bereich liegt ein Schwesternwohnheim, Funkerstraße 12, Eigentum des Deutschen Herzzentrums, das dem bayerischen Staat gehört. In der Leonrodstraße finden wir von Westen nach Osten, an der Ecke Albrechtstraße, die Firma Auto-Union mit großem Verkaufsraum, Reparaturbetrieb und Gebrauchtwagenverkauf, Leonrodstraße 46b beherbergt das Institut für Zeitgeschichte, einen sehr modernen Bau der Volkswagenstiftung, Nummer 48 das Bürogеbäude der Krawag, einer Kraftverkehrsversicherung, mit Wohnungen, Nummer 56 das Postamt 192.

Auf der Nordseite der Straße sei noch das ehemalige Militärgericht mit Militärarrestanstalt erwähnt, der »Franzl«, heute Polizeischubwesen auf Nummer 51. Die alten Gebäude sind zum Teil erhalten und werden noch ähnlich genutzt wie damals. Haus Nummer 53 steht

unter Denkmalschutz, ein Mietshaus in Neorenaissance, Rohbacksteinbau von 1890. Einige Häuser weiter in Richtung Osten haben wir bei Nummer 57 das unter Denkmalschutz stehende Kriegsarchiv vor uns, einen zweigeschossigen Rohbacksteinbau von 1927/28, dazu gehört ein Nebengebäude von 1890, Fasaneriestraße 3.

An der Lazarettstraße 67 hat sich das Bayerische Landesamt für Wasserwirtschaft niedergelassen. Zwei ausgedehnte Gebäudetrakte wurden 1969 und 1978 fertiggestellt, ein Vortragssaal und eine Kantine konnten 1986 bezogen werden. Das Richtfest für einen weiteren Bau war im März 1989. Dort werden vor allem Labors, weitere Büros und die EDV-Zentrale untergebracht. Die Baukosten beliefen sich auf 17 Millionen DM. An der Südseite, direkt an der Lazarettstraße, hat Franz Falch, München, einen sehr modernen Brunnen errichtet, im Juli 1970, eine abstrakte Versinnbildlichung der Wasserversorgung und des Wasserschutzes, Professor Klaus Schultze, den wir oben als Schöpfer des Brunnens am Rotkreuzplatz kennenlernten, konnte hier ebenfalls zwei Ziegelsteinplastiken, zum Teil bunt glasiert, aufstellen: »Die Welle« und »Die Labende«, 1987/88. Planung und Bauüberwachung hatten die Architekten Michael Eberl und Helmut Weippert. Für einen weiteren Neubau auf dem Gelände besteht bereits ein rechtskräftiger Bebauungsplan. Das Landesamt zählt zur Zeit rund 500 Mitarbeiter. Es hat u. a. folgende Aufgaben: Wasserversorgung, Gewässerschutz, Gewässerkunde, Hochwassernachrichtendienst, Lawinenwarndienst, technische Gewässeraufsicht der staatlichen Wasserspeicher.

In der Pfänderstraße 6–10 hat die Carl Duisberg Gesellschaft 1965 ein Haus eröffnet, das als Zentrum und Unterkunft vor allem für Studenten aus den Entwicklungsländern errichtet worden ist.

In der Schachenmeierstraße 37 hat sich die Schweißtechnische Lehr- und Versuchsanstalt des Deutschen Verbandes für Schweißtechnik e. V. niedergelassen. In der Kapschstraße 4 unterrichtet das städtische Adolf-Weber-Gymnasium, mit Pädagogischem Seminar, Sondereinrichtungen für blinde Schüler und der städtischen Abendrealschule für Berufstätige. Schließlich sei noch der naturwissenschaftliche

Trakt des Rupprecht-Gymnasiums erwähnt, Albrechtstraße 7. Es war als Rupprecht-Kreisrealschule 1910/11 erbaut worden und schwang sich nach diesem Krieg mit einer kühnen Stahlbrücke über die Albrechtstraße hinüber auf das ehemalige Gelände der Nachrichtenkaserne.

Das ehemalige Militärlazarett wurde 1868–1874 von dem Baurat der Stadt München, Arnold Zenetti, erbaut, steht als »romanisierender Backsteinbau« unter Denkmalschutz. Es beherbergt heute, nach verschiedenen baulichen Änderungen und Erweiterungen vor allem auf der Südseite, das Deutsche Herzzentrum des Freistaates Bayern, Lothstraße 11. Es gilt mit modernster Ausstattung und einem weiteren Neubautrakt als Modelleinrichtung. In Rebers ›Bautechnischem Führer durch München‹, 1876, Nachdruck 1978, heißt es: »Bei den in München vorherrschenden Südwest- und Westwinden und der unerschöpflichen Menge eines noch reinen, von Westen gegen die Isar ziehenden Grundwassers ist seine Lage eine seinem Zwecke sehr entsprechende.«

Ehemaliges Militärgelände zwischen Dachauer, Maßmann- und Schwere-Reiter-Straße

In unmittelbarer Nachbarschaft des ehemaligen Lazaretts finden wir das ehemalige Zeughaus, Lothstraße 17, unter Denkmalschutz, »symmetrische Mehrflügelanlage, Rohbacksteinbau mit Zinnentürmchen«, nach »Denkmäler in Bayern«, von 1863–1865 von Matthias Glaeser, nach Reber und Megele von Baurat Hügel erbaut, ein sehr markanter Bau in bemerkenswerter Ecklage an der Dachauer Straße, der heute Instituten der Technischen Universität München dient. Nach Süden zu liegt auf dem Gelände der um 1890 erbauten ehemaligen Heeresbäckerei, auch Kgl. Proviantmagazin genannt, ein sehr großes Gebäude der Fachhochschule München, Dachauer Straße 98b, 1965–1969 von Fred Angerer durch die Stadt München erbaut. Davor ein moderner begehbarer Brunnen, nachts beleuchtet, mit dem Namen »Stufen«, 1970 von Bildhauer Karlheinz Hoffmann, Wieling, entworfen, ein hübscher Spielplatz für heiße Tage. Der Standort der Fachhochschule hängt mit dem 1946 so benannten Oskar-von-Miller-Polytechnikum zusammen, das 1925/26 in der Lothstraße 34 von Karl Meitinger erbaut worden ist, es steht unter Denkmalschutz. Der anfängliche Name war »Höhere technische Lehranstalt« der Stadt München. Die Fachhochschule plant Erweiterungen.

Nach Süden zu errichteten die Architekten Hans und Wassili Luckhardt im Auftrage des Freistaates das ehemalige Versorgungsamt München I und II, Heßstraße 89, zur Zeit als Asylantenheim genutzt. Das Versorgungsamt bezog ein neues Gebäude: Richelstraße 17, unweit der Bundesbahndirektion. Zur Zeit wird der Abriß des bundesweit bedeutenden Baudenkmals in der Heßstraße diskutiert.

Am Südende der Maßmannstraße, Dachauer Straße 90, errichtete die Stadt 1964–1967 das Gesundheitsamt, durch das Hochbaureferat (Jacobi, Delisle, Neubert). Nach Norden zu vom früheren Zeughaus aus gesehen, haben sich auf dem Gelände der ehemaligen Artilleriewerkstätten städtische Betriebe niedergelassen, so der Straßenbahnhof, heute Busdepot, Dachauer Straße 104, 1926/27. Die benachbarten Wohn- und Verwaltungsgebäude entwarfen 1927/28 Beblo und Meitinger. In der Dachauer Straße 110 finden wir die Städtischen Wasserwerke, auch die staatlich anerkannte Prüfstelle für Meßgeräte für Wasser. In der Heßstraße 144 steht die ehemalige Luftschifferkaserne, ein freistehender Block aus gelben und roten Ziegeln, mit Dachreiter, unter Denkmalschutz, heute Bundeswehr. Südöstlich der Kaserne stand Ecke Heß- und Barbarastraße eine Luftschiffhalle, auch für Ballons, die auf dem benachbarten Oberwiesenfeld ihr Übungsgelände hatten. Ein altes Wirtschaftsgebäude steht noch in der Schwere-Reiter-Straße 4. Auf dem großen Gelände südlich davon, bis zur Barbarakirche hin, erstreckt sich die Luitpoldkaserne, Infanteriestraße 17, aus verschiedenen Bauepochen, mit Freiwilligenannahmestelle Süd und der Bundeswehrfachschule München. Südlich der Luftschifferabteilung wurde das Heeresbekleidungsamt eingerichtet, für dessen Beschäftigte eine heute noch intakte, unter Ensembleschutz stehende Kleinwohnanlage, die Barbarasiedlung, zwischen Barbara-, Schwere-Reiter- und Infanteriestraße erbaut wurde. Das Landes-

amt für Denkmalschutz hatte 1984 die gesamte ehemalige Soldatensiedlung aus den Jahren 1909 und 1910 unter Schutz stellen lassen, weil sie als einzigartiges Dokument des Kleinwohnungsbaus vor dem Ersten Weltkrieg und des sozialen Wohnungsbaus der bayerischen Armee gilt. Zudem waren die Denkmalschützer von der »Gartenstadtidee« angetan: Alle Häuser, darunter auch einige mit Fachwerk, haben hinten eine große Grünfläche und außerdem einen kleinen Vorgarten. Der Freistaat als Eigentümer hat 1988 mit der Sanierung und Erhaltungsmaßnahmen begonnen. Schräg gegenüber, Infanteriestraße 15, steht die Barbarakirche, eine Filialkirche von St. Benno. Sie ist von einem Dachreiter gekrönt, 1922/23 von Erich Goebel aus einer zu Beginn des Ersten Weltkriegs errichteten gottesdienstlichen Zwecken dienenden Halle umgebaut, unter Divisionspfarrer und GR Balthasar Meier, und diente als Garnisonskirche für München. Eine Kirchenstiftung wurde gegründet, die dem bayerischen Staat Grundstück und Kirche abkaufte, der Staat behielt sich ein Heimfallrecht vor. Am 4. Februar 1923 weihte Kardinal Faulhaber die Kirche. Die Einrichtung wurde finanziert. In der NS-Zeit wurde St. Barbara Sitz des Wehrkreispfarrers VII. Am 1. November 1940 wurden Kirche und Grundstück enteignet und fielen dem Wehrmachtseigentum zu. 1944/45 erleidet die Kirche mehrmals Beschädigungen durch Luftdruck und mehrere Brandbomben, die rechtzeitig gelöscht werden konnten. Die Wehrmachtskirchengemeinde wird von der amerikanischen Besatzungsmacht aufgehoben. Am Allerheiligentag 1945 wurde Msgr. Dr. Ulrich Müller als Kirchenrektor aufgestellt und wieder eine Kirchenstiftung St. Barbara errichtet. 1947 wurde der Direktor des Jugendsozialwerkes Msgr. Wilhelm Bleyer zum Kirchenrektor an St. Barbara ernannt. Seinen zähen und langen Bemühungen ist es zu verdanken, daß Kirche und Grundstück wieder, am 1. August 1950, Eigentum der Kirchenstiftung St. Barbara wurden. Er sorgte für die Renovierung und Umgestaltung der Kirche und der Priesterwohnung. Von 1946–1981 diente die Barbarakirche gleichzeitig der polnischen Gemeinde von München und Umgebung. Msgr. Bleyer starb am Barbaratag 1983, nachdem er noch am

Vormittag mit Pfarrer Eder den Festgottesdienst konzelebriert hatte. (Nach Hansrolf Guck, Prof. für Kunstgeschichte, Mesner in St. Barbara, in: ›Eine Pfarrei stellt sich vor‹, München, St. Benno 1986.) Die Kirche wird weiterhin seelsorgisch von St. Benno aus betreut und hat eine eigene aktive Sonntagsgemeinde. Hier wurde auch ein »Glaubensforum«, eine moderne Form der Erwachsenen- und Großstadtkatechese, angesiedelt.

Südlich der Barbarastraße, die früher bis zur Heßstraße verlief, bis hin zur Lothstraße, erstreckte sich das Barackenkasernement, 1893/94 erbaut, beherbergte seit 1896 das 2. Infanterieregiment »Kronprinz«, hieß 1934–1945 Adolf-Hitler-Kaserne. Diese Aufschrift trug das Gebäude Lothstraße 29, Teil des ehemaligen Offizierskasinos, jetzt Bayerischer Landwirtschaftsverlag, um 1890 erbaut, unter Denkmalschutz, beiderseits Pfeilergitterzäune der Bauzeit. Gegenüber auf einem kleinen dreieckigen Platz ein Kriegerdenkmal des 2. Bayer. Infanterieregiments, ein Obelisk, 1923 von Hermann Broxner entworfen. Ebenfalls unter Denkmalschutz steht der neoklassizistische Monumentalbau Infanteriestraße 7a, um 1913 errichtet, der nach dem Zweiten Weltkrieg als Stadtbibliothek bis zu deren Umzug in das Gasteigkulturzentrum diente. Heute arbeitet dort der DRK-Suchdienst. Diesem Gebäude steht als Heßstraße 130b das ebenfalls unter Denkmalschutz stehende Wehrwissenschaftliche Institut für Materialuntersuchung gegenüber, ebenfalls 1913 erbaut und aus demselben Jahr Heßstraße 130a, daneben heute Papiertechnische Stiftung, für Forschung und Ausbildung in Papiererzeugung und Papierverarbeitung.

An militärischen oder militärähnlichen Einrichtungen finden wir außer der oben erwähnten Luitpoldkaserne das Bundesgrenzschutzkommando Süd und dessen Verwaltung in der Infanteriestraße 6, und schließlich in der Barbarastraße 4 das Bayerische Polizeiverwaltungsamt. Alle anderen Gebäude bzw. Grundstücke haben einen Funktionswandel mitgemacht. So auch z. B. Heßstraße 136, Ende 19. Jahrhundert, unter Denkmalschutz: ein Lehrgangsgebäude der Bayer. Obersten Baubehörde im Staatsministerium des Inneren. Sehenswert ist das neue Geologische Landesamt, Heßstraße 128, das 1984 bezogen wurde. Das Planungskonzept stammt vom Leiter des Landbauamtes Michael Sepp, Gesamtbaukosten 26 Millionen DM. Im Mai 1986 wurde eine von Manfred Mayerle geschaffene Skulptur, eine Säule aus Granit und Bronze, eingeweiht. Dem Interessierten bieten Vorplatz und Gänge im Inneren mit vielen geologischen Karten und Schaukästen Einblick in die Aufgaben des Amtes. In der Heßstraße 120 steht seit 1972 das Zentrum des Katastrophenschutzes und die Bundesanstalt Technisches Hilfswerk für den zivilen Bevölkerungsschutz. Das Gebäude nimmt 140 Einsatzfahrzeuge auf, ein Trainingszentrum dient im Ernstfall 3000 Personen als Schutzraum. Städtebauliche Dominante ist der alles überragende Treppen- und Schlauchturm. Nicht weit davon hat sich in der Lothstraße 21 die staatliche Untersuchungsanstalt für das Gesundheitswesen in Südbayern, Fachbereich Chemie, niedergelassen. Um die Ecke, Infanteriestraße 1, steht das sehr ausgedehnte Gebäude der Flurbereinigungsdirektion, im Juni 1980 eingeweiht. Die Planung hatte das Architekturbüro Pogadl, München, die Gesamtbaukosten beliefen sich auf 29 Millionen DM. Weiterhin sind dort untergebracht die Bayer. Landesanstalt für Betriebswirtschaft und Agrarstruktur und die Flurbereinigungsverbände München und Bayern. In der Infanteriestraße 11a dienen ein ausgedehnter Hof und große Häuserkomplexe der Bundespost, und zwar mit den Fernmeldeämtern 1–4, mit maschinentechnischen Stellen und mit der Belegverwaltung des Postsparkassenamtes. Winzererstraße 9 erbaute 1981/84 auf ehemaligem Militärgelände der Architekt Erhard Fischer das Bayerische Staatsministerium für Arbeit und Sozialordnung. Der ansprechende Bau weist zwei Innenhöfe auf, die öffentlich zugänglich sind. An einem der Höfe liegt das Polizeipräsidium Oberbayern, Ecke Winzerer- und Schellingstraße. Die staatlichen Stellen der Versorgungsverwaltung sind Schellingstraße 155 eingerichtet.

In dem Viertel zwischen Infanterie-, Barbara-, Elisabeth- und Winzererstraße haben sich die Nachfolgefunktionen recht vielfältig gestaltet. Im Juli 1988 hat Umweltminister Alfred Dick dem Landesamt für Umweltschutz ein zweites Dienstgebäude an der Infanterie-

straße 11 übergeben. Nach den Wünschen des Landesamtes wurde der Neubau von dem Münchner Unternehmer Franz Dorfner fertiggestellt. Der Freistaat hat das Gebäude zunächst für zehn Jahre gemietet, die Monatsmiete beträgt 60000 DM. Der Entwurf für das neue Dienstgebäude stammt von dem Architekten Herbert Killinger. Der »ökologische Modellgarten« wurde von dem Landschaftsarchitekten Wolfgang Barth gestaltet. Einen »etwas ungewöhnlichen Weg« nannte der Präsident des Landesamtes für Umweltschutz, Walter Ruckdeschel, die Anmietung eines privat errichteten Neubaus. »Das ist ein Beispiel für konstruktive Zusammenarbeit zwischen Verwaltung und Privatwirtschaft.« Der eigene ökologische Modellgarten dient der Grundlagenarbeit ebenso wie für Besichtigungen durch Schulklassen.

In der Infanteriestraße 8 haben sich die Stadtwerke niedergelassen mit den Abteilungen Wasserversorgung, Gasversorgung, Prüfdienst, technischer Kundendienst und Betriebskrankenkasse. Gegenüber arbeitet das Städtische Heizkraftwerk, Kathi-Kobus-Straße 1 und 3. Auf Nummer 24 steht das Hotel Vitalis, unweit davon, Elisabethstraße 87, das »Haus International«, eine Art modernes Jugendhotel, vor allem für Schulen, Universitäten und Jugendgruppen, mit etwa 600 Betten. Es war 1972 für die Olympischen Spiele gebaut worden. Der Träger ist der Internationale Bund für Sozialarbeit/Jugendsozialwerk e. V., ein gemeinnütziger Verband, angeschlossen dem DRK. Am Theo-Prosl-Weg 16 hat sich der CVJM, der Christliche Verein Junger Menschen, eingerichtet, als Jugendzentrum West (Schwabing) und als John-Mottl-Haus, ein Studentenwohnheim des CVJM, gewissermaßen eine Zweigstelle des Jugendgästehauses, Landwehrstraße 13. Nicht vergessen sei das Stadtarchiv, Winzererstraße 68, gerade noch am Rande der Niederterrasse, also auf ehemaliger Neuhauser Flur. Als Städtisches Wehramt war es 1912/13 von Hans Grässel, dem die Stadt so viele architektonisch wertvolle Gebäude verdankt, erbaut worden. Für den Erweiterungsbau muß die Stadt rund 20 Millionen DM aufwenden. Zusammen mit Archivdirektor Dr. Richard Bauer und Baureferent Robert Langguth nahm Oberbürgermeister Georg

Kronawitter im Dezember 1987 am Richtfest für den Erweiterungsbau teil und lobte in seiner Rede, daß der Bau sowohl funktional, mit weiteren 34000 laufenden Metern Regalböden als auch von seiner architektonischen Gestaltung her der besonderen Bedeutung und dem Anspruch des wohl größten kommunalen Archivs der Bundesrepublik Deutschland angemessen sei (nach Münchner Stadtanzeiger vom 18. 12. 87).

Gelände nördlich der Schwere-Reiter-Straße und Oberwiesenfeld

Hier stehen noch zwei »aktive« Kasernen: die Stettenkaserne, Schwere-Reiter-Straße 35. Ihre Anfänge waren als Kraftfahrkaserne 1931/32 nach Entwurf von Wagner erbaut worden. Die Waldmannkaserne, Saarstraße 14, entstand danach, 1934/35 von Erhard Reinhard erbaut als Nachrichtenkaserne.

Ihr gegenüber haben sich Saarstraße 13/15 die Deutschen Bundespostbezirkswerkstätten für Kraftwagen der OPD München niedergelassen. Saarstraße 7 befand sich das Deutsche Jugendinstitut (seit 1988 in der Freibadstraße 20, Untergiesing); benachbart ist eine Abteilung des Deutschen Patentamtes, Saarstraße 5 und Winzererstraße 47a. In dieser Gebäudegruppe Winzererstraße 47b–d liegen das Städtische Berufsbildungszentrum für Industrie, Finanz- und Verkehrswirtschaft, mehrere Firmen, das Squash- und Sportzentrum Schwabing, nebst Solarium. Winzererstraße 45 beherbergt das Institut für Holzforschung und den Lehrstuhl für Landschaftstechnik der Forstwissenschaftlichen Fakultät der Universität München. Davor kann man von der Straße aus das mächtige Stammstück eines Urwaldriesen, im Freien aufgestellt, bewundern.

Hier sind wir schon in einem unter Denkmalschutz stehenden ehemaligen Mannschaftsgebäude der Prinz-Leopold-Kaserne, einem Neubarockbau um 1900/02, von Georg Zeiser, es ist das Pendant zur Schwere-Reiter-Straße 39 mit denselben Daten. Winzererstraße 43, jetzt staatliches Straßenbauamt, wurde auch von Zeiser erbaut. Auf dem Grundstück dieser Dienststelle steht auch das beachtliche, jedoch zunächst noch leerstehende und vernachlässigte ehemalige Offizierskasino Winzererstraße 41/Ecke Schwere-Reiter-Straße, frei stehend, schräg gestellt, schloßartig, mit reichem plastischen Dekor, vorgelegter Terrasse und Freitreppe, 1901/02, ebenfalls von Georg Zeiser und Beetz. Jetzt wird der neubarocke Kasinopavillon mit seinen Flügelbauten inmitten alter Bäume unter Leitung des Landesamts für Denkmalpflege renoviert. Dabei bleibt die historische Substanz soweit wie möglich erhalten, die einst vorhandene Terrasse samt Freitreppe wird wieder aufgebaut. Wo einst die Offiziere der kgl. bayerischen Armee speisten, die Embleme über dem Haupteingang erinnern daran, wird künftig eine Kantine die Beamten des Straßenbauamtes München verpflegen, in den Seitenflügeln sollen Büro- und Konferenzräume Platz finden. Die Renovierungskosten sind mit 6,8 Millionen DM veranschlagt, 1990 soll das Kasino wieder wie neu sein (nach Sab. John im Münchner Stadtanzeiger vom 25. Februar 1989). Die ganze Baugruppe dieser ehemaligen Kaserne steht unter Denkmalschutz, einschließlich Schwere-Reiter-Straße 41, ehemaliges Stabsgebäude der Kaserne, auch Neubarock, mit Wappenrelief am Zwerchgiebel, 1900/02 von Georg Zeiser. An der Ostseite eine Gedenktafel des 100jährigen Jubiläums des Schweren Reiterregiments Prinz Karl von Bayern, 1914. Das Gebäude dient heute den Bundespostdienststellen München 6 (Fahrzeugtechnik, Ersatzteillager, Fahrschule). Diese markanten Bauten bezogen die Schweren Reiter 1902, nach ihrem Auszug aus der Kaserne Zweibrückenstraße 12. Nach dieser Truppe wurde der Teil der Leonrodstraße vom gleichnamigen Platz bis zur Winzererstraße 1938 umbenannt.

1974–1976 entstand in der Schwere-Reiter-Straße 37 das Dienstgebäude für die Wehrdienstsenate des Bundesverwaltungsgerichtes und für den Bundeswehrdisziplinaranwalt, nach Entwurf von Kurt Ackermann und Partner, ein Stahlbetonskelettbau mit vorgehängter Aluminiumfassade.

Weiter stadtauswärts, immer noch zwischen Dachauer und Heßstraße, stand, nördlich der Schwere-Reiter-Straße, das Traindepot, bis Ende 1988 als sehr ausgedehntes Flohmarktgelände an den Wochenenden genutzt. Für diesen Raum liegen seit April 1986 Bauleitpläne der

Stadt vor mit Wohnbebauung, Mischnutzung und Gemeinbedarfsflächen, im Stadtanzeiger vom 28. Februar 1986 als 18 Hektar großes Gelände der ehemaligen Pionierkaserne bezeichnet. Nach Norden schloß sich die Kaserne des Eisenbahnbataillons, Dachauer Straße 136, an, »das nach seiner Verlegung aus Ingolstadt nach München 1890 hier untergebracht worden war. Es verfügte über einen eigenen Schienenanschluß, der auf der alten Landshuter Trasse dem Oberwiesenfeld entlang lief« (Bauer, ›Stadt im Überblick‹, S. 110). Die Gleise erstreckten sich, zum Teil noch nach 1945, bis zum Proviantmagazin südlich der Lothstraße. Nördlich des Eisenbahnbataillons stand die Pionierkaserne, mit großer Brückenstelle südlich, und einem Feldbahndepot und Pionierlandeübungsplatz nördlich des Nymphenburger Kanals. Auf dem Gelände südlich des Kanals entstand 1978–1982 in der Dachauer Straße 128 das ausgedehnte Bundeswehrverwaltungszentrum, die Wehrbereichsverwaltung VI. Nach Hackelsberger »ein freundlicher Wasserkopf«, öffentlich zugänglich, mit parkähnlichen Anlagen. Die Bauleitung hatten das Frankfurter Architekturbüro Novotny und Mähner, die Gartenarchitekten Derks und Maecker, Frankfurt, und Hansjakob, München.

Die Militärschwimmschule am Würmkanal ist im Jahre 1827 zum ersten Male erwähnt. Die Badeanstalt wurde 1938 erweitert und nördlich des Würmkanals ein neues Schwimmbecken erbaut, damals Heßstraße 129. 1927–1930 wurde auf dem Nordteil des Oberwiesenfeldes der erste Verkehrsflughafen Münchens angelegt, nach Entwurf von K. J. Moßner. Zur selben Zeit entwarf und erbaute er auch die Flugzeughalle. Im Jahre 1925 war erstmals eine Start- und Landebahn im nördlichen Teil des späteren Flughafens geplant worden. Der Flughafen Riem wurde im Oktober 1939 eröffnet. Der Flughafen Oberwiesenfeld wurde dann als Sportflughafen benützt. 1968 wurde das Flughafenempfangsgebäude abgebrochen und mußte dem zukünftigen Olympiagelände Platz machen. Der Name »Oberwiesenfeld« erlosch 1970, der Stadtrat beschloß die Umbenennung in »Olympiapark«. Das Oberwiesenfeld und sein Flughafen waren bis 1945 eine baumlose Ebene, auf der die Kirche von Feldmoching den

dort exerzierenden Richtkanonieren der Geschütze, die sie persönlich vorher aus der Barbarakaserne im Laufschritt herausgeschoben hatten, während die »Fahrer« die Pferde anderweitig bewegen mußten, einen idealen Zielpunkt bot. Nach der Aufschüttung des Olympiaberges aus den Trümmern der Luftkriegsruinen, der Errichtung des Fernsehturmes 1965/68 mit Drehrestaurant und einer Höhe von 290 Metern, des Eissportstadions, 1967, dem ersten Sportbau auf dem späteren Olympiaparkgelände und nach der Anlage dessen selbst haben wir eine besonders abwechslungsreiche, in jeder Hinsicht gelungene Kunstlandschaft vor uns. So hat auch der Münchner Norden – zwischen dem Nymphenburger Park im Westen und dem Luitpoldpark und Englischen Garten im Osten – eine großzügige Freizeit-, Park- und Erholungslandschaft erhalten.

Borstei

Man nennt sie auch den Musterwohnpark des Senators Borst. Ihr östlicher und südlicher Teil liegt keine 200 Meter weit vom Olympiaradstadion bzw. vom Würmkanal entfernt. Ihrer etwa 300 Meter langen, eintönig wirkenden Häuserfront an der Dachauer Straße sieht man es nicht an, daß sich dahinter eine der schönsten, ruhigsten Münchner Wohnanlagen mit stillen Höfen, gepflegten Gärten und vielen plastischen Kunstwerken ersten Ranges verbirgt. Auch heute sind diese Wohnungen noch so begehrt, daß eine Warteliste besteht.

Das Geheimnis der Vorzüge dieses Wohnparks liegt im wesentlichen in der glücklichen Hand des Baumeisters und Architekten Bernhard Borst, der bis zu seinem Tode im Jahre 1963 selbst dort wohnte und sein Leben der ständigen Verbesserung des Wohnwertes widmete.

Die Borstei wird im Westen von der Dachauer Straße, im Norden vom Areal des städtischen Gaswerks, im Osten vom Mittleren Ring, hier der Landshuter Allee und dem Olympiagelände, im Süden von der Wohnanlage Deutscher Lloyd begrenzt. Bernhard Borst folgte dem Aufruf der Stadt München an die Privatinitiative um Mithilfe bei der Behebung der Wohnungsnot und errichtete die Anlage in den Jahren 1924–1929. Der Bauunternehmer hatte

1923 das Grundstück als Lagerplatz erworben und bebaute es mit Unterstützung der Stadt mit insgesamt 772 Wohnungen mit zwei, drei und vier Zimmern, Küche, Kammer, Bad. Dazu kommt ein Ladenhof mit 14 Geschäften, eine Apotheke, ein Postamt, damals also schon eine Art Einkaufszentrum für den täglichen Bedarf, in vernünftigen Ausmaßen. Weiter finden wir zwei städtische Kindergärten, eine städtische Vorschule, ein Café, 278 Garagen.

Alle Wohnungen und Läden werden vom Borstei-Fernheizwerk aus mit Heizung und Warmwasser versorgt. Eine Zentralwäscherei wäscht für die Mieter. Ein Waschsalon steht ebenfalls zur Verfügung. Ein eigener Tiefbrunnen deckt den Bedarf für Heizung, Wäscherei, Warmwasserbereitung und die Brunnen in der Anlage. Eine Energieanlage im Heizwerk liefert den Strom für den eigenen Betrieb. Ein Stab von 28 Handwerkern ist ständig mit Bauunterhalt und Modernisierung beschäftigt. Alle betrieblichen Gemeinkosten werden nur durch die (Altbau-)Mieten gedeckt. Sieben Ärzte und drei Zahnärzte sorgen für die Gesundheit. Der Verschönerung des Wohnumfeldes und der Erholung dienen die Gartenanlagen, die von Professor Alwin Seifert gestaltet worden waren. Neun Brunnen, die meisten mit Plastiken hohen künstlerischen Ranges und 42 Freiplastiken, verleihen den Innenhöfen eine besondere, manchmal schloßparkähnliche Atmosphäre. Borsts Schönheitssinn ließ ihn sogar Mülltonnenhäuschen mit Szenen aus Grimms Märchen bemalen. Unter den Bildhauern finden sich Namen wie Andreas Lang, Ernst Laurenty, Josef Wackerle, Andreas Rauch, Bernhard Borst selbst, Jakob Wilhelm Fehrle, Heinrich Düll und Bernhard Bleeker, der die Gedächtnisstätte für den Erbauer schuf: zwei Löwen mit Sarkophag, aus Kelheimer Kalkstein, die 1964 aufgestellt wurden.

Die Fresken stammen von Heinrich Bickel und Paul Bürck. Efeubewachsene Wände, Fensterläden aus Holz, gediegene Eingangstüren mit blankgeputzten Messingbeschlägen, Sprossenfenster, hier marmorne Rundbögen, dort Treppchen mit schmiedeeisernen Geländern, Stufen aus Muschelkalk, insgesamt menschliche Haushöhenmaße mit drei bis vier Stockwerken, unterschiedliche Grundrißformen der

Höfe tragen zusätzlich zu den Merkmalen Gemütlichkeit, Ruhe und Gepflegtheit bei.

Die Verkehrserschließung erfolgt von der Dachauer Straße her, wir finden fast nur Einbahnstraßen, die meist mit parkenden Autos besetzt sind. Während der Erbauungszeit waren Kraftfahrzeuge noch eine Seltenheit und gehörten nicht zum Lebensstandard mittlerer Einkommensschichten. 1927 gewann Borst den Architekten Oswald Bieber hinzu, um das 89 000 qm Gesamtfläche umfassende Bauland mit 19 062 qm zu bebauen, die etwa 2 500 Bewohnern Platz bieten.

Wer war Bernhard Borst? 1883 in Offenburg in Baden geboren, besuchte er ab 1889 die Volksschule in München, machte eine praktische Ausbildung als Maurer- und Zimmererlehrling, besuchte 1899–1903 die Kgl. Baugewerbeschule in München als Fundament zum Architekten und Baumeister, bis 1905 Dienst bei den Pionieren, 1907 Ingenieur im Wasserbau, als Mitarbeiter und Architekt bei Hofoberbaurat Drollinger, 1908–1910 bauleitender Architekt bei der Neuwestend-AG und Mitarbeiter bei Professor Theodor Fischer, 1910 Studienaufenthalt in Rom und Florenz, 1911 Gründung eines eigenen Baugeschäftes mit Architekturbüro, Spezialist in Villenbau, 1914–1917 Teilnahme am Weltkrieg, bis 1920 abermals Mitarbeiter von Professor Theodor Fischer in den Bayerischen Geschützwerken in Freimann und beim Bau der Alten Heide, nach Ausführung verschiedener Wohnbauten errichtete er 1924–1929 die Borstei, die er dann bis zu seinem Lebensende im Jahre 1963 verwaltete und pflegte. An Auszeichnungen erhielt er 1913 die silberne Medaille auf der Weltbauausstellung in Leipzig für seine dort ausgestellten Einfamilienhäuser, 1933 ehrte ihn die Technische Hochschule Fridericiana in Karlsruhe mit der Verleihung eines Senators h. c. »in Anerkennung seiner großen Verdienste um die deutsche Baukunst, die er sich durch eigene baukünstlerische Leistungen und besonders durch seine hervorragende organisatorisch schöpferische Tätigkeit auf dem Gebiet der Wohnsiedlung erworben hat«. 1951/52 benennt seine Geburtsstadt eine Straße nach seinem Namen und schenkt ihm sein Geburtshaus in der Webergasse. 1953 verleiht die Stadt München ihm die goldene Ehrenmünze, der Bundespräsi-

dent das Verdienstkreuz des Verdienstordens der Bundesrepublik, 1959 erhält er den bayerischen Verdienstorden, 1965 wird eine Straße in der Borstei nach ihm benannt. Münchner Künstlern ermöglicht er, mietfrei zu wohnen, andere zog er der Wohnqualität seines Viertels wegen an, z. B. Beppo Brehm, Walter Kiaulehn, Luise Rinser, die Bildhauer Ernst Laurenty und Martin Mayer.

Karin Friedrich hat am 1./2. Juli 1978 in der SZ über Borst u. a. geschrieben, er habe das Angebot der 14 Geschäfte persönlich überprüft. Bei Johanna Koch, die 44 Jahre den Tabakladen führte, machte der Nichtraucher gerne Station. Sie schilderte ihn als echten Patriarchen, streng, verantwortungsbewußt, willensstark und kinderlieb. Für die Kinder veranstaltete er jährlich einen Fasching, mietete das Marionettentheater, ließ den Nikolaus und zu Ostern einen eierlegenden Riesengockel aufmarschieren und im Winter im »Garten der Jugend« eine Eisbahn anlegen. Die Hände auf dem Rücken, einen Künstlerhut auf dem Kopf, übte er sich sogar mit den Kindern im Kirschkernwettspuken. »Die Kinder, die in der Borstei leben, sollen eine schöne Erinnerung an ihre Kindheit haben«, soll er gesagt haben. Stilistisch läßt sich die Borstei schwer einordnen. Es war die Zeit der Neuen Sachlichkeit, deren Bauwerke oft recht nüchtern und funktionsgerecht wirken. Gewiß lehnen sich die Bauten zum Teil daran an. Doch welche menschlichen Träume erfüllen sich in den Innenhöfen der Borstei über alles Zweckgebundene hinaus!

Gegenüber der Borstei finden wir den sog. Bunten Block, an seiner Front grüßt eine große Bennostatue aus Bronze herunter mit der Aufschrift: »Stadt München – 1927/29«. Im Rahmen der Bekämpfung der Wohnungsnot hat die Stadt diese 177 Wohnungen erbaut, Dachauer Straße 275–287, Postillon-, Walter-Flex- und Dietrichstraße, mit sehr großem, stillem Innenhof, ohne Autos, 1976 erwarb die Gemeinnützige Wohnstätten- und Siedlungsgesellschaft, GWG, gegründet 1918, die Anlage.

Von Ebenau nach Gern

Ebenau

Neben den sog. Roten Häusern nahe den Zentralwerkstätten treffen wir in der Ebenau wieder auf einen frühen sozialen Wohnungsbau, wie man heute sagen würde, im Geviert zwischen Dachauer Straße 217/219, Erhard-Auer-Straße 2–16 bzw. 18 (1952), Triva- und Heideckstraße 1–11, mit Hausnummernschildern aus der Erbauerzeit. Der größere östliche Teil, aus der Entstehungszeit 1909/11, steht unter Denkmalschutz. Am Haus Erhard-Auer-Straße 2 kann man auf einer Bronzetafel lesen: »1909–1911. Der Verein für Verbesserung der Wohnungsverhältnisse in München hat diese Kleinwohnanlage geschaffen. Zur Erinnerung an die Einweihungsfeier – 2. Juli 1911 – wurde diese Tafel gewidmet den Gründern und Förderern des Vereins von den Inwohnern«. Der Verein trägt seit 1961 den Namen: »Gemeinnütziger Wohnungsverein München 1899, e. V.« Der Flügel des Bauwerks an der Trivastraße wurde wegen Kriegszerstörung neu errichtet. An der Erhard-Auer-Straße 18 findet sich ein schönes Relief: Fuchs und Trauben, Heinrich Saemann, 1952.

Wie vorbildlich die Anlage in ihrer Zeit war, geht daraus hervor, daß Paul Franz Zauner in seinem Buch ›München in Kunst und Geschichte‹, 1914, diesen Kleinwohnanlagen mit dem hier behandelten Beispiel eine ganze Seite und sogar eine Abbildung mit Foto und Grundriß widmet. Er erwähnt auch den Architekten Johann Mund. Interessant ist die Namengebung der 1948 so benannten Erhard-Auer-Straße, nach dem sozialdemokratischen bayerischen Innenminister 1918/19 in der Regierung Eisner. Vor 1948 hieß sie Schlieffenstraße, nach dem preußischen Generalfeldmarschall, 1833–1913. Von 1912–1933 war die Straße nach Dr. Karl Singer benannt.

Warum baute der Verein damals so weit draußen vor der Stadt? Am 25. Juli 1909 war die elektrische Straßenbahnlinie Arnulfstraße – Stiglmaierplatz – Dachauer Straße – Leonrodplatz eröffnet worden, eine Haltestelle also nur 500 Meter südöstlich des Neubaugebietes. Die Volksschule am Dom-Pedro-Platz war 1899 eröffnet worden, während die Dom-Pedro-Straße selbst noch dort endete. Das benachbarte Kasernengelände wird die Bodenpreise sicher nicht in die Höhe getrieben haben, ebensowenig die benachbarte Fasanerie Ebenau, die schon lange kein Jagdgelände mehr war.

Im Raum zwischen Dom-Pedro-Straße, Dachauer und Leonrodstraße waren viele Gärtnereien, die teilweise erst nach dem Zweiten Weltkrieg Wohnbauten weichen mußten.

St. Theresia

Wir befinden uns hier im Bereich der Pfarrei St. Theresia, die das einzige Kloster in Neuhausen hat, das von Anfang an verpflichtet war, die Aufgaben einer Pfarrei zu übernehmen. Die Geschichte der 1935 errichteten Pfarrei ist eng verbunden mit der des Karmeliterklosters gleichen Namens. Um der Seelsorgsnot in den damaligen Außenbezirken der Stadt abzuhelfen, hatte Erzbischof Kardinald Faulhaber Ende 1921 dem Orden die Erlaubnis zur erneuten Niederlassung in München gegeben, rund 120 Jahre nachdem die Mönche durch die Säkularisation aus der Landeshauptstadt vertrieben worden waren. Die Karmeliter übernahmen damals in Neuhausen den für eine Kirche bereits vorgesehenen Bauplatz des Kirchenbauvereins St. Nikolaus, um dort ein Gotteshaus und ein Kloster zu errichten. Weitere Grundstücke mußten hinzuerworben werden, um die geplante Gestaltung zu ermöglichen.

Im März 1922 begannen bereits die Vorarbeiten für den Bau. Am 2. April desselben Jahres wurde der erste Spatenstich vorgenommen. Zuerst wurde mit dem Klosterbau begonnen, doch schon am 22. Oktober 1922 waren auch die Fundamente der Kirche so weit gediehen, daß der Grundstein gelegt werden konnte. In diesem Jahr feierten die Karmeliter das 300jährige Jubiläum der Heiligsprechung ihrer Ordensreformatorin Theresia von Avila.

Sie wurde auch zur neuen Patronin der Kirche gewählt. Als zweiten Patron beließ man den heiligen Nikolaus in Erinnerung an die bestehende Kirchenstiftung. Ende 1923 war der Rohbau der Kirche mitsamt dem Turm fertiggestellt, und noch am 25. Dezember wurde die kleine an der Seite der Kirche gelegene Kapelle geweiht, später erhielt sie das Patrozinium der 1925 heiliggesprochenen Therese von Lisieux. Am 23. Januar 1924 bezogen die Patres offiziell ihr neues Kloster. Nach dem langen Winter 1924 war dann auch die Kirche innen fertiggestellt. Die Einweihung wurde für Sonntag, den 14. Dezember 1924, festgesetzt. Mit Entschiedenheit und großem persönlichen Einsatz hatte der Provinzial der Karmeliter, P. Paulinus Schöning, die Neugründung in München in Angriff genommen und verwirklicht.

Die Tatsache, daß sich mit dem Ende der Inflation die Vervollständigung der Innenausstattung der Kirche bis 1935 hinzog, zeigt, wie entscheidend das rasche Vorgehen war. Ebenso hatte Kardinal Faulhaber die Gunst der Stunde erkannt. Er wußte, daß sich für die Diözese die Gelegenheit, ohne Eigenleistung eine Kirche zu erhalten, die allen Ansprüchen einer Pfarrei genügte, so schnell nicht wiederholen würde. Nicht minder weitschauend war der damalige Pfarrer der zuständigen Pfarrei Mariä Himmelfahrt, heute Herz-Jesu, Monsignore Burggraf, der ohne klerikalen Neid die Gründung eines Klosters auf seinem Pfarrgebiet nicht nur duldete, sondern selbst eifrig unterstützte, wissend, daß die Hilfe der Karmeliten in seiner Großpfarrei von 45 000 Katholiken nur zum Besten für die Seelsorge sein konnte.

Die Kirche wurde nach Plänen des Architekten Franz Xaver Boemmel als weiter Hallenbau in einfachen, den Karmeliterkirchen der Barockzeit nachempfundenen Formen gestaltet. Während man im übrigen Deutschland in der Zeit nach dem Ersten Weltkrieg längst nach neuen Formen auch im Kirchenbau suchte, bevorzugte man in Bayern und speziell in München in den zwanziger Jahren noch bis 1930 den Barockstil als Vorbild. Neben St. Theresia wurden hier noch weitere sieben neubarocke Kirchen gebaut: 1920 St. Wolfgang, 1924 St. Korbinian, 1926 St. Sylvester, 1926 St. Canisius, 1926 St. Franziskus, 1928 St. Achaz, 1930 Christkönig. So unterschiedlich diese Kirchenbauten auch auf den ersten Blick erscheinen mögen, so sind sie doch alle geprägt und beeinflußt vom Raumgefühl und der Formensprache des Barocks, der in Bayern nachhaltiger wirkte als in anderen Teilen Deutschlands. Auch Kar-

dinal Faulhaber liebte persönlich diesen Stil, und seine Wünsche gingen hier in St. Theresia mit denen der Karmeliten konform.

Aus städtebaulichen Gründen sah man ausnahmsweise von der Ostung der Kirche ab. Sie steht als mächtiger Block, gekrönt von dem 62 Meter hohen Turm mit der barocken Haube an der Landshuter Allee. Der lichte Innenraum mit etwa 600 Sitzplätzen faßt maximal bis zu 3 000 Menschen. Die Gesamtlänge der Kirche beträgt 60 Meter, die äußerste Breite 24 Meter. Die Seitenwände sind durch je vier Nischen für Seitenaltäre und Beichtstühle unterbrochen. Reichlich Licht spenden die großen, rundbogigen Fenster, deren Stichkappen tief in das mächtige Tonnengewölbe einschneiden. Der erhöht aufgestellte Hochaltar, geschaffen von Bildhauer Georg Schreiner, ist harmonisch in die Architektur des Presbyteriums hineinkomponiert und beherrscht als bewußter Zentralpunkt die gesamte Kirche. 1928 wurde der Raum unter dem Hochalter als Unterkirche ausgebaut und damit die im Karmeliterorden übliche Bestattungsstätte in Form von eingemauerten Nischen verbunden. Diese Unterkirche dient auch den Gottesdiensten des Dritten Ordens vom Karmel.

Am 4. Oktober 1944 trafen Sprengsätze die Theresienkapelle und brachten auch Teile der Sakristei zum Einsturz, ebenso das darüberliegende Musikzimmer. Beim letzten Fliegerangriff auf München, am 21. April 1945, erhielt auch der Pfortenbau des Klosters einen Volltreffer, der ihn vom Dachgeschoß bis zum Keller zerstörte.

Im Herbst 1946 war die Theresienkapelle als letzte der Wiederaufbauarbeiten im Rohbau fertig, doch die vollständige Wiederherstellung zog sich noch bis 1950 hin.

Kolpinghaus

In die Zeit zwischen 1957–1960 fiel die Übergabe des Kindergartens an der Hanebergstraße in die Obhut der Pfarrei und die Fertigstellung des Kolpinghauses, ebenfalls Hanebergstraße. Der Bau des Kindergartens St. Theresia, in dem

Landshuter Allee, Blick nach Süden und auf die Theresienkirche von der Fußgängerbrücke bei der Heideckstraße aus

167

120 Vorschulkinder und 40 Schulpflichtige tagsüber wohnen können, wurde wegen der schwierigen Grundstücksverhandlungen zunächst vom katholischen Caritasverband übernommen und getragen. Nach einer kurzen Übergangszeit ging er am 1. April 1965 in das Eigentum der Pfarrei über, die damit auch die Trägerschaft übernahm. Das zweite Großprojekt der sechziger Jahre, das Kolpinghaus St. Theresia, wurde am 23. April 1966 eingeweiht.

Auch der langgehegte Wunsch nach einem geräumigen Pfarrheim, in dem alle Gruppen der Pfarrei unterkommen könnten und damit den verschiedenen Provisorien ein Ende gesetzt würde, ging in Erfüllung. Der Orden hatte im rückwärtigen Teil des Klostergartens das Grundstück zur Verfügung gestellt, auf dem unter Leitung des bekannten Münchner Architekten Freiherr von Branca das neue Pfarrheim gebaut wurde. Am 9. Dezember 1979, anläßlich der 350-Jahr-Feier der Gründung des ersten Karmeliterklosters in München, konnte es durch Weihbischof Matthias Defregger eingeweiht werden.

Villenkolonie Gern

Hatten wir in der Borstei eine Art Musterwohnanlage der Weimarer Zeit, so kann man die Villenkolonie Gern als solche der Prinzregentenzeit betrachten. Die Eröffnung der Dampftrambahn am 9. Juni 1883 bis zur Romanstraße und einer der ersten elektrischen Straßenbahnen am 7. November 1900 bis in die Waisenhausstraße hatten die Planungen in dieser Lage begünstigt.

1892 erwarb die Baufirma der Architekten Heilmann und Littmann größeres Gelände im Westen der Stadt nördlich des Nymphenburger Kanals. Nach sechs Jahren waren bereits über 100 Häuser entstanden, Einfamilienhäuser, zusammengefaßt in Gruppen von drei bis vierzehn Bauten in einer Front. In München wurde damit erstmals der Versuch unternommen, die möglichen Vorteile des Einfamilienhauses mit der billigeren Form des Reihenhauses in Verbindung zu bringen, ohne dabei auf eine differenzierte Bauweise und eine unterschiedliche und abwechslungsreiche architektonische Durchgestaltung zu verzichten. Die »Zugrun-

delegung des geschlossenen Bausystems aus ökonomischen und hygienischen Gründen«, die Verwendung des Einfamilienhaustyps mit zugehörigem Vor- und Kleingarten richtete sich an eine Zielgruppe, die als »gebildeter Mittelstand« bezeichnet wurde. Die inzwischen zur Erschließungsgesellschaft expandierte Firma Heilmann und Littmann warb in den Prospekten, in denen sie Häuser katalogartig anbot, um »Gelehrte, Künstler, Schriftsteller, Beamte, Pensionisten und Rentner«. In diesen Katalogen wurde der zweigeschossige Haustyp in leichten Variationen der Größendimension und Raumaufteilung angeboten und in jeweils entsprechenden Preiskategorien. Die Grundstücksbreite variierte zwischen 5,5 und 8 Metern, die Anzahl der Räume zwischen vier und acht Zimmern mit Küche und Kammern, wobei der häufigste Haustyp der mit zwei Wohnräumen und Küche im Erdgeschoß und entsprechenden Räumen im Ober- und Dachgeschoß war. Aus unmittelbarem Auftrag von finanziell potenteren Kunden entstanden zwischen den längeren Hausgruppen auch vereinzelt freistehende Einzel- und Doppelwohnhäuser; auch die Eckgrundstücke wurden für erweiterte Ansprüche und Bedürfnisse baulich etwas großzügiger gestaltet. Als Architekt wird Erich Göbel genannt. Die Preise für die Einfamilienhäuser verstanden sich inklusive Entwässerung und Wasserversorgung. Für die breiteren Straßen wurde eine Bepflanzung mit Erlen- und Ahornbäumen vorgesehen, für die schmäleren eine mit Kugelakazien. Angepriesen werden die »ruhige, vornehme Nachbarschaft« zum Lustschloß Nymphenburg, das Fehlen störender Industrie, die Bade- und Eislaufgelegenheit in der nahen Würm, die Möglichkeit zum Gondelfahren auf dem Kanal, die Verbindung zum Stadtzentrum mittels Pferdebahn und einer Dampfbahnlinie, die Trinkwasserversorgung aus Brunnen, die Kanalisation, in Aussicht gestellt wird die Einführung einer elektrischen Straßenbeleuchtung. Wie sehr das »idyllische Landleben« Anklang findet, beweise der rege »freund-nachbarliche Verkehr«, der bereits zur Gründung einer Vereinigung zur Vertretung gemeinsamer und gesellschaftlicher Interessen der Colonie geführt habe. In der Anlage der Straßen geht die Villenkolonie im

wesentlichen noch auf den geometrischen Baulinienplan für Nymphenburg von 1893 zurück; sie wurde durch Theodor Fischer mit der Krümmung der Tizianstraße und der Abstufung in unterschiedlich breite Straßen leicht korrigiert. In der Aufrißkonzeption zeigt sich eine deutliche Anlehnung an den Typ englischer und belgischer Reihenhäuser. Der Eindruck von Eintönigkeit entsteht auch trotz der Reihung von Häusern nicht. Es wechseln Atelierhäuser mit ihren originell gestalteten Dachausbauten kontrastreich zu schlichten, traufseitigen Cottageanlagen (Landhaus) oder zu Giebelbauten, die in ihren turm- oder erkerartigen Ausbauten malerische Architekturmotive aufnehmen. Mit einfachen Mitteln, durch asymmetrische Zusammenziehung und Überdachung von Hauseingängen, durch Eingangstreppen, unterschiedliche Dachlösungen, Verwendung von Fachwerk oder Kratzputz ist trotz Reihung der Häuser ein malerischer Formenreichtum entstanden, wozu die Kleinteiligkeit der Dimensionen sicherlich entscheidend beiträgt.

Dantebad und Dantestadion

Längs nördlich des Würmkanals wurden 1912/13 die drei Becken des Dantebades, Dantestraße 6, erbaut, nach Entwürfen von Schwiening und Schachner. 1919/20 wurde das Bad nach Entwurf von Beblo und Schels vergrößert, 1927/29 zum Familienbad erweitert, nach Entwürfen von Fritz Beblo und Karl Meitinger das Schwimmstadion erbaut mit Sportbecken, Sprungbecken, Zehnmeterturm und Zuschauertribüne; 1954 wurde eine Wasseraufbereitungsanlage eingebaut. 1956/58 gestaltete man das Sommerbad neu und renovierte das Schwimmstadion für 2,5 Millionen DM. 1961 konnte der Warmfreibadebetrieb im Winter mit 32 Grad Warmwasser aus dem Kühlwasser aus der Gasspaltanlage des Gaswerks eröffnet werden. 1965/66 wurde die Warmgarderobe an der Postillonstraße eingerichtet. Seit 1970 begannen die Umbau- und Anpassungsarbeiten für Olympianutzung, dabei wurde das Schwimmstadion völlig neu gestaltet. 1972 waren die Arbeiten dafür bei Gesamtinvestitionen von 14,5 Millionen DM durch die Olympiabaugesellschaft fertiggestellt worden. Die Anlagen dienten als Olympiatrainingsstätte und Wettkampfstätte für Wasserball. In den Jahren 1973–1979 kamen ein Solarium, ein Trimmraum mit Trainingsgerät und ein Tischtennisraum dazu, auch ein Restaurant für jedermann ist zu finden. Das Schwimmstadion ist u. a. mit Unterwasserscheinwerfern und mit fünf Masten einer Flutlichtanlage ausgestattet. Die Besucherzahlen betragen im Durchschnitt im Sommer 300 000, im Winter 200 000.

Das Dantestadion, Dantestraße 14, hatten 1926/27 Fritz Beblo und Karl Meitinger erbaut. Es wird häufig für Jugend- und Schülerwettkämpfe herangezogen.

Seit Mai 1958 steht im Dantebad, gleich beim Eingang ein lustiger Wassermannbrunnen von der Münchner Bildhauerin Marlene Neubauer-Woerner, die auch den schon erwähnten Fischer im Hirschgarten schuf. Die Plastik aus Kirchheimer Muschelkalk steht, von Wasser überrieselt, in einem runden ebenerdigen Becken.

Am gegenüberliegenden Reinmarplatz 12 hat die Stadt die Altenwohnanlage Wilhelmine-Lübke-Haus 1963–1965 errichtet, Architekten Habermann, Parzinger, Wrba. Selbstversorger finden dort 208 Einbett- und 20 Zweibettwohneinheiten, mit Wohnraum, Küche, Waschraum mit WC und großer Loggia. Das Wohnheim umschließt mit dem älteren Berufstätigenwohnheim Dantestraße 1 einen nach Süden hin offenen Gartenhof. Mit einer Seite grenzt das Alterswohnheim, das Notburgaheim, Dantestraße 25, an den Reinmarplatz. Hier, unter den Nummern 4 und 6 werden Gärtner und Floristen an der städtischen Berufsschule ausgebildet.

St. Laurentius

Das Gebäude von St. Laurentius ist das jüngste und »modernste« der Neuhauser Pfarrkirchen. Die Institutskirche der Englischen Fräulein mit dem Titel »Allerheiligste Dreifaltigkeit« ist allerdings noch später und »progressiver« 1963/64 von Professor Josef Wiedemann errichtet worden.

Pfarrkirche und Pfarrzentrum St. Laurentius an der Nürnberger Straße 34 in Gern wurden 1954/55 im Auftrag Kardinal Wendels nach den Plänen von Emil Steffan und Siegfried Östreicher erbaut und später noch durch Kindergarten und Gemeindesaal erweitert. Schon nach dem Ersten Weltkrieg hatte der Weitblick Kardinal Faulhabers für den Ankauf des Grundstückes gesorgt, damals ringsum noch unbebaut, erst an den westlich davon gelegenen Teilen der Hofenfels- und Klugstraße standen einige Villen. Der Kirchenraum von St. Laurentius ist der erste Münchens, in dem sich die Gemeinde von drei Seiten um den Altar versammelt. Der Bau war wegweisend für die Abkehr vom Schauraum und für die Konzentration auf den Altar und griff so den Forderungen des Zweiten Vatikanischen Konzils vor. Im Gegensatz zum traditionellen Kirchenbau verläuft das früher so genannte »Kirchenschiff« quer zum Altar, ebenso auch der First des Satteldaches mit sichtbarer Holzdecke. Der rechteckige Grundriß ist gegenüber der überkommenen Bauweise um 90 Grad gedreht. Der Altar steht auf einer Tribüne, so daß er von jeder Stelle der Kirche aus sichtbar ist. Im Halbkreis hinter dem Altar sind die Sitze für Priester und Altardienst angeordnet, stehen aber bei Platzmangel auch den Gottesdienstbesuchern zur Verfügung. Hufeisenförmig über dem Altar hängende Lampen folgen den Konturen der Tribüne und unterstreichen den Altar als Mittelpunkt. Dem Hauptraum der Kirche vorgelagert und von ihm durch schwere Pfeiler getrennt, liegt die Sakramentskapelle in verhaltenem Licht. Karl Knappe schuf die Mosaikwand für diese Kapelle. Der Goldschmied Fritz Schwerdt gestaltete Tabernakel und Vortragskreuz. Der säulenförmige Osterleuchter und die Taube in den Taufkapelle sowie der Taufstein sind Werke von Georg Probst.

Der gesamte Innenraum wirkt mit seinen getünchten Ziegelwänden äußerst schlicht, fast frühchristlich, urtümlich, lediglich aufgelockert durch eine freistehende, besonders lieblich wirkende spätgotische Muttergottesfigur mit Jesuskind. So haben die bildenden Künste in vielen neuen Kirchenräumen ihre Aufgabe und Raumgestaltung fast verloren. Die Anlage umfaßt neben Kirche, Sakristei und angebauter, als Mehrzweckraum verwendbarer Werktagskapelle, auch Philipp-Neri-Kapelle genannt, mehrere Seelsorgeräume und jenseits des In-

nenhofes das Priesterhaus der Oratorianer. Kein Turm, nur ein großes Kreuz über dem flachen Giebel des Gotteshauses weist auf die Bestimmung dieses schlichten Ziegelbaues hin. An das Aufwärtsstreben von Türmen erinnern allenfalls die sich nach oben verjüngenden Stützpfeiler an der Fassade. Ein Mauerbogen hat die drei Glocken aufgenommen. So paßt sich die Gesamtanlage, zu der vor einigen Jahren noch Bauten für Kindergarten, Pfarrbücherei und Gemeindesaal hinzutraten, städtebaulich besonders gut ein in das sie umgebende Wohnviertel. Seine Bebauung zeigt eine Mischung aus gartenumgebenen Villen, Mehrfamilienhäusern, Reihenhaussiedlungen, geschlossenen Blöcken und Wohnanlagen wie etwa der Borstei. Die Siedlung »Dantepark« ist die jüngste. So hat man auf eine städtebauliche Dominante, wie sie noch z. B. St. Benno oder St. Theresia darstellen, bewußt verzichtet. Man will wahrhafte Toleranz als Gemeinde und Kirche üben und sich nach außen hin bescheiden. Das bedeutet für den Architekten in der baulichen Spannung von außen nach innen, zunächst von innen nach außen zu bauen und nicht umgekehrt.

Die Kuratie St. Laurentius in München-Gern wurde am 1. Oktober 1954 durch den damaligen Münchner Erzbischof Josef Kardinal Wendel errichtet. Gleichzeitig beauftragte dieser das Oratium des heiligen Philipp Neri mit der Seelsorge. Das neue Seelsorgsgebiet war von der übergroßen Pfarrei Herz-Jesu und zu einem kleinen Teil von St. Martin abgetrennt worden. 1958 wurde die Kuratie zur Pfarrei erhoben.

Im Oktober 1968 wurde Romano Guardini auf dem Grundstück von St. Laurentius beigesetzt. Der katholische Theologe und Religionsphilosoph Romano Guardini war am 17. Februar 1885 in Verona geboren worden, er starb am 1. Oktober 1968 in München. Er wirkte 1923–1939 als Professor für Religionsphilosophie und katholische Weltanschauung in Berlin, 1945–1948 in Tübingen, 1948–1963 in München. Er war eine führende Persönlichkeit in der katholischen Jugendbewegung (Quickborn und Rothenfelder Kreis) und in der liturgischen Bewegung. Er befaßte sich in zahlreichen Werken mit allen Grundthemen des christlichen Glaubens sowie der Zeit- und Kulturfragen.

Als zentrale Persönlichkeit der katholischen Weltanschauung in Religionsphilosophie und Geistesgeschichte hatte er großen Einfluß auf die gebildete Schicht des Katholizismus.

Westfriedhof – Röthlinde
Dall'Armi – Bürgerheim

Die Gebäude von Nord-, Ost-, West- und Waldfriedhof hatte Hans Grässel um die Jahrhundertwende erbaut. Sie sind heute noch würdige, im Falle Ost- und Westfriedhof stadtbildprägende Baudenkmäler ihrer Zeit. Aussegnungshalle und Leichenhaus des Westfriedhofs wurden 1897–1902 in einem damals noch unbebauten Gebiet errichtet. Die elektrische Straßenbahn dorthin wurde am 7. November 1900 eröffnet. Eine Reihe bedeutender Persönlichkeiten haben dort ihre letzte Ruhestätte gefunden, darunter Leonhard Romeis, Franz von Lenbach, Bernhard Borst, Karl Meitinger, Ursula Herking. Im Westen reicht der Friedhof heute bis zum ehemaligen Weiler bzw. Gutshof Nederling, der nicht mehr besteht.

Nicht weit davon, an der Nederlinger Straße, westlich der Einmündung der Baldurstraße, steht die »Röthlinde«, unter Naturschutz. Eine Gedenktafel erinnert an Philipp Röth, einen Landschaftsmaler, der Ecke Tizian- und Böcklinstraße sozusagen auf Rufweite mit vielen anderen Künstlern in der Villenkolonie Gern wohnte.

Hans Grässel errichtete auch das Dall'Armi-Bürgerheim, in den Jahren 1910–1912, kurz nach dem von ihm gebauten Heilig-Geist-Spital. Heinrich Dall'Armi (1846–1922) war seit 1874 in der Tabakbranche tätig. Er baute die Firma Carl Philipps aus und war führend im deutschen Tabakimport. Er und seine Frau errichteten die Stiftungen »Münchner Bürgerheim« und »Dall'Armi Heim für Dienstboten«. Von 1890–1908 war er liberaler Münchner Gemeindebevollmächtigter.

Dom-Pedro-Platz

Gelegen zwischen Münchner Höhepunkten wie Schwabing im Osten, den Nymphenburger Schloßanlagen einschließlich des Kanals bis zum Hubertusbrunnen im Westen und seit 1972 dem Olympiagelände im Norden tut sich das eigentliche Neuhausen etwas schwer, städtebaulichen Glanz auszustrahlen. Hier sei der Versuch gemacht, mit dem Dom-Pedro-Platz ein gelungenes Stadtteilbild vorzustellen. Das Waisenhaus mit Hubertusbrunnen nehmen wir dazu.

Wie noch in der ersten Hälfte des 19. Jahrhunderts die beiden Pinakotheken auf freiem Land vor der Stadt errichtet worden waren, so wuchsen am Ende des Jahrhunderts in der Gründerzeit am damaligen Stadtrand Neubauwohnungen an ausgedehnten Straßenzügen entlang. Weitsichtig sorgte die Stadt gleichzeitig auch für eine große Schule und ein Altersheim, eben die Volksschule am Dom-Pedro-Platz und das Heiliggeist-Spital. In denselben Jahren werden die Christuskirche und am Ostende des Schloßkanals, dem sogenannten Kessel, das Waisenhaus errichtet.

Der Mann, dem das München von damals so viele städtebauliche Höhepunkte verdankt, war der Oberfranke Hans Grässel (1860–1939), der 40 Jahre im Dienste der Stadt stand. Mit feinem Gespür für den Zeitgeist, der liberales Denken mit starker Bindung an den Heimatgedanken verknüpfte, schuf er Bauten und urbane Räume von einem Maßstab, der den großstädtischen Ansprüchen von damals gerecht wurde und großenteils noch heute gerecht wird. Hat er doch mit der Dom-Pedro-Schule einen großzügigen Bau hingestellt, dem man seine Funktion auch von außen ansieht, mit hohen Räumen und dem damals üblichen Turnsaalterrassentrakt. Es ist ein richtiges Haus in des Wortes echter Bedeutung, mit großen Fenstern und einem prächtigen, wohlgegliederten Ziegeldach mit Mansardenfenstern, vielen Schornsteinen und Luftschächten in den verschiedensten Formen. Zwei harmonisch proportionierte Eingangsportale empfangen die Kinder, über die Rundfenster haben Kunstschlosser eine lustige bunte Vogelwelt, die sich in Zweigen tummelt, hingezaubert. Diese schmiedeeisernen, liebevollen Schöpfungen sind nach dem Kriege mit viel Sorgfalt wiederhergestellt worden, ebenso die kupfernen, gediegen geschwungenen Vordächlein. Aus dem Putz hoch oben im riesigen Giebelfeld grüßen zwei große Engel herunter, einer mit Fanfare. Sie haben das markante Münchner Stadtwappen in ihre Mitte genommen. Inzwischen wird das monumentale und doch zugleich anheimelnde Stuckrelief von den Zweigen hochgewachsener, das Gebäude umstehender Linden umschmeichelt, so daß erst nach dem Laubfall die Sicht auf das kleine Kunstwerk freigegeben wird. Von einem ähnlich mächtigen Giebel in der Frundsbergstraße grüßt das Alpha und Omega im Strahlenkranz herunter. Treppenhäuser und Klassenzimmer sind von wahrhaft großzügigen, menschlichen Ausmaßen. So kann sich auch heute noch jedermann an einer solchen Bildungsstätte unserer Jugend erfreuen.

Gegenüber hat Grässel 1904–1907 das Heiliggeist-Spital gebaut. Auch hier in würdigen Formen, von denen eine angenehme Wärme ausgeht, wie sie seinen Bewohnern zukommt. Vom Grundriß her gesehen handelt es sich um einen großen Mehrflügelbau um zwei Innenhöfe herum, wobei vor allem die Fassade zum Dom-Pedro-Platz hin wohlgegliedert und repräsentativ ist. Eine vorgebaute Eingangshalle mit drei Portalen und einer Terrasse darüber sorgen für witterungsgeschützten Einlaß. Am Giebel darüber prangt das vergoldete Symbol des Namensgebers im Strahlenkranz. Nähert man sich von Süden her durch die Frundsbergstraße, so kann man sich der ästhetischen Großartigkeit des Bauwerkes nicht entziehen, etwa vergleichbar dem Eindruck der Monumentalität, den man empfängt, wenn man sich von Süden her durch die Severinstraße Grässels Aussegnungshalle am St.-Martins-Platz nähert. Umschreitet man das Spital längs seiner verkehrsberuhigten Straßen, trifft man immer wieder auf gediegen ausgeführte Portale zwischen Vorgärten, an den Ecken auf drei überlebensgroße Bildhauerfiguren aus Stein, welche die bayerischen Herzöge Ludwig den Kelheimer, Otto den Erlauchten und Kaiser Ludwig den Bayern darstellen. Ihnen verdankt das Heilig-Geist-Spital seine Entstehung. Die Plastiken schufen Franz Drexler, Max Heilmaier und Julius Seidler.

Die Baugeschichte ist auf zwei großen Ölgemälden im Treppenhaus dargestellt, die dokumentarischen Wert haben. Auf dem einen erkennt man den ehemaligen, fast stadtteilgroßen Gebäudekomplex, der heute bis auf die stehengebliebene Heiliggeistkirche vom nördlichen Teil des Viktualienmarktes eingenommen wird, auf dem anderen Bild das Spital während der relativ kurzen Zeit von 1823, nach der Säkularisation, bis 1907, in der Mathildenstraße. Davon zeugt heute noch die nach dem Kriege wieder aufgebaute St. Elisabethkirche, die heute mit dem übrigen Areal seit 1904 der Poliklinik zugewiesen ist.

Unter den farbfrohen einfachen Deckengemälden des heutigen Spitals im zweiten Stock sticht das heraus, auf dem zwei kräftige Münchner Lausbubenengel eine liebe Abbildung des damals eingeweihten Spitals als köstliches Architekturgemälde in Händen halten, gewissermaßen als dankbare Huldigung an den Schöpfer des Bauwerks, Hans Grässel.

Einen architektonischen und künstlerischen Höhepunkt bildet die Spitalkirche, von außen nur am relativ hohen Turm mit Zwiebelhaube zu erkennen. Sie ist in eigenschöpferischem Neubarock wie aus einem Guß geschaffen, was Baukunst, Ausstattung und Atmosphäre anbelangt. Ein echtes Andachts- und Gotteshaus in angemessener Größe und abwechlungsreicher Ausstattung. Um den Heimbewohnern den Besuch ohne Treppensteigen zu erleichtern, finden wir im ersten und im zweiten Stock Umgänge mit Betstühlen. Bei der harmonischen Ausstattung sind außer den Nebenaltarbildern des heiligen Benno und der heiligen Elisabeth der Grabstein des Münchner Patriziergeschlechts Kazmair hervorzuheben. Das guterhaltene Renaissanceepitaph wurde im frühen 20. Jahrhundert von der oben erwähnten Elisabethkirche hierher überführt und vorne in die Nordwand eingelassen.

So wird beim aufmerksamen Betrachten des Außen und Innen dieses ehrwürdigen Spitalgebäudes ein Stück interessanter Stadtentwicklung Münchens lebendig.

Christuskirche

Einen weiteren würdigen Akzent bildet die evangelische Christuskirche mit Pfarrhaus, 1899/1900 nach Plänen der Baufirma Heilmann und Littmann in Zusammenarbeit mit Architekt Erich Göbel errichtet. Über die Geschichte der Pfarrei hat Angelika Mayr nach Unterlagen

Christuskirche und Pfarrhaus am Dom-Pedro-Platz

im Pfarrarchiv folgendes zusammengestellt: Im Jahre 1891 kaufte die damals erst kurz bestehende Innere Mission München da, wo heute das Löhehaus an der Blutenburgstraße 71/Ecke Landshuter Allee steht, ein schmales, dreistökiges Gebäude und richtete es als Kinderkrippe, Kinderhort, Kinderschule und Zufluchtstätte für gefährdete Mädchen ein. Man staunt heute, in welcher Enge man damals gelebt hat und wie arm ein Großteil der Bevölkerung, meist Arbeiter, war. Im Kinderschulraum wurden von Kandidaten des Predigerseminars Bibelstunden und am Karfreitag 1891 der erste Abendmahls-Gottesdienst abgehalten. Später fand hier über Jahre der Kindergottesdienst der Gemeinde statt. Er war zuletzt so überfüllt, daß die größeren auf den Fensterbrettern und die Kleinen unter dem Tisch saßen.

Eine erste Heimstatt fand die Gemeinde, als am 23. Mai 1892 im neuerrichteten Rotkreuzkrankenhaus ein Betsaal eingerichtet wurde, (Pfarrer Abel).

1894 wurde Neuhausen von St. Matthäus nach St. Markus umgepfarrt und dem dortigen Hilfsgeistlichen Baum übertragen, der von da an die Hauptarbeit für den Gemeindeaufbau

leistete. Es war nicht leicht. Er mußte von St. Markus bis zum Stiglmaierplatz zu Fuß gehen, um dort die Pferdebahn zu besteigen, von der nur jeder zweite Wagen in Neuhausen hielt. Deprimiert berichtet er von seinem ersten Gottesdienst im Roten Kreuz: 20 Besucher nahmen teil, die Kollekte erbrachte 37 Pfennig!

Aber dann begann eine rasante Entwicklung: Schon nach einem Jahr konnte Baum bei Hausbesuchen 1000 Gemeindemitglieder zählen, 1890 bereits 1400, 1895 fast 3000. So kam es, daß der Betsaal so überfüllt war, daß die Leute bis auf den Gang hinaus standen und immer wieder Kirchgänger ohnmächtig wurden. Die Zahl der evangelischen Christen der Gegend war aus dem Grund verhältnismäßig hoch, weil viele Arbeiter der Großbetriebe wie Eisenbahnzentralwerkstätten oder Klavierfabrik Berdux, heute noch in Laim, von auswärts kamen, auch die Soldaten in den nahen Kasernen spielten eine große Rolle.

Am 17. Oktober 1895 versammelten sich 17 Männer um den oben genannten Vikar Baum und beschlossen, einen protestantischen Verein zu gründen. Schon am 10. November erfolgte die Gründungsversammlung, an der 90 Männer teilnahmen. Sie fand im Gasthaussaal im Grünwaldpark statt, der heute nicht mehr besteht. Der Verein wählte Baum zum Vorsitzenden. Im Hauptausschuß waren einflußreiche Persönlichkeiten wie Pianofortefabrikant Berdux, Professoren, Polizeikommissare, Werkführer und Lehrer. Die Mitgliederzahl nahm rasch zu. So erfolgten z. B. an einem Tag 50 Beitritte. Auch die Markuskirche zeigte große Hilfsbereitschaft, so daß man bald Pläne für den Kirchenbau fassen konnte. Die Innere Mission schlug einen Anbau an die Kinderkrippe vor, was aber als kümmerliche Lösung bald verworfen wurde. Nach längerem Suchen wählte man den Platz, auf dem die Kirche heute steht. Das war ein um so kühnerer Entscheid, als damals in der näheren Umgebung nur das Waisenhaus und ein kleiner Schulbau bestanden. Die Hoffnung, daß die Gegend bald bebaut würde, zerschlug sich zunächst, denn der Anfang des Jahrhunderts brachte einen Rückgang der Bautätigkeit.

Nach der Beschaffung des Platzes wurde von der Baufirma Heilmann und Littmann in

Zusammenarbeit mit Architekt Göbel der Bauplan erstellt.

Am 10. November 1900 sollte die Kirche eingeweiht werden, doch ein Schreinerstreik verhinderte dies, so daß es noch bis zum 23. Dezember dauerte.

Die wachsende Gemeinde kümmerte sich nicht nur um die Erbauung der Kirche, sondern auch um die Entfaltung des evangelischen Schulwesens. Nach langen Bemühungen kam es 1898 zur ersten evangelischen Schulklasse in der Schulstraße. Dann ging es rasch weiter: 1900 waren es schon vier Klassen (damals in der Dom-Pedro-Schule), und als 1903 die Hirschbergschule gebaut wurde, gab es dort zwei voll ausgebaute Bekenntnisschulen nebeneinander. Die erste evangelische Lehrerin in Neuhausen, die jahrzehntelang hier gewirkt hat, sie starb 1971 mit 100 Jahren, war die Schwester des Stadtvikars Baum, Martha Baum.

Die sechs Kirchengemeinden Münchens standen damals der Inneren Mission näher als heute, der Grund ist die Größe des Apparates.

Die Christuskirche war von Anfang an intensiv auf sozialem Gebiet tätig. Wie groß das Verantwortungsbewußtsein war, zeigt, daß schon 1898 ein Armenverein gegründet wurde, der über Jahrzehnte eine segensreiche Arbeit leistete, bis er nach 1945 in die Hände des Pfarramtes überging. Wie schon erwähnt, waren Armut und Not darauf zurückzuführen, daß sich der Großteil der Bevölkerung aus ungesicherten Arbeitern rekrutierte.

In besonderer Not waren damals auch irgendwie aus der Bahn geworfene Mädchen. Um sie kümmerte sich der Magdalenen-Verein, dessen Vorsitzender viele Jahre der Pfarrer der Christuskirche war, 1900 konnte er in der Straße, die den gleichen Namen hat, das Magdalenen-Asyl eröffnen. Als Nachbargrundstücke dazugekauft und bebaut werden konnten, fand dort auch die 1907 gegründete Diakoniestation ihre Heimstatt.

Mit dem Ersten Weltkrieg kam die Aufgabe der Kriegshilfe zu den bisherigen. Die Gemeinde hatte damals schon ein Grundstück nördlich der Kirche für einen geplanten Gemeindebau erworben. Hier wurde nun der Kriegsgarten eingerichtet, dessen Früchte an die allein gebliebenen Familien verteilt wurden.

Aber nicht nur soziale Aktivität ist zu verzeichnen. 1905 wurde ein Kirchenchor gegründet, der bis heute fortbesteht. 1910 kam eine Gemeindebücherei hinzu. 1912 wurde unter starker Beteiligung der Gemeinde das neugebaute Löhehaus anstelle der alten Kinderkrippe eingeweiht. 1911 wurde die Christuskirche selbständige Pfarrei. 1920 wurde das bisher als eine Kirchengemeinde gezählte München in völlig eigenständige Gemeinden geteilt und gleichzeitig eine Gesamtkirchenverwaltung errichtet.

1899 wurden Nymphenburg und Gern in die Stadt München eingemeindet und dem Vikar der Christuskirche zugeteilt. Weiter gehörte ursprünglich das Stück jenseits der Dachauer Straße bis zur Winzererstraße zur Christuskirche, das aber bei Gründung der Kreuzkirche an diese abgetreten wurde.

1926 hatte der Architekt Eugen Hönig das neue Pfarrhaus zusammen mit dem Gemeindehaus errichtet, einen neoklassizistischen Walmdachbau mit einer gediegenen Fassade und hohen, meist holzgetäfelten, fast feierlich wirkenden Innenräumen.

Am 3. Oktober 1943 schlugen Bomben in die Kirche, das alte Pfarrhaus und das Löhehaus ein. Erst die Konfirmation 1944 konnte wieder einigermaßen durchgeführt werden. Am 11. Juli 1944 schlug erneut eine Bombe ein, diesmal in die Orgel. Zwei Tage darauf stand die Kirche in Flammen. Das Altarbild verbrannte, der Turm stürzte ein. Am gleichen Tag brannte auch die Herz-Jesu-Kirche nieder. Aber nicht nur die Kirche wurde durch Luftangriffe getroffen, auch der Gemeinde brachten diese viel Leid und Heimatlosigkeit. Besonders stark betroffen waren Fasanerie-, Artillerie-, Juta- und Hedwigstraße.

Ein neuer schwerer Angriff ging im Oktober 1944 als sog. Bombenteppich auf die Gemeinde nieder. Als Folge zog ein großer Teil der Gemeinde von München weg. Infolge der Evakuierung der Schulkinder hörte der Religionsunterricht völlig auf. Der schwerste Angriff erfolgte am 8. Januar 1945. Am meisten betroffen waren diesmal die Orff-, Ruffini-, Waisenhaus-, Bothmer-, Nymphenburger und Leonrodstraße. Am Rotkreuzplatz wurde das Krankenhaus mit dem für die Gemeinde so wichti-

gen Betsaal zerstört. Die Oberin stellte freundlicherweise als Ersatz den Festsaal des damaligen Mutterhauses Ecke Nymphenburger Straße/Landshuter Allee zur Verfügung. Am 2. April 1945 ging der letzte Angriff über die Dachauer Straße und das Heideckstraßenviertel nieder und zerstörte das Karmeliterkloster St. Theresia.

Die Wiederaufbauarbeiten wurden so beschleunigt, daß die Kirche am 29. November 1953 eingeweiht werden konnte.

Auf der Westseite des Dom-Pedro-Platzes soll die schlichte, jedoch künstlerischer Formgebung nicht entbehrende zweistöckige Wohnhausreihe erwähnt werden mit herrlichem Baumbestand, so daß sich seine lockere Umbauung schließt. Der Platz selbst ist eine mit Rosenbeeten, Buschwerk und Bäumen abwechslungsreich gestaltete Rasenfläche. Bänke laden zum Verweilen ein. Ein netter Brunnen plätschert hier, dessen Bronzeplastik A. Krautheimer geschaffen hat: ein kräftiges Knäblein, das gegen zwei wasserspeiende Schlangen kämpft, die es mit den Händen hinter den Köpfen packt. So bietet sich der Platz mit den Funktionen Erziehung, Religion, Sozialeinrichtungen und Wohnen gewissermaßen als Erholungsinsel für die Bevölkerung an. Leider muß aber der Zeitgenosse auch hier mit dem Verkehr leben. Die verkehrsreiche Dom-Pedro-Straße führt vorbei, wenn auch eine Fußgängerampel hier vor allem den Schulkindern und den Spitalbewohnern hilft. Noch ein Wort zum Namen: Dom Pedro I. (1798–1834), Kaiser von Brasilien, stiftete anläßlich seiner Vermählung mit Prinzessin Amelie von Leuchtenberg im Jahre 1829 mit einem Kapital von 40 000 Gulden die sogenannte Brasilianische Aussteuerstiftung für Waisenmädchen.

Waisenhaus

Mit dem städtischen Waisenhaus schuf Grässel 1896/99 den großartigen baulichen Abschluß des Nymphenburger Schloßkanals im Osten. Leider blieb nach den schlimmen Kriegszerstörungen nur der Nordflügel in der originalen Neubarockform entlang der St.-Galler-Straße, mit prächtigem Westgiebel, erhalten.

F. P. Zauner, ›München in Kunst und Ge-

gewählten Platz gefunden. O. J. Bistritzki schreibt in seinem verdienstvollen Buch ›Brunnen in München‹, 1974, darüber: »St. Hubertus, der Schutzheilige der Jagd, Patron des Wittelsbacher Hausordens, kniet auf dem Kupferdach des kleinen Tempels, des Gehäuses für den eigentlichen Brunnen, in dessen Wasser sich das Standbild des Hirsches mit der Strahlenglorie spiegelt. Adolf von Hildebrand, der zehn Jahre vorher den vielleicht bekanntesten und beliebtesten Brunnen Münchens, den Wittelsbacher Brunnen, schuf, hat hier das Pathos der früheren Jahre zurückgenommen und in Bau und Plastik ein Werk von großer Ruhe geschaffen.« Zur Geschichte des Brunnens vermerken die Inschrifttafeln in den Nischen im Inneren des Tempels: »Adolf von Hildebrand schuf den Brunnen in den Jahren 1905–1907 vor dem Nationalmuseum als Hintergrund für das gleichzeitig von ihm geschaffene, aber erst im Jahre 1913 dort aufgestellte Reiterdenkmal für Prinzregent Luitpold. Die Stiftung von drei

Hubertusbrunnen an der Waisenhausstraße

schichte‹, 1914, schreibt: »Im Inneren ist alle Nüchternheit vermieden: alle Räume sollten ihren jugendlichen Bewohnern eine liebe Heimat werden. Die mit einfachen Mitteln von Schreinern, Schlossern und Malern ausgeführte innere Ausstattung und Einrichtung ist vom Architekten liebevoll selbst entworfen und soll den Knaben zeigen, was ein solider Handwerksmeister doch Gutes und Schönes leisten kann, und die Mädchen sollten im Hause sehen, wie ein geordnetes, helles und freundliches Heim aussieht.«

Am Ostende des Areals des Waisenhauses wurde am Dom-Pedro-Platz 1 1950 eine städtische Säuglings- und Kleinkinderkrippe nach Entwurf von Ernst Schneider errichtet.

Hubertusbrunnen

Adolf von Hildebrands Hubertusbrunnen hat 1954 am Ostende des Schloßkanals, mitten im ehemaligen Neuhauser Jagdgebiet, einen gut-

Spielplatz im Grünwaldpark an der Waisenhausstraße

Nischenfiguren im Jahre 1916 durch Kronprinz Rupprecht ermöglichte es dem Meister in seinen letzten Schaffensjahren, das Werk zu vollenden. Im Jahre 1937 wurde der Brunnen abgetragen, weil er nicht ins Konzept des damals neugestalteten Forums in der Prinzregentenstraße paßte. 1954 wurde er an seinem jetzigen Standort aufgestellt. Kronprinz Rupprecht legte den Grundstein »Zum ruhmvollen Gedächtnis seines Schöpfers Adolf von Hildebrand, zum Gedenken an meinen Großvater Prinzregent Luitpold, dem er gewidmet ist, zu Ruhm und Zier der Stadt München«.

Postschlößchen

In der Waisenhausstraße 4 wurde 1923/24 eine schloßartige Villa erbaut, Neubarock, in großem Garten mit zwei pfeilerflankierten Gartentoren. Am 2. August 1940 kaufte es die Reichspost für 275 000 Reichsmark aus Privatbesitz, seitdem wird es auch Postschlößchen genannt. Das Erdgeschoß ist mit Repräsentationsräumen mit Flügeltüren mit Messingbeschlägen, reich ausgeführten Stuck- und Kassettendecken und Wandverkleidungen aus Eichenholz ausgestattet, im ersten Stock ist eine Bundesmietwohnung.

An der Ecke Waisenhaus-, damals Gernerstraße, und Ruffinistraße stand ein villenartiges Wohnhaus, das etwa 1887 August Buchner, Kunst- und Handelsgärtner, erbaut hatte. Sein Vater August Buchner, 1815–1886, war der Gründer der Firma August Buchner, 1840, Kunst- und Handelsgärtnerei, Theresienstraße 86. Ein Teil dieser Gärten bestand noch in der Zeit zwischen den Weltkriegen. August Buchner junior gründete eine eigene Firma, kaufte

1887 in Neuhausen ein Grundstück, auf dem er sich von dem Architekten Romeis ein Wohnhaus bauen ließ. Mit der Eingemeindung Neuhausens 1890 kam er als Gemeindebevollmächtigter in den Stadtrat, dem er mit kurzen Unterbrechungen 28 Jahre angehörte. Die Stiftung des Hochaltars der neuen Herz-Jesu-Kirche war eines seiner vielen Verdienste um die ehemalige Gemeinde. Als Gärtner wurde er durch Spezialkulturen, besonders von Phlox, in weiten Kreisen bekannt. Er starb 1935 im Alter von 82 Jahren.

Der Neuhauser Maria-Stella-Verein katholischer kaufmännischer Gehilfinnen und Beamtinnen wurde später der St.-Lydia-Verein, Verein katholischer kaufmännisch berufstätiger Frauen und Frauenjugend, München-Neuhausen e. V. benannt.

Nach seiner Gründung im Jahre 1914 konnte er 1924 ein Baugrundstück mit großem Garten in der Ruffinistraße 7 erwerben. Nach Beseitigung von Kriegsschäden und gründlicher Renovierung 1974/75 bietet das Haus nach wie vor angenehmes Wohnen für berufstätige Frauen und bildet ein festes Glied in der Reihe der vielen Sozialeinrichtungen in Neuhausen.

Neuere Entwicklungen

Die Quartiere zwischen Gern und Oberwiesenfeld haben zwischen 1990 und 1995 nicht unerhebliche Erweiterungen erfahren. Während die alte Villenkolonie auf 100 Jahre ihres Bestehens zurückblicken konnte (1992)*, bohren sich die U-Bahn-Bauer im Schildvortrieb – also unterirdisch – vom Rotkreuzplatz zum Westfriedhof; der Betrieb bis zur neuen Endhaltestelle soll 1996 aufgenommen werden. Im Geviert zwi-

schen Kanal, St. Laurentius, Klug- und Dachauer Straße ist 1990–92 die Wohnanlage »Dantepark« mit schönen ruhigen Innenhöfen entstanden.

An große Gestalten der Frauenbewegung erinnern die meisten Straßennamen auf dem Gelände des ehemaligen Traindepots Ecke Dachauer / Schwere-Reiter-Straße gegenüber der Ebenau: Rosa Luxemburg, Emma Ihrer, Hedwig Dransfeld u. a. Langgestreckte Verwaltungsbauten an der Dachauer Straße nehmen die Zentralverwaltung des Goethe-Instituts (Nr. 122), ein Fitness-Center und ein Ärztehaus mit einem Ambulanten Operations- und Therapiezentrum auf. Ecke Dachauer / Hedwig-Dransfeld-Allee entsteht ein Dienstgebäude des Deutschen Wetterdienstes; im Altbau der Kaserne des Eisenbahnbataillons schräg gegenüber ist das Kreiswehrersatzamt untergebracht. Ecke Dachauer / Anita-Augspurg-Allee steht als Entrée die Monumetalplastik von Prof. Ulrich Rückriem, im ersten Innenhof die Bronzeplastik »Der Sonnenvogel« der Schweizer Bildhauerin Susan Maria Lustenberger und eine Wendeltreppenstruktur von Prof. Olaf Metzel. Die Wohnsiedlung mit Innenhöfen, Spielplätzen und zwei Kindertagesstätten ist autofrei und erschließt sich über die »Alleen« durch Fuß- und Radwege. Merkwürdig kontrastieren jenseits des noch kahlen Muldenrunds des Rosa-Luxemburg-Platzes rechts und links der wie ins Niemandsland verlaufenden Emma-Ihrer-Straße die an das alte Traindepot erinnernden Baracken der Unterkunftsanlagen für Asylbewerber – schräg gegenüber dem Goethe-Institut »zur Pflege der deutschen Sprache im Ausland und zur Förderung der internationalen kulturellen Zusammenarbeit« e. V.

---

* Dorothea von Herder: 100 Jahre Villenkolonie Gern (Festschrift), herausgegeben vom Verein zur Erhaltung Gerns e. V., München 1992.

Orts- und Straßen-register

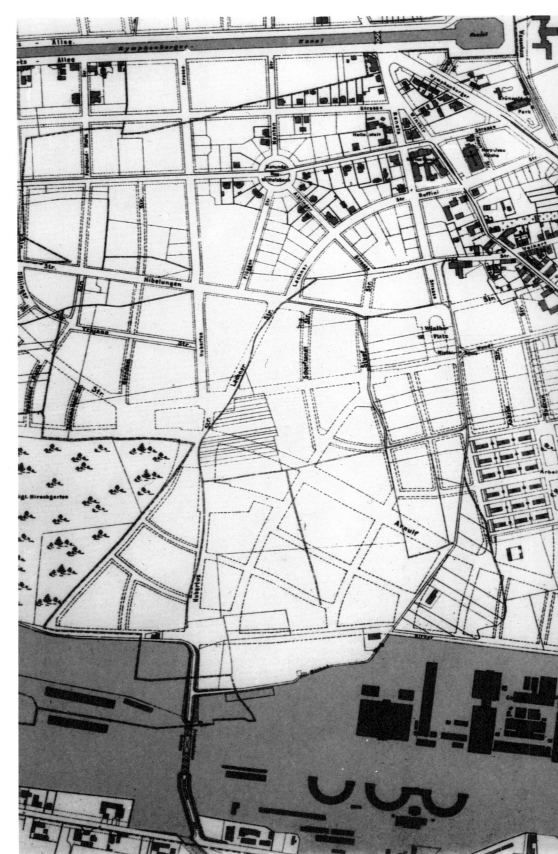

Neuhausen,
Stadtplan
um 1895